苏州石刻

张振雄　杨沁奕　编著

苏州大学出版社

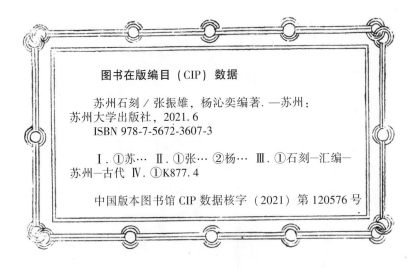

Suzhou Shike
苏州石刻

| 编　　著：张振雄　杨沁奕 |
| 摄影配图：倪浩文 |
| 责任编辑：倪浩文 |

出版发行：苏州大学出版社（Soochow University Press）
社　　址：苏州市十梓街1号
邮　　编：215006
印　　刷：苏州市深广印刷有限公司
网　　址：www.sudapress.com
邮　　箱：sdcbs@suda.edu.cn
邮购热线：0512-67480030
销售热线：0512-67481020

开　　本：787 mm×1 092 mm　1/16
印　　张：21.75
字　　数：327千
版　　次：2021年6月第1版
印　　次：2021年6月第1次印刷
书　　号：ISBN 978-7-5672-3607-3
定　　价：168.00元

发现印装错误，请与本社联系调换。服务热线：0512-67481020

苏州十中伟绩碑

萧特纪念碑

皇亭街御碑

张士诚纪功碑（局部）

沧浪亭五百名贤祠

光福寺碑廊

虎丘碑刻

浏河天妃宫碑廊

留园碑廊

司徒庙碑廊

网师园碑廊

怡园碑廊

拙政园碑廊

寂鉴寺石殿佛龛

石公山摩崖造像

华山大接引佛

林屋山摩崖造像

罗汉寺童子面石雕造像

龙山观音洞造像

瞿景淳墓翁仲

五人墓

韩世忠墓《中兴佐命定国元勋之碑》（碑身断裂前后）

申时行墓

沈周墓

仲雍墓

东山吟风冈摩崖石刻

大石山摩崖石刻

天池山苍玉洞摩崖石刻

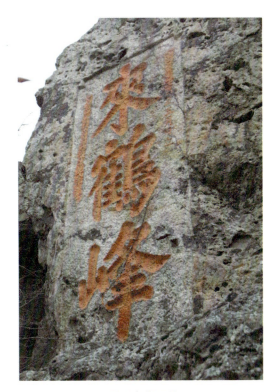
观山摩崖石刻

金庭西湖山摩崖石刻

何山摩崖石刻

金庭唐家山摩崖石刻

贺九岭摩崖石刻

虎丘摩崖石刻

华山摩崖石刻

洄溪草堂摩崖石刻

廉石

灵岩山摩崖石刻

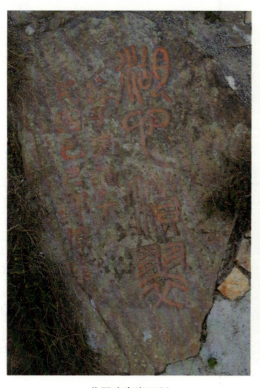

莫厘峰摩崖石刻

西洞庭山鹿饮泉摩崖石刻

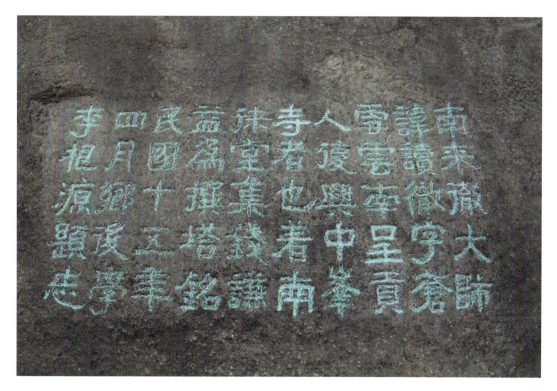

观音山摩崖石刻

虞山石屋涧摩崖石刻

石公山摩崖石刻

上方山摩崖石刻

十中摩崖石刻

狮子山摩崖石刻

石壁摩崖石刻

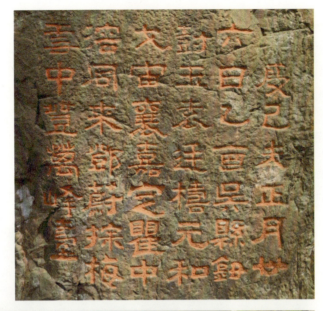

石嵝摩崖石刻

耦园摩崖石刻

天池山摩崖石刻

天平山摩崖石刻

穹窿山摩崖石刻

西碛山摩崖石刻

燕园摩崖石刻

怡园摩崖石刻

玄墓山摩崖石刻

曾园摩崖石刻

岳峙山摩崖石刻

虞山小三台摩崖石刻

安德桥

大觉寺桥

众缘桥

九里桥

太仓州桥

万安桥

禹迹桥

弘济桥

百龄泉

顾地流泉

小日晖桥留韵义井

憨憨泉

柳毅井

法雨泉

言子墨井

万斛泉

玉蟹泉

源源泉

怀清履洁坊

唐肇虞孝子坊

乐善好施坊

苏州文庙棂星门

陶氏节孝坊

白公堤石幢

东山金塔

宝带桥塔

万佛石塔顶部

兴福寺经幢

天平山云中塔

沧浪亭

横塘驿亭

十里亭

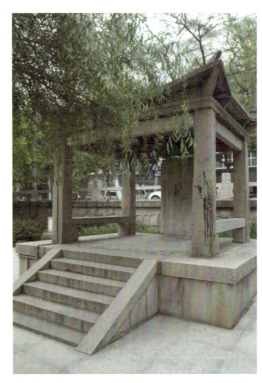
言子故里亭

林迹亭

怡泉亭

樟坞里方亭

直塘井亭

序　一

面对历史长河岁月变迁，面对世事荣枯人物去留，从古到今多少人，都梦想着要将时间定格，要把相关的人物事件及伦理道德告示后人。于是石刻便成为古人保存历史和传承信息的最好载体。

所谓石刻，指的就是经过艺术创作加工之后的石制品，也就是石材技艺作品。它覆盖范围很广，有人物造像、纪事碑刻、地理图碑、书画刻石、石桥井栏、牌坊塔幢、墓志墓碑、摩崖石刻等。其涵盖领域相当多，内容题材也十分丰富，涉及政治、经济、文化、社会、城市建设等诸多方面。由于石材质地非常坚硬，石刻历来成为人们立规定制、树碑立传，想要千秋永垂保存人物信息或某些东西的一种理想的表达形式。

在文物遗存中，石刻艺术不可或缺。苏州已知最早的石刻是青旸地东汉末年孙坚、孙策墓的楣石。虎丘云岩寺塔出土的《朱明寺大德塔碑》为唐碑，石函则为五代至宋初的文物，现存《平江图碑》《天文图碑》等四大宋碑为宋代碑刻代表作，此外还有双塔寺石柱。元代石刻有镇湖的万佛石塔和北塔报恩寺内的《张士诚纪功碑》以及华山大接引佛。明代流行狮、马、狗、羊、麒麟等动物和人物的立体雕像，工匠以枫桥和藏书等地的石匠为主。明清时期石刻附属于采石及其加工业，艺人为石业中的细石匠，作品大量用于官衙、寺庙、桥梁、牌坊等建筑和陵墓。清代顾嘉颖以碑刻摩雕著称，一时士大夫碑碣多出其手，民国时期金山石匠又参加了中山陵石料工程的雕刻和安装。

我觉得《苏州石刻》这本书，在介绍苏州地方历史文化书籍中，属于比较难写的那一类。说它艰难，是因为石刻的种类实在太多，且千差万别，各不相同；说它艰难，是因为它内涵丰富，年代久远，能够看懂和解读其内容的人很少；说它艰难，还因为它们藏身的地方，除了祠庙殿堂和锦绣园墅之外，还有许多散落在四乡僻壤、山野崖壁和荒郊墓冢之间。要腾出时间实地寻访它们的影踪，确是一件相当困难的事情，更别说还要对它们一一进行记录和考证。但是这一切，张振雄凭着执着做到了。

张振雄和我曾经是同事，他之所以能够乐此不疲，源于20世纪六七十年代在小王山上山下乡插队的生活，后来到藏书中学当老师时，还曾带领学生在山野间访古探幽，描碑记文。1987年他开始参与《吴县志·地理卷》等志稿的编撰，后来又到苏州市地方志办公室参与修志，编著出版了《苏州山水志》和《苏州山水补记》。可以说，正是吴中山水浸润滋养了他的人生，激发了他的创作灵感。关于石刻这个题材，他早就属意于此，但他也深知此事颇有难度，故迟迟未敢落笔。退休之后，他为此而变得心事重重，觉得此事若不能完成，便对不起那些饱经沧桑能够见证遥远历史的文化遗存，于是他决定动笔。

当然仅凭山水田野考察是远远不够的，他还要去了解苏州石刻的历史和分类，以及那些石刻所蕴含着的内容。为此他长时间地沉浸在图书馆里，为了查找资料，一个星期连续在那儿待上四五天是常有的事情。他还遍访了苏州博物馆、碑刻博物馆、文管会、苏州中学、一初中、古典园林等收藏石刻的学校和单位，去寺观庙宇拜访宗教界人士，到田间村头寻找知情者打探情况。多年的日积月累，终于让这本书脱颖而出，成为人们了解和研究苏州石刻艺术的一个窗口。相信读过此书后，人们对苏州文化的丰厚精彩，会有一个新的认识。

徐刚毅

2021年3月25日

序 二

吴中张振雄先生近著《苏州石刻》告成，寄下先睹为快，并征序于我，诚惶诚恐！

张先生早岁治地理之学。20世纪80年代起，他供职苏州吴县方志办多年，参与修纂《吴县志》等，为姑苏文脉的续写倾注了青春和心血。为了达到文史研究的"专业水平"，他又跨专业攻读了第二个本科中文。张先生不单热爱天地自然，也热爱吴中文物，造就了他文理兼修的治学特点。苏州素以人文、园林著称，这源于苏州钟灵毓秀的山水之美。民国老人李根源隐居吴中时尝遍访苏州西部山水，手编《吴郡西山访古记》。张先生步武先贤，以科学的态度和史学的手笔完成了《苏州山水志》《苏州山水补记》，为世人提供了完整的现代苏州山川志。

张先生为编写志书，实地考察，游踪遍及吴中山水，不忘记录山石间的历史信息。他积十数年之功，攀岩崖、探洞窟，在荒草与灰土之间爬罗剔抉，完成了这部《苏州石刻》。我国古代有重视石刻文献的悠久传统，清代考据学大兴，金石学随之兴盛，产生了一大批石刻文献研究名作。如王昶的《金石萃编》以著录宏富为典范，叶昌炽的《石语》以系统化、理论化而著称。清代苏州地方学者在石刻文献的整理上做过不少工作，清代、民国苏州府志、吴县志都有"金石"一门，专门记载石刻。此外也有专门的石刻志书，如潘钟瑞《虎阜石刻仅存录》等。但沧海桑田，石刻或湮灭或移动，苏州现存石刻的整体情况一直没有见底。张先生吸收前人经验，以科学精神，走遍了苏州的城里和郊外，尤其是那些深藏在文保库房、散置于公私单位的石刻。没有他这样的执着寻访，这本书是无法展现在读者面前的。《苏州石刻》是一部全面著录苏州现存石刻文字的工具书。一编在手，了如指掌；分类科学详密，著录一丝不苟；既对苏州石刻起到保存保护作用，也为文史研究者提供了极大的方便。

蒙张先生不弃，忘年而交。因我近年研究园林，他曾带我寻访真山水中的"真假山"，一起钻"寿洞"、辨遗迹，记忆尤深。将来一道手执"山水""石刻"二编，按图而考古，不亦快哉！

潘 佳
2021年儿童节于复旦燕园

前　言

　　苏州地处襟江带湖和毗邻上海的优越区位，融于山水相依、风景旖旎的地理环境，纵横九千平方千米，上下万年历史。唐宋以降，苏州沿袭着尚文重教的悠久传统，并以独具魅力的吴文化而闻名遐迩。苏州是全国首批历史文化名城，古城区始终保持着千年前"水陆并行、河街相邻"的双棋盘格局和"三纵三横一环"的河道水系。民居临水，前巷后河，基本保持着"小桥、流水、人家"的水城风貌。"苏州园林甲天下"，城区现存60多处完好的古典园林，其中拙政园和留园列入中国四大名园，它们同网师园、环秀山庄、沧浪亭、狮子林、艺圃、耦园、退思园等园林，均被联合国教科文组织列入《世界遗产名录》。苏州拥有国家级风景名胜区——太湖风景区之木渎、石湖、光福、东山、西山等景点景区，昆山周庄、吴江同里、吴中甪直等江南水乡古镇，正在申报列入世界文化遗产。苏州书院教育发达，先贤名士们的楷模作用影响深远，千百年来产生了以孙武、陆柬之、范仲淹、范成大、黄公望、蒯祥、顾炎武、毕沅、吴大澂、章太炎等为代表的政治家、军事家、科学家和艺术家。苏州以"状元之乡"闻名全国，历代共产生50名状元、1500多名进士。明清两朝204名状元中，苏州有34名，为全国产生状元最多的州府。现当代更是在多个领域涌现了一大批杰出人物，2017年有苏州籍两院院士117名，数量位居全国地级市之首。2020年，全市有文物保护单位881处，其中国家级61处、省级127处。国家级重点文物保护单位中有《平江图碑》等四大宋碑、元代万佛石塔、天池寂鉴寺石殿及7座古桥，省级文物保护单位中有《金刚经碑》《楞严经碑》《张士诚纪功碑》和林屋山、小王山、虎丘等摩崖石刻，市级文物保护单位有明代白公堤石幢、罗汉寺清代童子面石雕像和寒山、虞山等摩崖石刻。

　　古代石刻大都保存着有价值的历史文化资料，是传承历史和文化的重要载体。清孙星衍《寰宇访碑录》记载了苏州144件碑刻（截至南宋末），其中最早为汉代砖刻，最早石刻为西魏大统十七年（551）《法显造玉石象记》（现均无存）。民国《吴县志·金石考》记载：元长吴三县（略相当于今姑苏、吴中、相城、虎丘、园区范围）有碑刻2700多件。江苏省博物馆1959年编选的《江苏省明清以来碑刻资料选集》共收录全省碑刻370件，其中苏州322件，占86%。1998年版《明清以来苏州社会史碑刻集》收录碑刻500件。苏州现存最早石刻为东晋太宁三年（325）《张镇墓志》，最早纪事碑为唐宝历元年（825）《朱明寺大德塔碑》。现存碑刻实物约4000方（不含私人收藏），除博物馆收藏外，更多碑刻保存在各县（市）区文管会和园林名胜、宗教寺观、文保单位、古镇、古宅及学校等场所。其中苏州碑刻博物馆有1200多方、苏州博物馆有100多方、常熟博物馆有1100多方，另有数以千计的桥、亭、坊和井栏、塔幢等石构件上刻有名称、年款、楹联及造像、图案等，这些石刻充分反映了苏州历史文化的源远流长和文化内涵的深厚精粹。

苏州碑刻与集帖的数量之多、种类之广，独步国内。苏州石刻如此之多的原因，一是作为国家历史文化名城的苏州，有着千百年来树碑立石传统的丰厚积淀。二是苏州历代人文荟萃，书画名家辈出，刻石名匠众多，他们联手制作了大量石刻精品。三是苏州为著名的"天堂"之地，风景名胜和古城古镇古迹众多，文人雅士题词立碑蔚然成风。四是明清时期苏州为全国最富庶繁华的地区之一，雄厚的经济基础和深厚的文化底蕴让人们特别是官员和文人们讲究生活的雅致和情趣，习惯在房屋、桥梁、坊亭、井栏等建筑构件上刻字以提升审美价值。五是苏州古典园林众多，造园主往往讲究以雕刻作品营造文化氛围，尤喜欢将镌刻名人墨迹的书条石嵌砌在园林长廊壁。六是苏州拥有潘祖荫、吴大澂、叶昌炽、李根源等一大批国内著名金石家，他们收藏了许多名碑，有的还喜好刻石，引领了苏州刻石藏石的儒雅风尚。七是苏州西部山区蕴藏着丰富的青石、花岗石、石英砂岩、火山岩和板岩，这些岩石适合精雕细琢，又耐风化侵蚀，是刻碑、摩崖和雕琢石构件的良好用材，并催生了一大批刻字技艺精湛的能工巧匠。

苏州石刻不仅数量多，而且有着鲜明的地域特色。一是图碑有很高的历史文化和科学价值。苏州拥有《平江图碑》等四大宋碑，其中《平江图碑》

上的宋代苏州城平面图，是我国现存体量最大、内容最详尽的石刻城市平面图。《天文图碑》刻有世界上最古老的石质天文图之一，在天文学史上占有极其重要的地位。《地理图碑》刻有我国现存最早的全国性石刻地图之一，是研究宋代行政区域的珍贵实物资料，还是地图史上用符号（图例）表示森林的第一图。《帝王绍运图碑》刻有我国唯一的石刻帝王世系图，是研究中国古代政治史的重要资料。清《苏郡城河三横四直图碑》详细绘刻了苏州城区骨干河道和主要桥梁的分布，是研究古代城市发展的重要史料。《太仓试院碑记》《沧浪亭图碑》两图碑镌刻着陆增祥和洪钧两位状元的撰文和题诗。

二是纪事碑总量大、精品多，且很多为名流所作（纪事碑中儒学、工商经济碑刻另作阐释）。出自状元之手的纪事碑有吴宽《苏州府重建文庙记碑》、顾鼎臣《常熟县思政乡重建真武祠记碑》、申时行《浒墅关修堤记碑》、文震孟《穹窿山宁邦寺记碑》、缪彤《重修苏州府儒学碑记》、彭定求《玄妙观修建三清殿弥罗宝阁碑》《大中丞仪封张公书院碑记》《重修悟真道院碑记》、蔡升元《三义殿碑记》、彭启丰《重建水月禅寺大雄宝殿记碑》《全福寺禅堂遗盎记碑》、潘世恩《移建参议丁公祠堂碑记》、陆增祥《太仓试院碑记》、洪钧《重修吴县学记碑》《虎阜寺田记碑》、陆润庠《轩辕宫碑》。名人撰书的纪事碑还有宋范成大《同年酬倡序碑》，元赵孟頫《平江路重修儒学记碑》《重建留珠兰若记碑》《重建海宁禅寺碑》《忠烈庙记碑》及《玄妙观重修三门记碑》（原碑现藏日本东京国立博物馆），明唐寅《化钟疏碑》，祝允明撰文、文徵明书丹篆额的《香山潘氏新建祠堂记碑》，王锡爵《太仓州重建海宁寺记碑》，清曾国藩篆额、李鸿章撰文的《敕建苏州程忠烈公祠碑》等。

三是儒学碑刻数量多，保存了很珍贵的儒学资料。历代苏州文庙府学共刻有儒学碑刻200方，现保存完好的有40多方，另有常熟、吴县、吴江、太仓等县学碑刻近百方。宋郑仲熊撰文、米友仁书丹、翟耆年篆额的《吴郡重修大成殿记碑》，详细记载了苏州文庙第一次较大规模维修情况，此碑是米友仁书法代表作。著名儒学碑刻还有元杨载撰文、赵孟頫书丹的《平江路重修儒学记碑》及《重修常熟县儒学记碑》，明申时行《吴县重修儒学记碑》《苏州府重修儒学记碑》及《镇海太仓卫建学之碑》，清李鸿章撰书、冯桂芬篆额《重建苏州府儒学碑记》等。历代地方官员尚文重教，不断修缮文庙府学，大力扶持教育，苏州文盛而科考中举者多，宋《吴郡登科题名录碑》就刻有244名苏州登科进士，明《贺况郡侯吴县出状元诗碑》记述"施槃廷试既擢为天下第一，苏之人闻者咸欣跃称贺"的情况。

四是苏州工商经济碑刻在全国具有代表性。苏州碑刻博物馆藏有工商经济碑刻250多块，内容涉及丝绸、造纸、木器、铜锡铁器、交运、渔业等18个大类，数量和种类居全国首位。会馆和公所碑刻也很多，现存碑刻记载的明清会馆和公所有近百家，从一个侧面反映了明清时期苏州工商经济的兴盛。其中《奉各宪永禁机匠叫歇碑记》《元和县严禁机匠借端生事倡众停工碑》等是研究中国早期资本主义萌芽的著名碑刻。

五是书画碑刻和帖刻数量多、名家众、书体全、审美价值高。苏州与石刻艺术密切相关的书法文化历史悠久，书画名家辈出，佳作如林。汉晋时陆机、顾野王，隋唐时陆柬之、孙过庭、张旭，宋元时范仲淹、朱长文、范成大，明清时文徵明、唐寅、王宠、翁同龢、吴大澂、俞樾等都是全国著名书法家。苏州现存碑刻中有众多风格各异的书画艺术珍品，其中《金刚经碑》《楞严经碑》为江苏省文物保护单位，唐常建撰、宋米芾书、清穆大展镌刻的《破山寺诗碑》被称为"三绝"。苏州著名书画碑刻还有《思无邪公生明碑》（宋司马光手书）、《竹鹤碑》及苏州知府张孝祥状元在碑阴所书疏广传语、卢坦传语，范成大撰书、明都穆所识《四时田园杂兴六十首诗碑》，明状元毛澄所题《洞庭分秀碑》、王鏊《洞庭两山赋碑》、唐寅《桃花庵歌碑》、文徵明《游花山寺碑》《东西两山图碑》、都穆《游记碑》、祝允明书《李白诗碑》及董其昌的众多书画碑等，清代摹刻的《苏文忠公归去来辞碑》、郑燮书《难得糊涂》大方砚、《邓石如书联碑》，翁同龢、陈冕两状元和俞樾、吴大澂等人撰书的《韩烈妇绝命词碑》等。苏州古典园林、古宅庭院嵌砌的书条石，选刻帝王、名臣或名家墨迹，供人临摹和欣赏。其中留园书条石数量最多、内容最丰富，镌刻精美、品质上乘，统称为《留园法帖》。留园379方书条石，涵盖了晋代钟、王至唐宋元明清各代虞世南、颜真卿、范仲淹、苏轼、米芾、赵孟頫等一百多位名家的书法珍品。加上怡园、拙政园、狮子林、网师园、退思园等园林和苏州碑刻博物馆、各县区级文管会及部分文物保护单位书条石，总量近千方。

六是摩崖石刻分布集中、数量巨大，多名家题刻。苏州有摩崖石刻近千方，有17处为较集中分布的石刻群，其中林屋山、小王山和虎丘摩崖石刻为江苏省文物保护单位，洄溪草堂、华山、寒山、虞山等处为苏州市文物保护单位。唐代颜真卿、李阳冰和张平阳所题"虎丘剑池""生公讲台""林屋古洞"等为苏州现存最早的一批摩崖石刻。宋代有米芾（传）"风壑云泉"、范成大题名、李弥大《无碍居士道隐园记》、常熟青龙冈"巫相冈"等石刻。明赵宧光隐居寒山，留下众多石刻。清高宗弘历在寒山、华山中有《华山作》《出阊门游寒山即景二首》《千尺雪即景杂咏（五首）》等近20首诗刻。文人雅士还在虎丘山、蟠螭山、天平山、石公山、虞山等地留下100多方题名石刻，仅虎丘一地保留的宋代题名石刻就有近20方，其中最早的为天圣元年（1023）张希颜等题名。林屋山有范至能（范成大）1178年的题名石刻，天平山有范公瑞1184年题名石刻。

七是苏州现存墓志铭时代早、数量大，名人墓志和名人撰书墓志多。甪直镇出土的东晋太宁三年（325）《张镇墓志》是苏州最早的墓志，北齐有墓志5方，唐代有墓志20多方。北宋有朱长文撰书《前广济军司理边君（泽之）母于氏墓志铭》、米芾撰书《朱乐圃先生墓表》，南宋有状元阮登炳所撰《南宋宗室承信郎赵希锴墓志铭》。明代有状元《顾鼎臣墓志》，有顾鼎臣、朱希周两位状元联袂完成的《杨妙玄墓志》，状元申时行与王锡爵、朱国祯联袂制作的《董份墓志铭》，申时行撰书的还有《王公（锡爵）墓志铭》等两方，都穆撰、唐寅书《故怡庵处士施公悦墓志铭》，王鏊撰《石田先生沈周墓志铭》，祝允明撰、王宠书《唐寅墓志铭》，《周闻夫妇墓志铭》披露周闻随郑和六下西洋的史实，丰富了研究郑和下西洋的第一手材料。清代有状元《陆君（增祥）墓志铭》，彭启丰撰书徐灵胎等三方墓志铭和《江苏巡抚兵部右侍郎陈公去思碑记》，石韫玉书丹《王芑孙（惕甫）墓志铭》，翁同龢撰书《庞公（钟璐）墓志铭》等两方。撰书墓志铭的名人还有祝枝山、李东阳、文徵明、高攀龙、王世贞、钱谦益、汤斌、汪琬、张廷玉、嵇璜、沈德潜、郑虎文、梁同书、钱大昕、姚鼐、潘奕隽、董国华、冯桂芬、林则徐、杨泗孙、潘祖荫、俞樾、吴大澂、叶昌炽、缪荃孙、陆懋宗、王同愈、张一麐、陈去病等。

八是苏州众多桥井亭等建筑构件石刻丰富而精美。苏州是典型的江南水乡，有石刻的桥、井、亭等数以千计。全国重点文物保护单位七都镇东庙桥，主跨桥梁石上镌刻宋代年号"绍定"二字。全国重点文物保护单位太仓金鸡桥等五桥，都有文字题刻和精美图案。盛泽镇白龙桥镌刻四副楹联，桥面石和拱券龙门石雕刻笔（必）锭（定）如意、瓶（平）笙（升）三戟（级）等图案。甪直寿仁桥，桥上明柱镌刻四副楹联，望柱雕刻莲花瓣，拱券顶端雕刻双龙戏珠图案，拱券内还有3块记事碑。太仓官亭前宋元丰五年（1082）井栏一侧镌刻8行56字铭文。绍定三年（1230）复泉，为苏州最著名的二古井栏之一，井栏一侧镌刻宋人7行题记。著名的明清古井有柳毅井、太仓张衙义井栏、状元陆润庠宅古井、周王庙井、乾隆官井、周急局官井、自治局官井等。全国重点文物保护单位元代万佛石塔武康石须弥座上浮雕10800尊小佛像。明代白公堤石幢正面镌刻《重修白公堤记》，左侧面雕刻五百罗汉线描像，右侧面雕刻寒山拾得像。苏州知名度最高的沧浪亭，亭柱镌刻欧阳修、苏舜钦诗句集联："清风明月本无价，近水远山皆有情。"江苏省文物保护单位横塘驿亭为江南运河沿线仅存的一处古邮驿遗迹，亭联刻有"邮亭远映胥江"句。明代阴亭各个侧面分别浮雕祥云仙鹤图、荷花鲤鱼图、双狮图、凤穿牡丹图、荷鹭图、龙凤呈祥图及一对麒麟，攒尖顶上雕刻佛龛、佛像。虞山雅集亭亭壁正中刻有沈周绘《虞山雅集亭图》，状元石韫玉书写亭名并撰文记述建亭始末。较著名石亭还有狮子林文天祥碑亭、虎丘二仙亭和真娘墓亭、玉峰山林迹亭、大运河十里亭、昭明太子读书台亭、言子故里亭、天平山御碑亭等。

本书共收石刻14类，并据内容酌情合并，计收1600余条。起于东晋太宁三年（325），迄于20世纪40年代。所录石刻，主要指镌刻文字或雕刻造像、地图等的石制品，包括碑刻、摩崖及桥井亭坊塔幢等建筑构件，以碑刻为记载重点。原石不存,仅有拓本或文献记载者,未收录;原石尚存,但碑文漫漶无法识别者,未收录;建筑物及其附属的界碑、柱础、石狮、缆船石等石刻石雕也未收录。

碑刻标题以碑文为准,原碑无标题者,根据碑文拟补。石刻排序一般以刻石时间为序。年代不详者,列于所属朝代诸碑之后;朝代不详者,列于所属石刻类型最后。

本书原则上按《通用规范汉字表》排版,根据石刻之特殊性,酌情保留繁体字或异体字。原石上文字已漫漶剥蚀无法解读者,以"□"表示。陈述之体例,尽量兼顾石刻行文、分布之独特性与编辑之统一性。

目 录

一、记事碑 …………………………………… 001
二、图碑 ……………………………………… 047
三、造像 ……………………………………… 059
四、书画碑 …………………………………… 071
五、书条石 …………………………………… 093
六、题名刻 …………………………………… 107
七、墓（墓碑）……………………………… 121
八、墓志 ……………………………………… 133
九、摩崖石刻 ………………………………… 167
十、井栏 ……………………………………… 191
十一、石桥 …………………………………… 205
十二、牌坊 …………………………………… 261
十三、塔幢 …………………………………… 273
十四、石亭 …………………………………… 281
参考书目 ……………………………………… 289
附录：《寰宇访碑录》记载的苏州石刻 …… 291
后记 …………………………………………… 299

一 记事碑

记事碑在碑刻中数量巨大，种类繁多，根据刊立者身份可分为官刻和私刻两类。官刻包括圣旨、诏书、敕文、符牒、札子等官司文书及官方重大活动记录；私刻范围更广，包括修桥建寺、造园建馆、祈福求雨、游览赏玩、民事裁判、地界租约等社会活动，以及私人信札、诗文策论和典章谱系等。唐《朱明寺大德塔碑》是苏州现存的最早记事碑，被选为中国国家博物馆陈列展品的《奉各宪永禁机匠叫歇碑记》是研究中国早期资本主义萌芽的著名碑刻，《元和县严禁机匠借端生事倡众停工碑》被中国国家博物馆收藏，《示禁旗佃积弊碑》被南京博物院收藏，明《御祭姚广孝文碑》《奉旨遵宪蠲免渔课永禁泥草私税碑》为苏州市文物保护单位。苏州记事碑的一个鲜明特色是关于经济、儒学和修建园林、工商会馆等的「记」特别多，另一个特色是很多碑刻都由著名文人撰写，如《苏州府重建文庙记碑》《重建海宁禅寺碑》等纪事碑，作者吴宽、顾鼎臣、申时行、文震孟、缪彤、蔡升元、彭启丰、潘世恩、洪钧、陆润庠全是状元。宋《吴郡重修大成殿记碑》由著名书法家米友仁书丹，《重建留珠兰若记碑》《忠烈庙记碑》均为赵孟頫所书，吴县出状元诗碑》记述施槃廷试擢为第一后苏州的庆贺状况。《贺况郡侯同年酬唱序碑》由范成大所书，《香山潘氏新建祠堂记碑》由祝允明撰文、文徵明书并篆额，《重建海宁寺记碑》由王锡爵撰并书，《敕建苏州程忠烈公祠碑》由曾国藩篆额、李鸿章撰文。《太仓州重建海宁寺记碑》

朱明寺大德塔碑

【**朱明寺大德塔碑**】残碑。唐宝历元年（825）立，为苏州现存最早的碑。碑仅存折角上部，高0.41米，宽0.45米。存17行碑文，有"朱明寺大德塔""大历四年""宝历元年"等88字。唐代，寺与塔均毁，唯存此碑。宋刻《平江图》有大德塔所在的朱明寺。1984年10月10日，修建虎丘塔施工时出土于塔基填土层，现藏虎丘云岩寺塔陈列室。

【**瑞光塔礴石铭文**】礴石雕刻莲花纹饰，镌刻："苏州平江军吴县永定乡住居弟子顾知宠并妻赵十四娘及男承泽、承治、承济，以家眷男女等，谨因瑞光禅院募众缘建造宝塔一所，特发志心，舍净财造莲花碳一十六片、净面□片……时景德元年甲辰岁四月二十一日。"此铭确证瑞光塔建于北宋景德元年（1004），而现存文献仅记载宣和年间由朱勔出资重建并改十三层为七层。现藏盘门瑞光塔院内。

【**宋门训碑**】北宋乾兴元年（1022）男仁广、仁庶立石，侄周迥书，司马邕刻。现藏苏州博物馆。

【**光福寺重建铜观音宝殿记碑**】北宋康定元年（1040）立。现藏吴中区光福镇司徒庙。

【**范文正公义庄规矩碑**】北宋治平元年（1064）刻石。高2.26米，宽1.18米。现藏苏州碑刻博物馆。

【**铜观音像记碑**】北宋元祐二年（1087）黄公颉撰。现藏光福镇光福寺。

【**苏州常熟县乾元宫兴造记碑**】记述乾元宫历史，涉及常熟山水地貌、社会民间风俗等，是研究常熟古代道教源流的重要资料。北宋崇宁五年（1106）沈泂撰文并书，申屠宗震刻。原立于虞山辛峰亭下，现藏常熟市碑刻博物馆。

【信士朱隆并弟僧德洇舍庄田记碑】北宋宣和四年（1122）主持传法赐紫觉海大师法泉立。现藏灵岩寺般若堂。

【秀峰寺公据碑】北宋宣和五年（1123）立。现藏灵岩寺般若堂。

【地土山界公据碑】残碑。北宋宣和年间刻，是官府准予灵岩寺的地界碑。现藏灵岩寺般若堂。

【吴郡重修大成殿记碑】

苏州常熟县乾元宫兴造记碑（局部）

记述苏州府修建府学文庙大成殿和范仲淹祠、胡安定祠经过。南宋绍兴十一年（1141）知州梁汝嘉主持重建并立石，郑仲熊撰，米友仁书丹，行书，翟耆年篆额，徐寀镌刻。是碑为米友仁代表作，也是苏州现存最早记载整修孔庙和府学情况的碑刻。高1.82米，宽0.96米。现藏苏州碑刻博物馆。

【前住当山广照和尚忌辰追修公据碑】记述上缴公粮事。南宋乾道三年（1167）立，住持传法佛慧人师。现藏灵岩寺般若堂。

【吴郡寿宁万岁禅院之记碑】南宋淳熙十三年（1186）僧妙思撰，经炳文书，张文伟刻。碑阴刻宝庆元年（1225）六月提举常平司公据。高1.6米，宽0.8米。现藏罗汉院双塔。

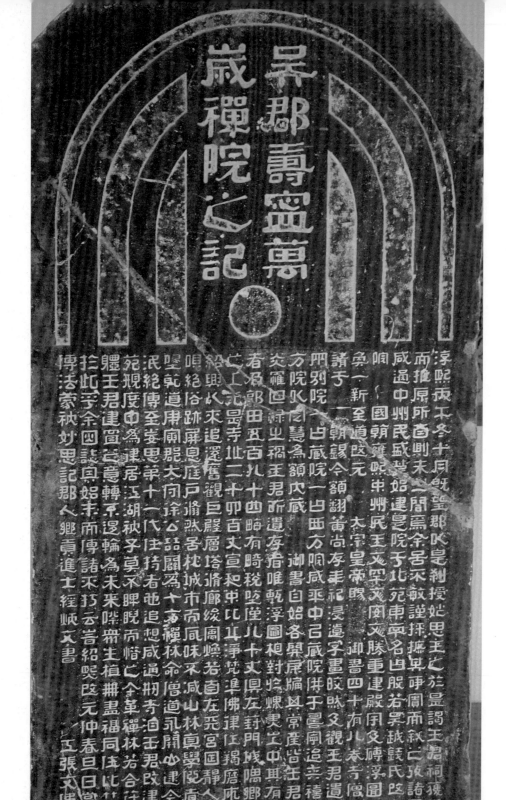

吴郡寿宁万岁禅院之记碑

【同年酬倡序碑】南宋绍熙元年（1190）刻石，范成大等书。高1.61米，宽0.83米。现藏苏州碑刻博物馆。

【舍田碑】南宋绍熙元年（1190）刻，已残。现藏灵岩寺般若堂。

【通神先生何蓑衣事实碑】记载蓑衣何真人生平。宋孝宗赵昚题"通神庵"三字，胡衮撰文，南宋庆元三年（1197）刻石。高1.55米，宽1.08米。现藏玄妙观文昌殿北碑廊。

【灵应碑】记述铜像观音灵感事迹。南宋嘉定四年（1211）赵善重书，知殿僧师琬立石。现藏光福镇光福寺。

【诏建三清大殿上梁文碑】记述玄妙观三清殿历史沿革。南宋淳熙八年（1181）龚颐正撰，嘉定十一年（1218）立石，张允迪刻。高1.62米，宽0.93米。原在玄妙观三清殿，现藏祖师殿遗址碑廊。

【安养院记碑】南宋宝庆二年（1226）刻，是目前发现的中国最早的医院碑刻。现藏苏州碑刻博物馆。孙星衍《寰宇访碑录》记述："陈耆卿撰，宝庆二年八月。在绍熙唱酬诗碑阴。"此唱酬诗碑即《同年酬唱序碑》。

【平江府双塔寿宁万岁禅院归田之记碑】南宋绍定二年（1229）立石，释宗鉴撰并书。现藏罗汉院双塔。

【紫端石断碑】上刻"台判指挥逐一交管、收附、交割簿账"，下刻"大士赴缘穷感，解除积涝，救护稼穑……"南宋绍定五年（1232）住山师义跋，张思明刻。现藏光福镇光福寺。

【朝旨蠲免天庆观正司科敷度牒省札部符使帖碑】镌刻朝廷札文四篇，内容为天庆观（即玄妙观）住持陈天一向朝廷陈请除免天庆观正司科敷科买度牒，经尚书省同意，准予除免。南宋端平元年（1234）陈天一将札文勒碑，作为除免凭证。高1.97米，宽1.08米。现存玄妙观三清殿东楹。

【常熟县教育言子诸孙记碑】南宋端平元年（1234）知县王爚修言子祠，并延师以教言氏后裔。嘉熙元年（1237）袁甫撰记并书，王遂题。碑原在常熟邑学戟门西官厅，现藏常熟市言子专祠礼门。

【舍田碑记】南宋嘉熙四年（1240）立。现藏光福镇光福寺大雄宝殿东弄壁间。

【灭蝗有功敕封碑】南宋景定年间立。现藏灵岩寺般若堂。

【观德碑】南宋宝祐四年（1256）刻石，赵与篡书，王景齐跋。其碑阴为

聖旨

皇帝聖旨節該宣聖廟國家歲時致祭諸儒月朔釋奠宜恒令洒掃脩潔今後禁約諸官員使臣軍馬無得於廟宇內安下或聚集理問詞訟及褻瀆飲宴工匠官不得於其中營造違者治罪欽此

一

聖旨據尚書省奏江淮等處秀才乞免雜泛差役事准奏今後在籍秀才做買賣納商稅種田納地稅其餘一切雜泛差役並行蠲免所在官司常切存恤差役仍禁約使臣人等毋得於學安下非理搔擾欽此

至元二十五年內欽奉

《平江路重建至圣文宣王庙记》，元大德二年（1298）燕公楠撰，李世安书，马绍篆额，吴□仁刻。高2.14米，宽1.06米。现藏苏州碑刻博物馆。

【圣旨碑】碑首正中镌刻"圣旨"二大字，两旁对称浅雕四爪游龙各一。碑身镌刻元世祖忽必烈两道圣旨，其一为中统二年（1261）所颁，禁止诸官、使臣、军马等驻扎宣圣庙内，并不得在庙中审理词讼、聚众宴饮等。其二为至元二十五年（1288）所颁，命蠲免秀才一切杂泛差役，允许在籍秀才从事商业活动，并再次严禁使臣等官入庙非礼骚扰等。原置常熟学宫戟门右侧，现藏常熟市碑刻博物馆。

【常熟县重修文庙之记碑】元至元二十九年（1292），杨麟伯捐资修文庙。翌年，阎复撰文并书，徐琰题额。碑原在邑学礼门右，现藏常熟市文庙礼门。

【平江路总管祈请观音感雨碑】元大德三年（1299）立。现藏光福镇光福寺东廊壁。

【重建留珠兰若之记碑】八坼乡卓坡村留珠庵遗物，记载留珠庵名之缘由及重建经过。元至大元年（1308）刻，洪乔祖撰，赵孟頫书并篆额。高1.59米，上宽0.43米，下宽0.79米。原保存在吴江公园，现藏吴江博物馆。

【诏书加封大成碑】元至大三年（1310）刻石，司吏胡喜孙、冯鉴，监工糜镗，吴宗润、吴德言刻。高2.65米，宽1.32米。现藏苏州碑刻博物馆。

【昆山州重建海宁禅寺碑】记述海宁禅寺兴建过程，并涉及元代太仓海运事。碑末所署"元祐二年"为"延祐二年（1315）"之误。赵孟頫撰并书，杜熙篆额，朱□镌字。现藏太仓市弇山园，弇山园东半部为海宁禅寺故址。

【平江路重修儒学记碑】为《吴郡登科题名录碑》碑阴，元至治元年（1321）刻石，杨载撰文，赵孟頫书并篆额，徐震立。现藏苏州碑刻博物馆。《吴郡登科题名录碑》参见本书《题名刻》。

【虎丘云岩禅寺兴造记碑】记述云岩禅寺历史及僧普明修葺事。元至正七年（1347）黄溍撰书，泰不花篆额，住山普慈摹。高2.7米，宽1.2米。现藏虎丘二山门室内。

【高公勋德碑铭并序】元至正七年（1347）与至正十年（1350）广宣立，乾文传撰，吴铎书，泰不花篆额，张允刻。碑阴刻《平江路报恩万岁教寺兴造记》。高2.15米，宽1.16米。现藏报恩寺藏经阁前。

【义田记碑（一）】镌刻："范文正公，苏人也，平生好施与，择其亲而

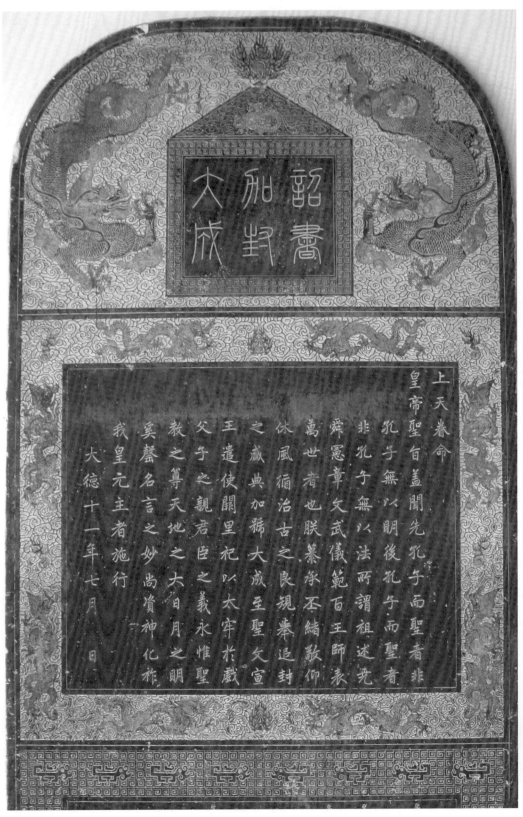

诏书加封大成碑（局部）

贫、疏而贤者，咸施之。方贵显时，于其里中买负郭常稔之田千亩，号曰'义田'，以养济群族。族之人，日有食，岁有衣，嫁娶凶葬皆有赡。择族之长而贤者一人主其计，而时共出纳焉。"元至正十年（1350）钱公辅撰，赵雍书。高1.58米，宽1.37米。现藏苏州碑刻博物馆。其碑阴为范仲淹手书《伯夷颂》。

【义田记碑（二）】 元至正十年（1350），主宗祀八世孙文英识，裔孙伯仁□。高1.58米，宽1.37米。现藏苏州碑刻博物馆。

【范仲淹祠建书院记碑】 元至正十年（1350）刻，李祁撰文，乾文传书丹，泰不华篆额。伯仁核，张允刻。高1.56米，宽1.33米。现藏苏州碑刻博物馆。

【吴江州兴修儒学记碑】 元至正十一年（1351）桓哲铁穆仪篆额，陆居仁撰，朱庭珪书丹。现藏吴江文庙。

【祈祷开霁碑】 记述"五月以来，雨水骤发，恐伤稻秧，祈祷便刈霁"。元至正十八年（1358）立。现藏光福镇光福寺大雄宝殿东弄壁间。

【乡饮酒铭碑】 记述明洪武五年（1372）苏州知府魏观奉诏在府学举行乡饮酒礼情形。文徵明书，隶书，嘉靖二十二年（1543）章简甫镌刻。现藏苏州碑刻博物馆。

【忠烈庙记碑】 牟巘撰，赵孟頫书，李果篆额，元至大元年（1308）范宗瑀国隽立石。明成化六年（1470）范希彦等重立，史德原刻。碑阴上部为南宋嘉定三年（1210）续降圣旨，下部为元至正十九年（1359）中书省札，平江路达鲁花赤总管立。高1.98米，宽0.94米。现藏天平山范文正公祠（忠烈庙）仪门内。

【范文正公义庄蠲免科役省据碑】 碑上镌刻"右付范士贵收执准此"，表明此碑为元朝官府发给范仲淹后裔范士贵蠲免科役的凭据，是研究义庄的珍贵史料。高2米，宽1米。20世纪80年代在景范中学基建工地发现，现藏景范中学文正殿西侧。

【苏州府孔子庙学新建南门记碑】 明洪武七年（1374）王彝撰文，李亨书丹，张筹篆额，张才刻。高2.36米，宽1.03米。现藏苏州碑刻博物馆。

【苏州府学重修庙貌记碑】 明洪武十五年（1382）王鸣吉记并书篆，谭孔道、刘郁、裴珏、彭程、张叔平立石，张俊刻石。现藏苏州碑刻博物馆。

【建言事理碑】礼部钦旅出榜，晓示群邑学校生员为建言事理。要求："榜文到日，所在有司即便命匠置立卧碑，依式勒镌于石，永为遵守。"明洪武十五年（1382）刻石，高0.69米，宽2.40米。现藏苏州碑刻博物馆。

【清理道教碑】明洪武二十四年（1391）方孝孺撰并书。后方氏被诛，碑上文字被刮掉，俗称无字碑。高6.5米，宽2.7米。现藏玄妙观三清殿外东侧。

【天平山白云禅寺重兴碑】明洪武二十五年（1392）沙门道衍（姚广孝）撰，滕用亨书并篆额。高1.8米，宽0.79米。现藏天平山白云寺外。

【虎丘云岩禅寺重修记碑】明永乐二十二年（1424）杨士奇撰，沈粲书，陈登篆，何渊刻。高3.3米，宽1.26米。现藏虎丘二山门室内东侧。

【重修三清殿记碑】记述郡守陈岘命羽士募缘修建玄妙观三清殿事。王琎撰，卫靖书，张徽篆额，明宣德四年（1429）吕志清立石。左上角残缺，文字漫漶。高1.66米，宽0.9米。现藏苏州碑刻博物馆。

【常熟县重修庙学记碑】明宣德八年（1433）重修庙学。翌年，杨荣撰文，张洪跋，吕臻刻。碑原立邑学戟门内东首，现藏常熟市文庙戟门北。

【定慧禅寺重建佛殿碑】张洪伟撰文，仰瞻书，张勖篆额。明正统二年（1437）住山沙门释妙铉立，何渊刻。高2.12米，宽1.04米。现藏罗汉院双塔。

【贺况郡侯吴县出状元诗碑】记述"正统四年春三月朔，吴庠生施槃廷试既擢为天下第一，苏之人闻者咸欣跃称贺……翰林侍讲铉闻而喜之，赋诗以纪其盛。"明正统四年（1439）邹胤书，何渊刻。高1.67米，宽0.80米。现藏苏州碑刻博物馆。

【重修常熟县儒学记碑】明正统六年（1441）赵永言撰文，侯诚篆额，周哲书丹，吕顺刻；县丞张克明、刘得、陈澄，主簿陈阳福、吴参，典史马庸同立石。现藏常熟市碑刻博物馆。

【常熟县重建城隍庙记碑】记述邑中城隍庙兴衰变化及明正统间修建始末。正统七年（1442）吴讷撰文，邹胤书，吕顺刻；县丞张克明、刘得，主簿陈阳福、吴泰兴，典史马唐、陈旦，耆民郎藩、陈玉同立石。原置常熟孔庙大堂后壁，现藏常熟市碑刻博物馆。

【礼部僧录司给原白马寺住持道清札符碑】为礼部允准道清到圣恩寺当住持的札符。明正统八年（1443）立石。高1.6米，宽0.77米。现藏光福镇圣恩寺大雄宝殿后墙。

【重修范文正公忠烈庙记碑】 王直撰，黄养正书，程南云篆，何渊刻，明正统十年（1445）立石。高2.27米，宽1.05米。碑阴刊忠烈庙全图及捐助人姓氏。现藏天平山范文正公祠仪门西侧。

【苏郡虎丘云岩寺塔重建记碑】 明正统十年（1445）张益撰，黄养正书丹，程南云篆额，章敬刻，徒弟僧纲、兼承天禅寺住持永端、开元禅寺住持永熙立。高3米，宽1.2米。现藏虎丘二山门室内西侧。

【常熟县儒学新建尊经阁之记碑】 明正统十三年（1448）吴讷撰，严雍篆额，张绪书，吕顺刻；知县郭南，县丞刘德、赵绅，主簿孔刚、王子钊，典史陈达、董工，耆民郎藩、陈玉、蒋瑛等立石。碑原在邑学尊经阁，现藏常熟市碑刻博物馆。

【水月禅寺中兴记碑】 明正统十四年（1449）张益撰，沈为忠书，程南云篆额，住持沙门如珪立石。现藏金庭镇堂里村水月寺。

【敕赐藏经阁记碑】 明景泰四年（1453）周忱撰，陈祚书，郭璘篆额，住山沙门大□立石。高2.2米，宽1.16米。现藏虎丘二山门室内东侧。

【张氏预嘱碑】 记述明代匠户张世荣预立分割文书事，所记内容对研究明

常熟县儒学新建尊经阁之记碑

初社会家庭结构和民风民俗有一定价值。蔡瑢书，王缙刻。现藏常熟市博物馆。

【重修吴公祠堂记碑】 明天顺三年（1459）李贤撰记，章珪书，孙纪篆额，常熟县知县唐礼、县丞王宪、主簿杨瑾、典史刘芳、儒学教谕张雯、六十四世孙铭钦同立石。碑原在邑学言子祠，现藏常熟市文庙碑廊。

【陆钺夫妇敕命碑】 记述敕封翰林院编修陆钺为文林郎、其故妻陈氏为孺人事。陆钺与张泰、陆容并称"娄东三凤"，为天顺八年（1464）榜眼。明成化三年（1467）十二月立。2016年3月发现于太仓市西郊吴塘河畔，现藏太仓博物馆。

【普门禅寺碑】 记述日本僧人寂照到浙江宁波向天台宗知礼法师请教及短期客居苏州研究佛教经义事，是宋代中日文化交流的重要实物资料。碑阴镌刻普门禅寺图。宋碑已佚，现存石碑为明成化年间所刻。1974年出土于濂溪坊苏州电池厂，现藏苏州碑刻博物馆。

【苏州府重建文庙记碑】 明成化十二年（1476）吴宽撰文，李应祯书篆，陈俊刻。高2.75米，宽1.33米。现藏苏州碑刻博物馆。

【文正书院重修记碑】 明成化十七年（1481）祝颢撰，李应祯书篆，陈俊刻。高1.94米，宽0.92米。现藏苏州碑刻博物馆。

【修苏州府儒学记碑】 明成化二十年（1484）陆钺记，皇甫信篆书；知府李廷美，通判李智，推官樊廷选，长洲县知县刘辉，吴县知县陈振，县丞贺瑄，主簿刘谦，儒学教授郭承，训导王宁、陈畅、王凯，梁应科立石；督工官张鉴，徐常、王凤，何琮刻。高2.21米，宽1.1米。现藏苏州碑刻博物馆。

【常熟县学重建先圣庙记碑】 明弘治十三年（1500）知县杨子器重修庙学。弘治十五年（1502）夏四月，杨守阯撰文，张钿书丹，吕山刻；知常熟县事何宗理，县丞胡瑞，主簿郝尚质、周必复，典史朱子实，教谕李隆，训导董祯、周夔，管工义官唐复、唐政同立石。现藏常熟市文庙戟门。

【重修玄妙观五岳楼记碑】 明弘治十六年（1503）李杰撰，陈昌言刻。原在东岳殿，现藏玄妙观祖师殿遗址碑廊。

【重建崇福庵佛殿记碑】 记述崇福庵创立及历代修建始末。上部篆刻"重建崇福庵佛殿记"八字，左右各刻一鹿。明正德八年（1513）钱仁夫撰，祝允明书并篆。原藏常熟横泾庵基，现藏常熟市碑刻博物馆。

【重建甫里先生祠堂记碑】明正德十三年（1518）正月立石。现藏甪直镇保圣寺碑廊。

【苏郡副都纪松鹤王公寿藏生志碑】明嘉靖元年（1522）钱仁夫撰文。原在东岳殿，现藏玄妙观祖师殿遗址碑廊。

【道统圣贤之赞碑】明嘉靖四年（1525）刻石，陈凤梧撰文。高2.08米，宽1米。现藏苏州碑刻博物馆。

【嘉靖皇帝注释心箴圣谕碑】镌刻嘉靖皇帝圣谕："内阁辅臣杨清、谢迁、张璁、翟銮：朕十二日因听讲官顾鼎臣解说心箴，连日味思其意，甚为正心之助。昨日写一篇并假为注释，与卿等看。"明嘉靖六年（1527）刻石。现藏苏州碑刻博物馆。

寒山寺碑廊

【常熟县新建乡先贤巫公祠记碑】明嘉靖八年（1529）陈寰撰并书丹。现藏常熟市碑刻博物馆。

【□□□□祠堂记碑】上半截残缺，落款为"京闱乡贡进士云间沈云撰□□……中书舍人同邑王延陵撰额。"《渡桥村志》记载："《震泽吴氏祠堂记》，正书，沈云撰并书，王延陵撰额，于明嘉靖壬辰年（1532）秋在武山

陈孝子祠堂之碑（局部）

季子祠。"可见此碑极可能是《震泽吴氏祠堂记》，碑阴镌刻族谱。现藏石湖古观音堂。

【陈孝子祠堂之碑】碑额篆刻"宋陈孝子祠堂之碑"。碑身分为四部分：右上方为《苏州志纪异》，摘录苏州府志中宋代陈孝子事迹；左上方为明嘉靖十一年（1532）沈周撰《重建陈孝子祠堂门楼院庑募缘疏》，右下角是邵宝题咏，左下角为吴一鹏题跋。高1.67米，宽0.71米。1986年在蠡口朱庄陈孝子祠堂废址发现此碑，现藏吴中区文管会碑廊。

【重建昭明读书台亭记碑】明嘉靖十五年（1536）陈察撰文，陈寰篆额。现藏常熟市碑刻博物馆。

【苏郡玄妙观三清殿重修记碑】祝续撰，朱元吉书并篆额，明嘉靖十六年（1537）立。高1.96米，宽0.89米。现藏玄妙观三清殿。

【香山潘氏新建祠堂记碑】记述潘氏家族和潘氏祠堂建成情况。明嘉靖十七年（1538）祝允明撰文，文徵明书并篆额，章简甫刻。高1.67米，宽0.81米。1980年在吴县藏书公社社光大队潘家祠堂遗址发现此碑，现藏天池山寂鉴寺文物保管所。

【常熟县思政乡重建真武祠记碑】记述真武祠坐落地点和兴衰等情况。明嘉靖十八年（1539）顾鼎臣撰文，文徵明书并篆额，吴鼒镌刻。现藏常熟市碑刻博物馆。

【重修碧霞元君祠碑记】明嘉靖二十一年（1542）立。现藏东山镇轩辕宫。

【吴县役田记碑】记述苏州地方政府为加强农田管理而采取的一系列措施。明嘉靖二十二年（1543）刻石，朱希周撰文，文徵明篆额，章焕书丹。高1.90米，宽0.88米。现藏苏州碑刻博物馆。

【玄妙观重建真武殿假山记碑】明嘉靖二十五年（1546）张寰撰，陆涛书并篆额，吴国贤刻。高1.7米，宽0.83米。现藏玄妙观祖师殿遗址碑廊。

【舍铜铸造祖师善士芳名碑】明嘉靖二十六年（1547）吴学刻。现藏玄妙观祖师殿遗址碑廊。

【重修苏州织染局记碑】明嘉靖二十六年（1547）文徵明撰。现藏苏州碑刻博物馆。

【重修陆鲁望先生小引碑】明朗明倩书，章锷刻。现藏甪直镇保圣寺碑廊。

【吴县乡都义役田记碑】明嘉靖三十年（1551）葛桷记，已开裂。现藏寒山寺。

【刘家河把总玉江杨侯

香山潘氏新建祠堂记碑（局部）

常熟县思政乡重建真武祠记碑（局部）

一、记事碑 015

去思碑】记述镇海卫千户杨尚英抗击倭寇、守卫刘河（今浏河）的功绩。明嘉靖三十□年士民立碑以纪其功勋，并赞其为"刘河之父"。现藏太仓市浏河镇天妃宫。

【重建常熟县城记碑】记述明嘉靖三十二年（1553）常熟城筹建经过、工程耗资和新城布局等。嘉靖三十三年（1554）八月瞿景淳撰文，文徵明书，吴鼒刻。原置常熟王铁褒忠祠内，现藏常熟市碑刻博物馆。

【渐斋先生王公传碑】明嘉靖三十二年（1553）邓钹撰，文徵明书并篆。翌年九月，常熟县知县王铁重立石，吴鼒刻。碑原在邑学大门内，现藏常熟市文庙碑廊。

【刘家河把总邵公去思碑】邵应魁曾在衢山海域和广东大败倭寇，任刘河把总期间浚河有功，民众为旌表其功德立碑。明嘉靖三十七年（1558）丰道生撰文，文徵明书并篆额，吴应祈刻。现藏太仓市浏河镇天妃宫。

【常熟县重修庙学记碑】明嘉靖三十七年（1558）瞿景淳撰文；掌常熟县事、苏州府通判张牧，县丞陈元、林爌，主簿徐樻、丘岳，典史双昊，教谕熊东周，训导戚宠、周光立石。碑原在邑学戟门，现藏常熟市文庙戟门。

【江阴新建杨舍城记】明嘉靖三十七年（1558），张衮撰文，江阴县知县杜华立石。碑残，高2.06米，宽0.5米。现藏张家港博物馆。

【皇帝制谕刘汉为署都督金事充总兵官镇守大同碑】明嘉靖三十八年（1559）九月立。高3.5米，宽0.95米。现藏东吴博物馆大门左侧D区。

【重修双塔寺殿记碑】明嘉靖三十九年（1560）王庭撰，彭年书，章仕刻。碑阴刊众姓名。现藏罗汉院双塔。

【重修双塔记碑】明嘉靖三十九年（1560）彭年撰并书，章简甫刻。高1.85米，宽1米。现藏罗汉院双塔。

【汉寿亭侯关公神道碑】明嘉靖四十年（1561）瞿景淳撰，夏伯季书。现藏常熟市碑刻博物馆。

【整饬苏松兵备河南按察司副使熊公平海碑】记述明嘉靖年间苏松兵备副使熊桴在刘家港的抗倭史迹。嘉靖四十二年（1563）张衮撰文。现藏太仓市浏河镇天妃宫。

【夏周二公祠记碑】明嘉靖四十二年（1563）钱邦彦撰文，周天球篆并书，苏州知府徐节立石，督工屠汝刚、戴云球、吴鼒、何伦同刻。现藏苏州碑刻博物馆。

【苏学名宦祠公田记碑】 明嘉靖四十三年（1564）王榖祥撰，章仕书并刻。高1.67米，宽0.78米。现藏苏州碑刻博物馆。

【苏州府社仓事宜记碑】 记述推行"社仓"以调节粮价、备荒赈恤的政事，内容包括社仓管理人员的选举、收贮放兑日期及荒年放赈方法等。明隆庆二年（1568）苏州知府蔡国熙撰。现藏望亭镇华阳庙。

【禁挟妓游山碑】 明隆庆二年（1568）苏州府立，温雅刻。现藏虎丘。

【大唐卜将军记碑】 此碑数次翻刻，现碑为明隆庆三年（1569）复刻，戴文弼识。现藏昆山市文物管理所。

【顾文康公崇功祠碑】 顾文康公即明弘治十八年（1505）状元顾鼎臣。明隆庆四年（1570）赵贞吉撰文，孙男谦亨立石，侄孙文右书篆。高1.89米，宽0.91米。现藏昆山市亭林园顾文康公崇功专祠前。

【重修双塔禅寺殿记碑】 明隆庆五年（1571）黄姬水撰并书，周天球篆额，沈恒刻。高1.75米，宽0.85米。碑石碎裂残缺。现藏罗汉院双塔。

【双塔寺印造藏经记碑】 明万历二年（1574）管志道撰，文嘉书。碑有裂纹，文字漫漶。现藏罗汉院双塔。

【重修玄妙观东岳行宫记碑】 明万历二年（1574）钱有威撰。高1.7米，宽0.9米。原在东岳殿，现藏玄妙观祖师殿遗址碑廊。

【重修吴县儒学记碑】 明万历十二年（1584）杨成撰文，顾起淹书丹，陈烨篆额，董一化、王施泽立石，章藻刻。高1.66米，宽0.88米。现藏苏州碑刻博物馆。

【税粮会计由票长单式样碑】 记载常熟县纳税粮银米数、各区粮长大户明细和征粮由票。碑文内容对研究明代赋税制度有较高参考价值。明万历十六年（1588）立碑。原在常熟县署基，现藏常熟市碑刻博物馆。

【补溪顾氏重修家庙记碑】 明万历二十二年（1594）九世孙耿光撰文。现藏常熟市碑刻博物馆。

【太仓州重建海宁寺记碑】 记述太仓海宁寺沿革及万历年间重建事。明万历二十四年（1596）王锡爵撰并书。碑存上半部，残高1.44米，宽0.69米。现藏太仓市王锡爵故居。

【吴县重修儒学记碑】 明万历三十年（1602）刻石，申时行撰文，王锡

王锡爵故居碑廊

爵篆额，王衡书丹。高1.70米，宽0.88米。现藏苏州碑刻博物馆。

【黄册亲供议碑】明万历三十年（1602）赵国琦立，吕据德书刻。原置常熟道前，现藏常熟市碑刻博物馆。

【苏州府重修儒学记碑】明万历三十一年（1603）申时行撰文，徐申书丹，王锡爵篆额，张士骥摹勒，盛环、许朝相、沈幼文刻。高2.65米，宽1.26米。现藏苏州碑刻博物馆。

【重建破山寺碑】明万历三十二年（1604）屠隆撰，钱谦益跋。现藏常熟市碑刻博物馆。

【重建北寺震隅不染尘观音院耳殿暨三大士殿记碑】明万历三十二年（1604）管志道记，章藻书并篆额。高2.92米，宽0.94米。现藏报恩寺观音殿前壁。

【龙柏亭记碑】记述建造阳山西白龙禅寺龙柏亭事。明万历三十三年（1605）十月王穉登撰文，杜大绶书，陆士仁篆额；门生施昌时、张□谟、居士廉、董士登、夏九功、张世熙、夏九思、孔尚忠、张弘德、施泰时、徐如义、施壅时、周大勋、开鼎爵、金论思立石，门人顾赤同立，沈本立刻；苏州府太仓卫经历任绍尧董建。原藏吴县文管会无梁殿，现藏吴中区文管会碑廊。

申时行墓享堂碑刻

【重修五贤祠记碑】明万历三十八年（1610）孙继皋撰，申用懋书丹，徐□篆额，杜士廉刻。湮没已久，1982年发现于小吴轩地下。现藏虎丘。

【修陆鲁望像记碑】明万历三十八年（1610）邵维时、陆应阳书。现藏甪直镇保圣寺碑廊。

【长洲县儒学重建文星阁记碑】明万历四十年（1612）立石，韩原善撰，沙舜风书，张凤翼篆额。高1.6米，宽0.8米。现藏文星阁。

【灵岩赎山之碑】明万历四十二年（1614）马之骏撰，范允临书，赵宧光篆额。高1.72米，宽0.8米。现藏灵岩寺般若堂。

【申时行墓享堂碑】八石。分别为：明万历四十二年（1614）《遣祭碑》《吴县申报碑》、吏部尚书郑继之《题奏碑》、工部侍郎杜如楚《题奏碑》、万历四十三年（1615）《赐谥碑》、万历四十四年（1616）《谕祭碑》《吴夫人合葬谕祭碑》和侍读学士何宗彦《题奏碑》。连额、座高4.24—4.35米不等，宽1.1—1.15米不等。现藏吴山申时行墓享堂。

【木石李先生遗泽碑】 记述常熟教谕李维柱知人善教事迹。明万历四十三年（1615）翁宪祥撰，陈必谦书，吕律刻。碑原在邑学戟门内，现藏常熟市碑刻博物馆。

【重修双塔寺大雄殿记碑】 明万历四十四年（1616）王鼎隆撰，沙门恒持书，章懋□刻。高1.75米，宽0.85米。现藏罗汉院双塔。

【崇恩祠记碑】 即太师申文定公祠内的《宸奎阁三问亭记》。明万历四十五年（1617）黄克缵撰。现藏苏州碑刻博物馆。

【吴越忠懿国王造铜阿育王舍利塔记碑】 明万历四十五年（1617）憨山沙门德清书，弟子真如摹。现藏常熟市碑刻博物馆。

【开垦荒田碑】 常熟县知县张节，县丞施王政、刘维震，主簿赵忠谟、李大瞻、杨志道，典史朱思晓孝经勘；明万历四十六年（1618）九月日公正孙臣，区书、毛振等立石。现藏常熟市博物馆。

【常熟县严禁致累绸铺碑】 明天启二年（1622）知县宋贤，县丞何起任、孙文奇，主簿王好仁、陈所见，典史谢朝采，吏秦士琦，书颜廷用同立石。原在常熟县道前，现藏常熟市文管会。

【五人之墓碑】 明崇祯元年（1628）韩馨书，清道光二十八年（1848）韩崇识。高2.25米，宽1.13米。现藏山塘街五人墓。

【五人墓记碑】 张溥撰，章美书，文震孟隶额，马士鲤镌刻。明崇祯二年（1629）立石。高2.1米，宽1.1米。现藏山塘街五人墓。

【寒山寺重建大雄殿记碑】 明崇祯三年（1630）文震孟撰。高2.18米，上宽0.9米，下宽0.8米。碑石残损，文字漫漶。现藏寒山寺山门右后侧。

【重修长洲县学文星阁记碑】 明崇祯六年（1633）陈仁锡撰，沙舜风书。高1.93米，宽0.81米。现藏文星阁。

【天寿圣恩禅寺常住田免役碑】 明崇祯七年（1634）吴县知县杨云鹤立。现藏光福镇圣恩寺天王殿墙壁。

【五人义助疏碑】 明崇祯七年（1634）文震孟撰，张树清书，杨念如侄杨世英捐资镌勒；列有吴默、文震孟、姚希孟、钱谦益、瞿式耜、董其昌、范允临、陈继儒、王时敏、张溥、杨廷枢等54位资助人姓名。现藏山塘街五人墓。

【穹窿山宁邦寺记碑】 明文震孟撰，赵宧光篆额，吴邦城书丹。现藏穹窿山北麓宁邦寺。

【长洲县奉行都院宪牌禁占川泽碑】 明崇祯九年（1636），杜国桢书。高2.26米，宽1米。现藏苏州碑刻博物馆。

【寿宁寺修双塔碑记】 明崇祯九年（1636）李模撰。高1.9米，宽0.9米。现藏罗汉院双塔。

【瑞光塔赞碑】 明太祖朱元璋赞，文震孟书。崇祯九年（1636）姚希孟立石，清康熙十五年（1676）重立。高2.96米，宽1.9米。现存瑞光寺塔院。

【苏州府圣恩寺恢复给帖永垂久远碑】 明崇祯十一年（1638）十二月立。现藏玄墓山圣恩寺前壁。

【重修上方宝塔碑记】 明崇祯十三年（1640）张世伟撰，沙门通兴书。现藏上方山塔院。

【明御祭姚广孝文碑】 二石。现藏妙智庵旧址东墙。2009年被列为苏州市文物保护单位。

【重兴古罗汉寺碑】 记述该寺在元代"毁于红巾"、明代重建的史实，还记述该寺与虎丘的佛事交往。现藏金庭镇梅益村包山寺。

【织造经制记碑】 清顺治四年（1647）陈有明撰。高1.8米，宽0.96米。现藏苏州十中织造署。

【奉宪永免亨字二图六甲排年碑记】 清顺治四年（1647）江南苏州府道纪司都纪陶弘化监立。高1.6米，宽0.76米。现藏玄妙观。

【都督杨公新建娄门关帝庙记碑】 陆文衡撰，清顺治六年（1649）立。碑有裂纹，字漫漶。高1.75米，宽0.82米。原藏娄门东北街25号院内，现藏苏州碑刻博物馆。

【奉旨禁革漕运积弊告示碑】 清顺治七年（1650）常熟知县瞿、署粮县丞陈斌、巡捕典史胡珍立石，耆老公正同立。高1.65米，宽0.81米。原藏常熟北仓，现藏常熟市博物馆。

【太仓州增修学庙记碑】 记述太仓知州陈之翰历经八年修缮太仓学庙之原委。清顺治八年（1651）吴伟业撰文，张颖刻。原立于学庙之门，现藏太仓

一、记事碑

明御祭姚广孝文碑

市王锡爵故居。

【陈公去思碑】 清顺治九年（1652）金之俊撰书。高1.8米，宽0.92米。现藏苏州十中织造署。

【重修苏州织造公署碑记】 清顺治十年（1653）周天成撰。高1.51米，宽0.87米。现藏苏州十中织造署。

【织造经制记碑】 清顺治十年（1653）周天成撰。高1.92米，宽0.92米。现藏苏州十中织造署。

【示禁旗佃积弊碑】 记载官府镇压江南农民抗租史实。清顺治十年（1653）立碑。原置昆山张浦尚明甸村聚福桥，现藏南京博物院。

【长吴会馆碑记】 长吴会馆在京师正阳门外。清顺治十一年（1654）金之俊撰，陈士本篆额，褚篆书丹，王尧尼镌，列同馆顾诞明等55人。现藏苏州碑刻博物馆。

【诸生教条碑】 镌刻："礼部题奉钦依刊立卧碑，晓谕生员。""朝廷建立学校，选取生员，免其丁粮，

太仓州增修学庙记碑（局部）

厚以廪膳，设学院、学道、学官以教之。各衙门官以礼相待，全要养成贤才，以供朝廷之用。诸生当上报国恩，下立人品，所有教条开列于后……违者听提调官治罪。"清顺治十二年（1655）夏鼎立石。现藏苏州碑刻博物馆。

【奉旨遵宪蠲免渔课永禁泥草私税碑】 记述长洲县渔民陆江、葛华等人呈告当地豪强地主、渔霸横征暴敛、武断乡曲之劣迹，清朝地方政府为之立牒文碑，碑末镌刻立石人陆江等43人姓氏。此碑有苏州内塘养殖较早的文字记载，对研究清初社会经济、赋税制度、阶级矛盾等有一定史料价值。清顺治十七年（1660）五月立石。高2.06米，宽1米。1984年在北庄河西观音堂发现，现藏相城区黄桥街道北庄河西村西边。2001年列为苏州市文物保护单位。

【奉宪永免徭役坐扣军储碑】 清顺治十八年（1661）吴县知县任、县丞霍、主簿宁、典史唐立同立，镌碑匠余台，石匠徐贞。现藏光福镇圣恩寺天

苏州府圆妙观重建雷尊殿碑记

白茆水利碑（局部）

王殿壁。

【地藏庵记碑】 钱谦益撰记，其弟子严熊书丹，隶书，清顺治十八年（1661）刻石。现藏常熟市碑刻博物馆。

【长洲县严禁漕船占泊齐门两汇扰害木商碑】 清康熙元年（1662）木商方君安等18人同立。现藏苏州博物馆。

【苏州府圆妙观重建雷尊殿碑记】 金之俊撰，何栋书，顾予咸篆额，清康熙四年（1665）立。高2.22米，宽1.06米。现藏玄妙观雷尊殿。

【重修吴县儒学记碑】 清康熙六年（1667）刻石，金之俊撰文，彭壁书丹。高1.68米，宽0.78米。现藏苏州碑刻博物馆。

【江南苏州府太仓州申严扰累柴米铺行碑记】 记述太仓知州朱士华等奉批禁止借军务或修造之名多取民物中饱私囊事。清康熙十六年（1677）立，现藏太仓博物馆。

【白茆水利碑】 记述清康熙二十年（1681）兵部尚书发动常熟、太仓、长洲等六县民众合力疏浚白茆港事。康熙二十一年（1682）刘鼎撰文。原置常熟东张镇，现藏常熟市碑刻博物馆。

【康熙口谕碑】 江苏巡抚汤斌记清康熙二十三年（1684）圣祖玄烨南巡

事。高5.46米，宽1.78米。现藏皇亭遗址。

【明右都御史陈镒祠堂碑】 清康熙二十四年（1685）汤斌撰文，汪琬书丹，七世宗孙儒林郎元扬同男雯、震侄孙世洽立石，李士芳刻。现藏苏州碑刻博物馆。

【重建至德庙碑记】 清康熙二十四年（1685）立石，汪琬撰，耿介书。高1.9米，宽0.65米。现藏泰伯庙。

【奉宪永禁胥吏需索陋规碑】 清康熙二十四年（1685）巡抚汤斌等立。现藏玄妙观祖师殿遗址碑廊。

【巡抚江南汤公长生碑】 清康熙二十五年（1686）泰伯后裔吴辕、吴朴、吴云汉等立。高2米，宽0.88米。现藏泰伯庙。

【重修苏州府儒学碑记】 清康熙二十五年（1686）刻石，汤斌撰文，缪彤书，汪琬篆额，朱玺刻字。高2.21米，宽1.1米。现藏苏州碑刻博物馆。

【至圣先师孔子赞碑】 清圣祖玄烨撰文，张玉书书丹，康熙二十五年（1686）刻石。高2.70米，宽1.38米。现藏苏州碑刻博物馆。

【严禁寺僧盗卖山木以重胜地碑】 清康熙二十七年（1688）宋荦立。高1.8米，宽0.8米。现藏虎丘。

【吴江县永禁豪强侵占湖荡以保障国课碑】 清康熙二十七年（1688）立，署吴江县事长洲县县丞秦，列粮户申元、申文、申湖、沈倬、缪忠、屠咸、姚岐等。现藏吴江区文管会。

【御制四配像赞碑】 内容为颜子像赞、曾子像赞、子思子像赞、孟子像赞。清康熙二十八年（1689）刻石，张玉书书丹。高1.58米，宽1.4米。现藏苏州碑刻博物馆。

【苏州府永禁踹匠齐行增价碑】 清康熙三十二年（1693）刻石。高1.98米，宽0.99米。现藏苏州碑刻博物馆。

【奉抚都院立石永禁一应寺产不许贴赎碑】 清康熙三十三年（1694）四月初四发给圣恩寺住持。现藏光福镇圣恩寺天王殿壁。

【奉督抚司道府各宪严禁采石碑】 清康熙三十四年（1695）吴县立石。高1.7米，宽0.86米。现藏天平山范文正公祠仪门。

【重修沧浪亭记碑】 清康熙三十五年（1696）宋荦撰文。碑阴为捐置沧浪亭田亩数。高2.1米，宽1米。现藏沧浪亭面水轩南园。

苏州府约束踹匠碑（局部）

【苏州府约束踹匠碑】清康熙时苏州有数万踹布坊工人，他们为反抗压迫剥削而多次罢工。碑文记述康熙三十九年（1700）踹匠"成群结队，抄打竟无虚日，以致包头畏避，各坊束手，莫敢有动工开踹者"。翌年，69家布商呈请官府"勒石永禁"踹匠罢工。此碑所记述的布商利用包头开设踹坊剥削踹匠的史实，表明资本主义雇佣劳动形式已经萌芽，成为研究清代前期苏州地区资本主义萌芽的重要碑刻。康熙四十年（1701）刻石。高2.05米，宽0.98米。原立于阊门外广济桥堍，1982年由苏州碑刻博物馆收藏。

【重修吴县学宫记碑】清康熙四十年（1701）刻石，宋荦撰文。高1.94米，宽0.88米。现藏苏州碑刻博物馆。

【太仓州重建税务桥碑记】记述金公度募捐重建税务桥事。清康熙四十二年（1703）唐孙华撰文，张为焕篆额，张□□□氏书丹，衡韡□基□刻。现藏太仓市王锡爵故居。

【长洲县奉宪禁占官湖碑】清康熙四十八年（1709）十一月公立。原置独墅湖畔，现藏苏州碑刻博物馆。

【戒幢律院碑记】吴一蜚撰，沈祖禹书，清康熙五十年（1711）立石。高1.52米，宽0.75米。现藏西园戒幢寺。

【玄妙观修建三清殿弥罗宝阁碑】记述清代重修弥罗宝阁经过。清康熙五十四年（1715）彭定求撰，陆经远书，杨煊篆额，栗水方刻。高2.29米，宽1.06米。现藏玄妙观三清殿内东楹。

【朝天湖碑】清康熙五十四年（1715）十二月发给原主林父。高1.97米，宽0.76米。现藏苏州碑刻博物馆。

【苏州府勒石永禁申振六等侵伐赐茔树木盗买祭田抗欠官粮碑】清康熙五十四年（1715）二月立。现藏苏州碑刻博物馆。

【奉宪划定税银碑记】记述太仓地方势力假借名色在浏河口苛索商民，太仓州请督抚司批、划定征税标准，以恤商民事。清康熙五十五年（1716）张公兆书丹。现藏太仓市浏河镇天妃宫。

【大中丞仪封张公书院碑记】清康熙五十六年（1717）彭定求撰。现藏苏州碑刻博物馆。

【重修沧浪亭记碑】高1.73米，宽0.62米。吴存礼撰，清康熙五十八年（1719）刻。现藏沧浪亭门厅西墙。

【长洲吴县踹匠条约碑】清康熙五十九年（1720）七月长、吴两县坊总吴义生、用佩华、张远、马尔、起俊生，甲长孙荣生等公立。高2.05米，宽0.99米。现藏苏州碑刻博物馆。

【敕封黄河福主金龙四大王庙碑记】清康熙六十年（1721）陈沂震撰，吴家骐书丹，陈王谟篆额。现藏吴江区档案馆。

【永禁在灵岩山开采山石碑】清康熙六十年（1721）吴县立。碑下侧碎裂。现藏灵岩寺般若堂。

【重修悟真道院碑记】清彭定求书。原藏悟真道院，现藏苏州博物馆。

【御制平定青海告成太学碑】清雍正帝撰文，雍正三年（1725）刻石。高3.3米，宽1.58米。现藏苏州碑刻博物馆。

【奉宪禁勒运费碑记】记述张球等地棍垄断刘河口码头进出货物搬运，并藉此向海商、船主勒索费用。知县唐尊尧等奉江南按察使王纮、江宁巡抚尹继善批，缉拿杖责张球等人，枷号示众，并于刘河口勒石立碑，以为后鉴。清雍正八年（1730）十月张志义书镌。现藏太仓市浏河镇天妃宫。

【奉各宪永禁机匠叫歇碑记】记述官府为保护机户利益，禁止机匠"倡为帮行""叫歇"（即罢工）"勒加银两"事。反映当时"至于工价，按件而计"和棉纺织工人要求增加工资而罢工的史实。是研究中国早期资本主义萌芽的著名碑刻。1956年，江苏师范学院（今苏州大学）教授柴德赓发现此碑并发表研究成果。后被选为中国国家博物馆陈列展品。清雍正十年（1732）立。原在玄妙观机房殿，现藏苏州碑刻博物馆。

【全福寺禅堂遗盂记碑】清雍正十年（1732）八月勒石，彭启丰撰，习寯篆额并书，邵君刻。现藏昆山市周庄镇。

【镇洋县遗爱碑记】记述唐尊尧知太仓州镇洋县事。清雍正十一年（1733）九月天妃宫阖里士民立石。现藏太仓市浏河镇天妃宫。

【苏州府永禁虎丘开设染坊碑】记述清雍正年间虎丘山前染坊排放废水致"满河青红黑紫""纠壅河滨，流害匪浅"，居民与染坊间多次"滋生事端"情形。清乾隆二年（1737）苏州府颁布禁染坊令："如敢故违，定行提究，凛之慎之。"是我国历史上第一件河流水质保护法令，亦为世界上较早之河流水质保护法令。高1.5米，宽0.73米。现藏虎丘山门口右侧墙壁。

【元长吴三县永禁踹匠借踹齐行碑】清乾隆四年（1739）立。高1.65米，宽0.79米。现藏苏州碑刻博物馆。

【重修三泉亭文昌阁记碑】清乾

奉各宪永禁机匠叫歇碑记

一、记事碑

隆四年（1739）沈慰祖撰，沈志祖书并篆额，李士芳刻。现藏虎丘。

【虎丘三泉亭记碑】 二石。陈继儒撰，沈志祖书。清乾隆五年（1740）申厚曾跋，李士芳刻。现藏虎丘申公祠北墙外。

【明月湾永禁采石碑】 记述当时开山采石已影响地方风水和村民生活，明月湾村民联名上书州县，官府通告永禁开山采石。清乾隆六年（1741）立碑。现藏金庭镇明月寺后殿走廊。

【苏州织造府严禁织造局管事恣意需索碑】 清乾隆六年（1741），北局众匠立。高1.76米，宽0.88米。现藏苏州碑刻博物馆。

【苏州府为违禁斩脉事示禁碑】 清乾隆七年（1742）范氏义庄奉宪立石。现藏天平山范文正公祠仪门。

【范氏迁吴始祖唐柱国丽水府君墓门碑】 清乾隆七年范兴禾书并篆额。现藏天平山范隋墓门神道坊侧咒钵庵门口。

【范氏赐山旧庐记碑】 二石。清乾隆八年（1743）蒋恭棐撰，沈志祖书，金元载刻。现藏天平山庄芝房（对桥书屋）。

【奉宪禁起窝赃碑】 清乾隆九年（1744）刻。高1.27米，宽0.61米，现藏吴江博物馆。

【苏郡义学碑记】 清乾隆九年（1744）刻石，觉罗雅尔哈善撰，王峻书。高1.89米，宽0.87米。现藏苏州碑刻博物馆。

【恩纶碑】 清乾隆十年（1745）范瑶书。高2米，宽0.96米。现藏天平山高义园恩纶亭。

【西园古归源寺普同塔院记碑】 清乾隆十一年（1746）沙门实禅撰，沈志祖书，李士芳刻。现藏西园戒幢寺。

【江南潮灾叹碑】 镌刻："乾隆丁卯七月望，苏松罹海潮之患，崇明、南汇为最重，连延数州县，漂室庐、溺老幼不可胜计，督抚奏报赈救之策，亦既殚力竭心，而下诏蠲税截漕，更复多方筹画。然遥顾灾黎，憾不能去诸怀。夫六幕不调，洪波不警，伊谁之咎欤？爰效杜甫同谷作歌之体，为江南潮灾叹，用示督抚诸臣，兼以自讼云尔。"清乾隆十二年（1747）高宗弘历书，翌年安宁题识。高1.6米，宽1.24米。现藏沧浪亭闲吟亭。

【紫阳书院碑记】 阐释紫阳书院办学宗旨。清康熙五十七年（1718）张伯行撰，王峻书。清乾隆十三年（1748）夏四月立，顾觐侯刻。高1.98米，

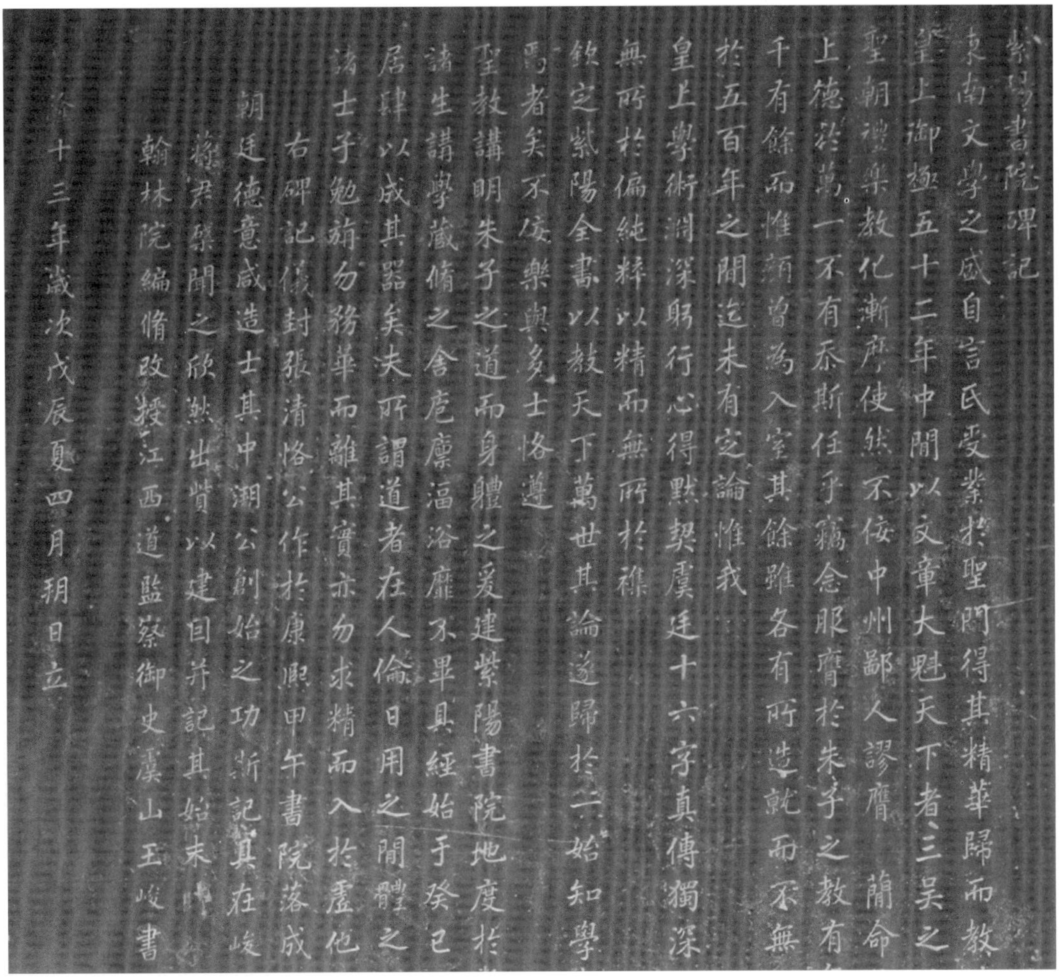

紫阳书院碑记（局部）

宽 0.98 米。现藏苏州中学碑廊。

【**重建渡僧桥碑记**】清乾隆十三年（1748）郑时庆、王继祖、李凤翔同记，胡御玑书丹，石户盛黄中，匠头王起云。现藏苏州碑刻博物馆。

【**常熟福山港设立公秤剔弊安商碑**】清乾隆十三年（1748）吴因启、明余九、明遵仪、穆裕然、张宗扬、姚人爵、吴致远、程候服、罗圣城、梁鲁贤等立，经承陆永祚。现藏常熟市碑刻博物馆。

【**御制平定金川告成太学碑**】清高宗弘历撰文，梁诗正书丹，乾隆十四年（1749）刻石。高 3.58 米，宽 1.63 米。现藏苏州碑刻博物馆。

【**重修甫里正阳桥碑记**】清乾隆十四年（1749）许廷鏐撰，陆明山刻，王立礼书。现藏甪直镇保圣寺碑廊。

一、记事碑

【太仓州奉宪取缔海埠以安海商碑】记述太仓州取缔经由镇洋县不当批准而由当地游棍在浏河口"勒索牙用""横征剥削"事。清乾隆十七年（1752），署镇洋县知县福安勒石，张瑞玉刻。现藏太仓市浏河镇天妃宫。

【御制平定准噶尔告成太学碑】清高宗弘历撰文，乾隆二十年（1755）刻石。高3.6米，宽1.65米。现藏苏州碑刻博物馆。

【御制平定回部告成太学碑】清高宗弘历撰文，乾隆二十四年（1759）刻石。高3.5米，宽1.62米。现藏苏州碑刻博物馆。

【圆妙观道士禳灾灵应碑记】清乾隆二十四年（1759）申梦玺撰并书，金通玄刻。现藏苏州碑刻博物馆。

【文昌阁碑】阐释敬畏神灵、行善积德的传统思想。碑中央镌刻文昌君骑驴图。清乾隆二十四年（1759）沈天中书，穆大展刻。现藏苏州中学碑廊。

【重建西园钟楼碑记】清乾隆二十五年（1760）王昶撰，陈文恬书并篆额。高1.6米，宽0.78米。现藏西园戒幢寺。

【重建观音宝阁碑记】清乾隆二十六年（1761）顾士模撰，郑廷畅书，朱鸣山镌。现藏罗汉院双塔。

【苏州新修陕西会馆记碑】清乾隆二十七年（1762）史茂撰文，王杰书丹。高1.68米，宽0.94米。现藏山塘街陕西会馆。

【重修兴福寺记碑】清乾隆二十八年（1763）顾镇撰文，邵齐然书丹，汤士超镌刻。现藏常熟市碑刻博物馆。

【复褒忠祠堂祭记碑】清乾隆二十九年（1764）潘镐撰文，徐涵篆额，鲍捷勋书丹，虞谔建、朱宝光、周元公、王兴权、周尔大、周殿杨、朱邦实、王浩庭、周彩臣、周永文、周法亭、周荆山、王益涌同立。现藏常熟市博物馆。

【中丞明公校士紫阳书院碑记】记述明德公公平校士、一心奖掖后进事。清乾隆三十二年（1767）曹秀先撰并书，叶赫萨篆额，熊文执刻字。高1.76米，宽0.84米。现藏苏州中学碑廊。

【太仓州修城建楼记碑】记述太仓州修城建三座城楼经过。清乾隆三十二年（1767）毛咏撰文。碑残存上半段大部，残高1.29米，宽0.91米。现藏太仓市第二中学。

【建造阅兵台记碑】记述清乾隆三十二年（1767）冬太仓知州牧贵中孚在浏河口南侧江堤边创建阅兵台事。现藏太仓市浏河镇阅兵台。

【重修蒋公祠记碑】清乾隆三十三年（1768）张书勋撰并书，李星聚镌。现藏用直镇保圣寺碑廊。

【明月湾修治街埠碑记】记载明月湾吴、黄、秦、邓等家族集资整修街河、码头等公共设施经过。清乾隆三十七年（1772）明月湾民众立碑。原藏金庭镇明月湾东侧明月庵，2005年移至明月湾村口土地庙。

【吴阊钱江会馆碑】清乾隆三十七年（1772）杭世骏撰，梁同书书，陈雪柏刻。原藏桃花坞大街钱江会馆，现藏苏州碑刻博物馆。

陕西会馆碑亭

【重建长生大帝宝阁暨灵佑大帝文昌帝君宝殿记碑】清乾隆三十八年（1773）金汝砺撰，朱秉书丹，住持李廷铨勒石，金布亭刻。原藏玄妙观祖师殿遗址碑廊，现藏苏州碑刻博物馆。

【重修始祖先贤言子故宅记碑】清乾隆三十九年（1774）刊石，七十五世大宗孙如洙、七十五世裔孙如泗撰文，裔孙朝楫书丹，裔孙朝栻、朝樾、朝标、朝模、尚燮、尚炜、尚煐、尚炯同督工，刘希圣镌字。现藏常熟市言子旧宅。

【重修石梅游文书院碑记】清乾隆四十二年（1777），言如泗等集资重修游文书院，苏凌阿撰文，言朝楫书，刘希圣刻。现藏常熟市游文书院。

【甫里严氏新建祠堂碑记】清乾隆四十二年（1777）陈初哲撰文，金士松书丹，陈绳祖篆额，金布亭刻。现藏用直镇保圣寺碑廊。

【布政使司请定盗卖盗买祀产义田之例以厚风俗事案执帖碑】公示盗卖盗买义田罪量刑标准等。清乾隆四十三年（1778）八月立石。现藏用直镇保圣寺碑廊。

【重建水月禅寺大雄宝殿记碑】清乾隆四十四年（1779）彭启丰撰，严

重修始祖先贤言子故宅记碑

其焜书。现藏金庭镇堂里村水月寺。

【**重建忠烈庙牌坊记碑**】清乾隆四十四年（1779）范仪炳撰，陈松龄书。现藏天平山高义园正殿。

【**禁设刘河庄船碑**】记述清乾隆四十四年（1779）沈有临等勾结地保，请设庄船。官府秉杜讼安民之意，照例严禁，并刊碑告示。现藏太仓市浏河镇天妃宫。

【**重建水月禅寺大慈宝阁碑记**】袁枚撰并书丹篆额，清乾隆四十五年（1780）勒石。现藏金庭镇水月寺大殿前碑亭。

【**陈墓镇新建文昌祠记碑**】二石。清乾隆四十五年（1780）彭绍升撰文，朱秉庄书。现藏昆山市锦溪镇。

【**西山节烈祠碑记**】清沈德潜撰。现藏石公山节烈祠。

【**潮州会馆记碑**】清乾隆四十九年（1784）潮郡七邑众商万世荣等公记，马登云书。现藏阊门外上塘街潮州会馆。

【**重修苏州府学记碑**】清乾隆五十四年（1789）闵鹗元撰，梁同书书，钱大昕篆额，穆大展刻。高2.23米，宽1.06米。现藏苏州碑刻博物馆。

【**常熟赵氏世德碑**】清乾隆五十八年（1793）邵齐熊撰文，梁同书书。

现藏常熟市碑刻博物馆。

【**重建财帛司庙碑记**】清嘉庆元年（1796）任灿敬立。现藏苏州碑刻博物馆。

【**明月湾湖滨众家地树木归公公议碑**】记述明月湾家族决定将村口所有树木收归地方公有，规定任何人不得私自砍伐。清嘉庆元年（1796）立碑。现藏金庭镇明月寺大殿前走廊。

【**重浚苏州城河记碑**】清嘉庆二年（1797）费淳撰，王文治书，刘恒卿氏刻。现藏苏州碑刻博物馆。

【**琉球国书碑**】镌刻日文70余字。清初刻，王文治题跋："此琉球国国书也，如中国草稿而其文不可识。"现藏苏州碑刻博物馆。

【**重建蟠螭山石壁记有序碑**】清嘉庆二年（1797）慈鹤撰书。现藏光福镇蟠螭山永慧禅寺。

【**洞庭东山叶氏叶巷派支祖庆廿八公祠堂记碑**】清乾隆五十八年（1793）分湖派第十五世从孙振青撰，清嘉庆三年（1798）立石。现藏苏州碑刻博物馆。

【**天镜阁记碑**】二石。清嘉庆三年（1798）任兆炯撰，王文治书。现藏

重修禹王庙记碑（碑额）

石湖范成大祠。

【吴县学增置礼器之碑】清嘉庆六年（1801）唐仲冕撰并书，李滨刻。现藏苏州碑刻博物馆。

【重修苏郡学宫补记碑】清嘉庆八年（1803）汪志伊撰，高夔书，姚在升镌。高1.6米，宽0.88米。现藏苏州碑刻博物馆。

【重建长吴会馆碑记】长吴会馆在京师正阳门外。清嘉庆八年（1803）姜晟撰，李桼篆额，潘世恩书丹。现藏苏州碑刻博物馆。

【为禁止重利盘剥事碑】清嘉庆八年（1803）长洲县、元和县、吴县立石。现藏虎丘。

【改建正谊书院记碑】清嘉庆九年（1804）李鸿章撰，冯桂芬书并篆额，程芝庭刻。高1.8米，宽0.8米。现藏可园。

【上谕批王廷瑄亏缺仓库银米王云九勒索漕规分别定罪碑】清嘉庆十年（1805）两江总督铁保、江苏巡抚汪志伊、江苏学政莫晋敬同立。高2.18米，宽1.05米。现藏苏州碑刻博物馆。

【三茅殿重修斗姆阁记碑】清嘉庆十二年（1807）韩是升撰，毕传藻书，住持许潮上石。现藏苏州碑刻博物馆。

【江苏按察司永禁私宰耕牛碑】清嘉庆十二年（1807）率同苏州府知府璥，长洲、元和、吴县知县刘、韦、石同立石，张辰书，刘恒卿刻。现藏苏州碑刻博物馆。

【重修禹王庙记碑】清嘉庆十四年（1809）蔡九龄撰，严其焜书，沈正潢篆额。现藏金庭镇禹王庙大殿内。

【严禁私开小押为盗贼销赃事碑】清嘉庆十六年（1811）江苏提刑按察

使司立石。现藏虎丘。

【严禁地保差仵借尸骚扰事碑】清嘉庆十七年（1812）江苏提刑按察使司立石。现藏虎丘。

【苏州府示谕枫桥米市斛力碑】清嘉庆十七年（1812）十二月立。现藏苏州碑刻博物馆。

【灵鹫寺增置田屋记碑】清嘉庆十八年（1813）王芑孙撰文，钱同书书丹，姜晟题额。现藏苏州碑刻博物馆。

【苏州府紫阳书院放生碑记】记述为珍惜物力而制定放生制度事。清嘉庆二十年（1815）张师诚记，张展书，王震初刻。现藏苏州中学碑廊。

【苏州城隍庙碑记】清嘉庆二十一年（1816）朱树基撰，李滨刻。现藏苏州碑刻博物馆。

【重修破山兴福寺记碑】清嘉庆二十四年（1819）孙原湘撰并书。现藏常熟市碑刻博物馆。

【苏州府永禁渔船在虎丘一带放生官河采捕碑】清嘉庆二十四年（1819）六月十三日示，发虎丘清节堂竖立。现藏虎丘。

【元和县严禁机匠借端生事倡众停工碑】清道光二年（1822）六月十一日发机房殿刊立。原在祥符寺巷云锦公所，现藏中国国家博物馆。

【费鲤泉孝子传碑】二石。权岳常、彭希郑撰并书，刘恒卿刻。现藏金庭镇后埠费孝子祠。

【修治苏城娄门水道碑记】清道光五年（1825）许乃大撰。现藏苏州碑刻博物馆。

【重修沧浪亭记碑】清道光七年（1827）梁章钜撰，隶书。现藏沧浪亭门厅东墙。

【元和县示禁保护沈丹桂堂碑】清道光九年（1829）发沈丹桂堂勒碑示禁。现藏苏州碑刻博物馆。

【吴郡开元寺重修藏经阁记碑】清道光九年（1829）立石，潘曾沂撰文，梁章钜书丹，方云裳刻。原藏开元寺无梁殿，现藏吴中区文管会碑廊。

【长洲县永禁滋扰圆妙观搭建摊肆碑】清道光十一年（1831）十月立。现藏苏州碑刻博物馆。

【昆山县奉宪永禁顽佃积弊碑】清道光十四年（1834）立。现藏南京博物院。

【五人墓碑记】二石。明张溥撰文，清道光十六年（1836）吴云书，吴松泉摹勒。现藏五人墓。

【重修莳山路文贞公祠记碑】清道光十七年（1837）立。现藏东山镇双湾村莳山禅院。

【重修胜安桥记碑】清道光二十年（1840）董国华撰并书。现藏观音阁。

【移建参议丁公祠堂碑记】清道光二十一年（1841）潘世恩撰文，陈钟麟篆额，何桂馨书丹。现藏苏州碑刻博物馆。

【济阳丁氏义庄碑记】清道光二十一年（1841）沈传桂撰文，冯桂芬书丹并篆额。现藏苏州碑刻博物馆。

【吴江修改独云庵为福神庵并建楼藏书版记碑】清道光二十五年（1845）朱珔撰文，吴根书。现藏苏州碑刻博物馆。

【太平天国报恩牌坊碑】颂太平军入城后"平租庸之额赋，准课税之重轻"。清同治元年（1862）乡人所立，太平天国举人张素阁撰文，谭文寿书丹。原立于常熟城区南门外上塘街，后置虞山公园碑亭，现藏常熟市碑刻博物馆。

【江南苏州府发蠡墅镇勒石示禁碑】记述吴县脚夫袁裕等勒索脚价，恃众拦阻。故规定"凡遇民间婚丧应用脚夫，悉听本家自雇，不许把持，藉差勒索，致滋扰累。如敢故违，一经访问或被告发，定即提案从重惩办"。并"发蠡墅镇勒石示禁"。清咸丰元年（1851）四月十九日示。现藏吴中区长桥中心小学。

【松鳞义庄记碑】清咸丰三年（1853）陈奂谨撰并书。现藏悬桥巷潘氏松鳞义庄天井内。松鳞义庄原为清嘉庆时藏书家黄丕烈藏书楼"百宋一廛"故址。

【苏州府禁占寺产碑】清咸丰四年（1854）署理苏州府知府平翰给示。现藏寒山寺。

【东越会馆公善堂碑记】清咸丰五年（1855）吴荫培撰，朱永璜书，王理生刻。现藏苏州碑刻博物馆。

【敕建苏州程忠烈公祠碑】程忠烈公即程学启，从李鸿章陷苏城举首功，后战殁于嘉兴。清同治四年（1865）曾国藩篆额，李鸿章撰文，刘郁膏书丹。现藏南显子巷一初中程忠烈公祠。

【重建苏州府儒学碑记】清同治四年（1865）李鸿章撰并书，冯桂芬篆

敕建苏州程忠烈公祠碑（碑额）

额，张梅仙刻。高1.95米，宽0.79米。现藏苏州碑刻博物馆。

【重修吴县学记碑】清同治六年（1867）刻石，冯桂芬撰文，洪钧书丹，潘祖荫篆额。高1.52米，宽0.82米。现藏苏州碑刻博物馆。

【布政司示禁演唱花鼓滩簧淫戏碑】清同治六年（1867）立。现藏玄妙观祖师殿遗址碑廊。

【严禁盘头脚夫等逞意勒索碑】清同治六年（1867）苏州府立石。现藏胥门外枣市街嘉应会馆。

【移建昭忠祠记碑】清同治七年（1868）冯桂芬撰并书。现藏苏州碑刻博物馆。

【重修路文贞公祠墓记碑】清同治七年（1868）立，现藏东山镇双湾村莳山禅院。

【吴县学礼器记碑】。清同治七年（1868）刻石，冯桂芬撰，吴大澂书，篆书。高1.72米，宽0.79米。现藏苏州碑刻博物馆。

【重修苏州府学后记碑】清同治七年（1868）丁日昌撰，杜文澜篆，方锜书。高1.60米，宽0.75米。现藏苏州碑刻博物馆。

【苏州布政司永禁侵盗儒学田产碑】清同治十年（1871）十二月十八日给庄裔翁荣义收执。现藏苏州碑刻博物馆。

【常熟县北门外陆莲闇记碑】杨沂孙书写，篆书，清同治十年（1871）

刻石。现藏常熟市碑刻博物馆。

【重建苏州织造署记碑】 记述织造署"行宫为圣祖、高宗两朝十二次临幸之所",共重建"房廊四百余间,用钱四万二千余串"。主持修建者为曾国藩、张之万、何公璟、恩锡、应宝时、贾益谦、杜文澜等,清同治十一年(1872)德寿撰,何绍基书。高2.22米,宽0.94米。现藏苏州十中织造署。

【奉宪永禁勒石碑】 清同治十二年(1873)十月立。记述因"机棍"沈金龙等屡次加价强卖草席,长洲县在黄埭镇勒石,禁止织席机户聚众敛钱、派捐勒费、寻衅挜卖,并在碑后附刻草席的不同尺寸标准。现藏黄埭中学校园内城隍庙,庙和碑同为相城区文物控保单位。

【重建沧浪亭记碑】 张树声撰文,清同治十二年(1873)刻。现藏沧浪亭门厅东墙。

【重建紫阳书院记碑】 记述兵燹后重建书院经过。清同治十三年(1874)张树声撰,潘遵祁书,钱庆龄刻。现藏苏州中学碑廊。

【中允冯君景庭家传碑】 左宗棠撰并书,吕春林刻,清光绪初立。现藏临顿路史家巷冯桂芬祠堂头门。

【悯烈碑记】 清光绪元年(1875)褚成绩撰并书。现藏艺圃花房。

【吴县示禁保护清真寺碑】 清光绪七年(1881)立。现藏苏州清真寺。

【长洲县严禁无赖借换药之名图诈药铺碑记】 记述药业沐泰山、雷诵芬、王鸿羲、童葆春等遭受无赖硬赊强买,或强要退换丸散膏丹,药店生业难安,长洲县为此严禁市井无赖图诈寻衅。清光绪十一年(1885)立。现藏苏州碑刻博物馆。

【八旗奉直会馆记碑】 清光绪十二年(1886)世勋识并书,钱邦镗勒石。现藏苏州博物馆忠王府。

【苏郡城隍庙碑记】 清光绪十三年(1887)知苏州府事魁元撰并书。现藏苏州碑刻博物馆。

【轩辕宫碑】 清陆润庠撰文,夏庆霖书丹,周秉锠刻。高1.40米,宽0.70米。现藏祥符寺巷轩辕宫。

【苏州府奉宪勒石永禁天平开山碑】 清光绪十三年(1887)立。现藏苏州碑刻博物馆。

【长洲县示禁保护衣业云章公所善举碑】 清光绪十七年(1891)七月五

日立。现藏苏州碑刻博物馆。

【奉宪勒石永禁碑】记述北庄基渔民苦于生活劳作，联合起来与荡棍湖霸斗争。清光绪十七年（1891）六月，官府勒石永禁荡棍湖霸欺压渔民。碑原在观音堂，现藏黄桥街道北庄村。2009年被列为相城区文物控保单位。

【吴长元三县示禁保护漆作业善举碑】清光绪二十年（1894）八月八日示，发性善公所实帖。现藏苏州碑刻博物馆。

【王氏拙政园记碑】明文徵明书。清光绪二十年（1894），拙政园主人张履谦据明代旧藏石刻请钱新之重摹上石。现藏拙政园拜文揖沈之斋。

【学古堂记碑】三石。清光绪二十二年（1896）诸可宝撰并篆额，钱新之刻。现藏可园。

【可园记碑】二石。朱珔撰，清光绪二十三年（1897）补刻，诸可宝篆额，章钰书，钱邦铿刻。现藏可园。

【苏州府永禁佃户藉端抗租碑】苏州府应吴江县周郑表等50人请求严禁佃户藉端抗租而立。碑文记述当地"土客民教混杂，在教者幸经神符司铎主教函请。如有藉教抗租，照例送请比追，不致公然挺比"。反映当时有借基督教名义抗租。清光绪三十年（1904）立。现藏黎里柳亚子纪念馆。

【西白塔子桥重修记碑】清光绪三十一年（1905）顾肇熙记，陈伯玉刻。现藏苏州碑刻博物馆。

【新修寒山寺记碑】四石。清光绪三十二年（1906）俞樾撰，俞陛云书，唐仁斋刻石。后列陈夔龙、陈启泰、朱宝康、陆钟琦等10人捐银。均高0.3米，通宽3.2米。现藏寒山寺。

【盛宣怀捐建义庄碑】清光绪三十三年（1907）陈伯玉刻。高1.65米，宽0.82米。现藏苏州碑刻博物馆。

【五月九日国耻纪念之碑】1915年5月9日，袁世凯接受日本提出的"二十一条"后，吴江同里丽则女学140名学生在学校召开声讨大会。以是日为"国耻纪念日"，并立碑。碑身呈圭形，正面镌刻"五月九日国耻纪念之碑"，上款镌"民国四年"，下款刻"丽则女学同人勒石"；碑阴镌刻碑文。钱基博撰文，吴芝瑛书。现藏同里镇。

【重修垂虹桥记碑】1915年金祖泽撰并书。高0.42米，宽1.25米。现藏吴江博物馆。

五月九日国耻纪念之碑

【募化东河禅院重修整理碑】记述吴玉亭等人助银修庙事，碑末有禁止上屋采白果等告示。1916年立，现藏虎丘区镇湖街道东河禅院。

【重建万年桥记碑】1918年吴本善篆额，余天遂书丹，黄慰萱刻。现藏苏州碑刻博物馆。

【冷香阁记碑】1919年金松岑撰，萧退闇书，王桂轩刻。现藏虎丘。

【祖师邱真人碑记】1920年孙德谦撰，吴荫培书，经理人朱荣廷等10人立石，黄征刻。现藏苏州碑刻博物馆。

【吴县布告保护郑乃昌家祠碑】1920年11月10日，吴县知事公署布告第517号，勒石永禁。现藏苏州碑刻博物馆。

【重修天平山范参议公祠堂记碑】1921年汪凤瀛撰并书，周梅谷刻。现藏天平山岁寒地堂门口。

【吴县会馆重修碑记】记述捐资改建宣武城吴县会馆海北寺街房屋事，并记载鲍宗汉等捐助人姓名。杨赓元记，唐洽鉴书。现藏苏州碑刻博物馆。

【邑侯王公重修养济院记碑】记述如皋养济院因年久失修和火灾，已不敷住宿，吴县王鸿翔捐百金为倡募款修建事。1925年陈其佳记，陈其方书，倪景山镌，监修者陈君庆、孙君立根。现藏苏州碑刻博物馆。

【施镇海侯庙记碑】1926年吴荫培撰，朱家元书。现藏苏州碑刻博物馆。

【天平山禁采交涉经过记碑】1928年范恒及循镠、循锠、敬豫、敬修等立石。现藏天平山。

【重修定慧寺记碑】1928年王隆瀚撰，董蔚书，邹念生刻。现藏罗汉院双塔。

【乐桥南北泉记碑】1928年陈任撰并书。现藏苏州碑刻博物馆。

【履勘天平山采石记碑】1928年陈去病记，杨文卿刻。现藏天平山高义园头门。

【甪直保圣寺古物馆记碑】1929年蔡元培文，马叙伦书，黄慰萱刻。现藏甪直镇保圣寺碑廊。

【李根源游横山岛记碑】镌刻："横山一名甲山，民国十八年来游。登绝顶，殆李白所谓别有天地非人间者也。腾冲李根源书。"现藏金庭镇古樟园。

【重修空心亭记碑】1929年翁永孙撰。现藏常熟市碑刻博物馆。

【壬申修筑江南海塘纪念碑】记述1931年8月飓风怒涛导致河塘频决，江南塘工善后委员会分段修筑江南海塘事。文末记述树碑地有太仓阅兵台、上海高桥等四处。1932年黄炎培撰，陈陶遗书。现藏太仓市浏河镇阅兵台。

【林则徐纪念碑】由碑身、碑帽、碑座组成，碑身为方柱形。1931年李根源书。高1.08米，宽0.52米。现藏观前街北局小公园。

【萧特义士殉难处纪念碑】1930年，美国华盛顿州劳勃脱·萧特志愿来华参加中国抗日。1932年2月22日下午，萧特单机迎击轰炸苏州南郊的6架日机，重伤1架敌机后寡不敌众中弹牺牲，年仅27岁。是年7月，苏州各界人士在其殉难处车坊镇高店浮漕港口立花岗石纪念碑，高3米，镌刻"美飞行家萧特义士殉难处"11字。1985年，吴县人民政府在原址立新碑。原碑藏萧特义士纪念室。

【赠上尉美国萧特义士传碑】1932年吴县人民公立，张一麐书。现藏苏州革命博物馆。

【般若船碑】"般若船"喻智慧之舟、渡生死海之船筏。1934年林森书，现藏光福镇司徒庙赏柏厅侧碑廊。

【宁绍会馆修仁堂记碑】1934年洪楣撰并书。现藏常熟市碑刻博物馆。

【甲戌修筑海塘纪续碑】记述1934年建设厅长沈百先请款并指挥督察修海塘事。1935年唐文治撰，黄文灏书，苏州集宝斋刻。现藏太仓市浏河镇阅兵台。

【伟绩碑】1935年，振华女学校乙亥班毕业生建立纪念塔，纪念刚逝世

一、记事碑　043

甪直保聖寺古物館記

甪直保聖寺有唐楊惠之塑壁久已不為世人所注意自十一年顧頡剛陳萬里兩君始探檢及之攝景公于世垃由顧君說明楊氏塑象之要十二年余與周峻君行醤禮于蘇州胡適君以茲事馳書見告且謂君吳不發起繕為新舊紀念今咸周君方有歐洲之遊僅捐銀百圓為倡丙戌友雷蘇事經管之末及躬往勘視也十六年日本美術史家大村西崖氏感于顧君之記載閑關殘景見寺多傾隨群未坦者僅一編垃于塑象外無說塑群之重要十七年葉君迺歸起孳麟君次長馬叙倫君提倡益謂君吳不發起繕為新舊紀念今咸垂大村西崖氏之記往載睹殘景見寺多傾隨群未垃者僅一編垂于塑象之腕落者賴沈柏寒之刀組織保存會委員十九人以教育部部長陳劒儔諸君江蘇省政府鈕永建葉楚傖王震堵其塑象之脘落者賴沈柏寒之刀組織保存會委員張繼覆君感于大村西崖氏之記往載睹殘景見寺多傾隨群未垃者僅一堵其塑請大學院撥款方允之未幾大學院改組為教育部部長馬叙倫陳劒儔諸君江蘇省政府鈕永建之垃請大學院撥款方允之未幾大學院改組為教育部部長馬叙倫陳劒儔諸君江蘇省政府鈕永建刀組織保存會葉恭綽黃涵之諸君感于大村西崖氏之記之討論及進行塑物之任委調保存計畫丁是關炯之諸君景初發見人陳萬里顧頡剛二君甪直學者金家鳳君以修理塑物之任委調保存計畫丁是采吳敬恒君之提議定名曰古物館以建築之任委之建築專家范文照君以修理塑物之任委調保存計畫丁是江小鵜君庀材程工十閒蓄事凡用銀萬千百圓其中教育部撥銀一萬圓江蘇省政府撥銀三千圓咖不足皆葉君與紀然諸委員之所募集也向使余丁十二年頂餞積極進行使顧陳兩君所見之狀况得以保持勿替毘不至起激終之精神主持茲事及其他三千圓咖不足皆葉君與紀然諸委員之所募集也向使余丁十二年頂餞積極進行使顧陳兩君所見之保存得以保持勿替毘不至起激終之精神主持茲事及其化狀况得以保持勿替毘不至起激終之精神主持茲事及其他保存會諸委員之努力進諸委員之所以起激終之精神主持茲事及其化保存會諸委員之努力進行保存之工能至何等程度殊未可知今則建築之物皆得次第安置而不致毁均適于陳列古物之用使甪直鎮繼續毁見之物皆得次第安置而不易木村其對于陳列古物之用使甪直鎮繼續毁見之物皆得次第安置而不易木村為水泣可避火隱且館中失此則可引以自寬而覽者得知著于篇余所引以自寬而後之覽者得其始末焉

中華民國十九年六月

蔡元培譔
馬叙倫書

古吳黃懿熒刻

甪直保圣寺碑廊

一年的王谢长达。底座镌刻章太炎所撰《振华女学校创办人王母谢夫人颂》，概括王谢长达一生功业，李根源书。现藏苏州第十中学。

【钱涤根烈士纪念碑】钱涤根追随孙中山、李烈钧参加辛亥革命、反袁斗争诸役，1927年英勇就义。1937年1月，李烈钧等在吴江公园中山纪念馆前建立"钱涤根烈士纪念碑"，后重修。为苏州市文物保护单位。

【范春波等集资修路碑】记述范春波、叶春宝见上方山道路多处铺砖残缺、高下不平，爰集同人发起添补方砖，以期方便行走。1941年6月立。现藏苏州碑刻博物馆。

【灵岩山高修净土道场启建大殿记碑】印光撰文，曹崧乔书，杨鉴庭刻。现藏灵岩寺般若堂。

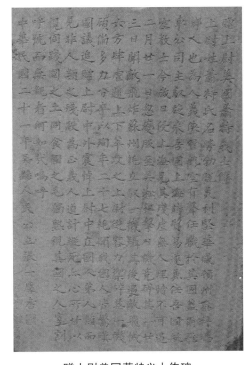

赠上尉美国萧特义士传碑

一、记事碑 045

钱涤根烈士纪念碑

二 图碑

苏州四大宋碑中,《平江图碑》为宋代苏州城市平面图,是我国现存内容最详尽的石刻城市平面图,是研究中国古代城市和苏州历史的珍贵文物。《天文图碑》是世界上最古老的石刻天文图之一,在天文学史上占有极重要的地位。《地理图碑》是我国最早的全国性石刻地图之一,是研究宋代行政区域的珍贵实物资料,在地理学和地图学史上也具有很高价值。《帝王绍运图碑》是我国现存唯一的石刻帝王世系图,是研究中国古代政治史的重要资料。四大宋碑在1961年被列为全国重点文物保护单位。清《苏郡城河三横四直图碑》详细绘刻苏州城区骨干河道和主要桥梁的分布,更正和补充了旧志记载,成为研究古代城市发展的重要史料。《太仓试院碑记》由状元陆增祥撰文,《沧浪亭图碑》由状元洪钧题诗,《胥江水则碑》为江浙地区仅存的清代水文碑。

【平江图碑】 因北宋政和三年（1113）宋徽宗升苏州为平江府，故苏州又称平江。《平江图碑》运用中国古代传统地图画法绘制城垣、衙署、坊市、街道、河流、桥梁、佛塔、寺观、坛庙、亭塔、园林、古迹等重要设施，镌刻359座桥梁、264巷、61坊和24条里弄，展示苏州城池全貌。《平江图》成为我国现存最详尽、最完整的石刻城市平面图。南宋绍定二年（1229）吕梃、张允成、张允迪镌刻。高2.84米，宽1.64米。现藏苏州碑刻博物馆。

【天文图碑】 上部为星图，下部为释文（"图说"）。依据元丰年间北宋政府天文观测结果绘制。《天文图》上共有1440颗星，其中339颗标明星名。"图说"高度概括了我国远古至宋代所积累的天体知识，包括太极、天体、地体、两极、赤道、日、黄道、月、白道、经星、纬星、天汉、二十四节气、十二辰、十二次和十二分野等栏目。此为世界上现存最古老的星象实测图。南宋绍熙元年（1190）黄裳绘制，淳祐七年（1247）王致远立石。高2米，宽1.05米。现藏苏州碑刻博物馆。

【地理图碑】 碑顶端篆刻"地理图"三字，全碑分"图说"和文字说明两部分。《地理图》绘制了我国海岸轮廓和主要山川、河流、湖泊的分布，还标明了长城和全国各级行政机构——路、府、州、军监的位置。所绘江、河、海岸轮廓大体正确，图上山脉与现代地图的自然描景法相似。图上标注120多座山脉、60多条江河和410个行政区。"图说"以宋代版图为例，分析我国历代政治地理变迁。图碑末尾处有王致远跋，记载《地理图》《天文图》《帝王绍运图》等的简要沿革及刻石原因。宋代流传至今的全国性石刻地图共有四图，按时间顺序分别为《九域守令图》（1121）、《华夷图》（1137）、《禹迹图》（1142）和《地理图》。《地理图》成图虽晚，但对全国地理形势、行政区划记载最全。南宋绍熙元年（1190）黄裳绘制，淳祐七年（1247）王致远立石。高1.8米，宽1.03米。现藏苏州碑刻博物馆。

【帝王绍运图碑】 碑石最上端篆刻"帝王绍运图"五字。世系图部分镌刻中国自黄帝至宋理宗期间的帝王世系，共195位君王。汉族政权朝代列于图表正中，从主要朝代中分离出来的国家或地区则按时间顺序列于该朝代两侧，如东周"春秋十二国"和"秦六国"。汉族与少数民族各自为政的朝代也刻于两侧，如南北朝南朝的宋、齐、梁、陈等。南宋绍熙元年（1190）黄裳绘制，淳祐七年（1247）王致远立石。高1.77米，宽1米。现藏苏州碑刻

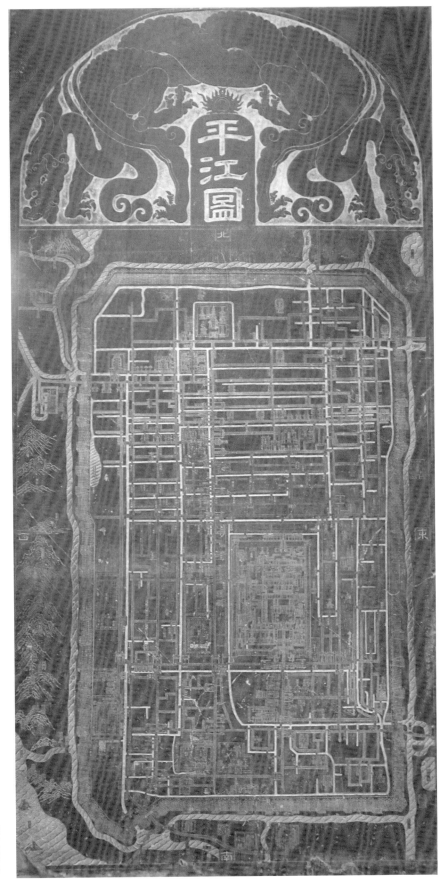

平江图碑

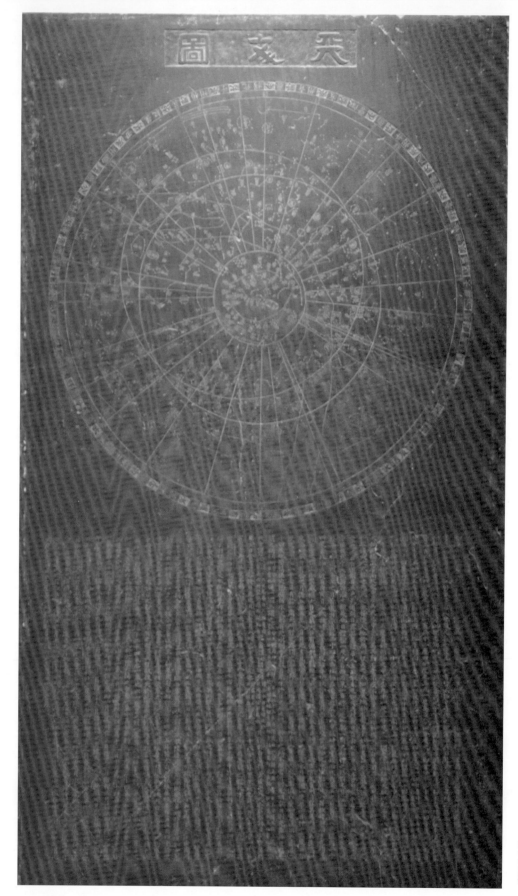

天文图碑

地理图碑

帝王绍运图碑

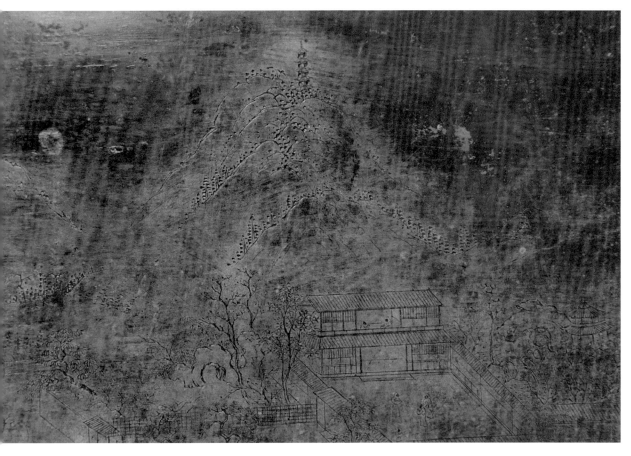

东崦草堂图碑（局部）

博物馆。

【苏州府学之图碑】 碑额篆刻"苏州府学之图"六字。碑右为府学平面图，绘刻苏州府学左庙右学的结构及各类建筑物。其布局大致分东西两路，东路有洗马池、来秀池、棂星门、戟门、大成殿、先贤祠、文正祠、文昌祠、教授厅等，西路有泮池、学门、秀野池、明伦堂、采芹亭、尊经阁等，再西则有道山亭等。图左为苏州府学记，记述明初重修府学经过，图碑为苏州府学现存的第一幅全图。明洪武六年（1373），贡颖之识，夏正书，滕权篆额，张才刻。训导彭程、张田、吉玄、王行同立石。高1.55米，宽0.80米。现藏苏州碑刻博物馆。

【东崦草堂图碑】 刻绘东崦草堂和光福镇湖山风貌。明宣德三年（1428）钱溥绘。现藏光福镇东崦草堂月满廊壁。

【普门禅寺碑】 记述宋代日本僧人寂照向天台宗知礼法师请教及短期客居

苏州的事。碑阴为普门禅寺图。明成化年间镌刻。1974年出土于濂溪坊苏州电池厂，现藏苏州碑刻博物馆。

【常熟天文图碑】形制及上半部与苏州碑刻博物馆宋代《天文图碑》相似。石刻下半部为题跋，说明此图乃翻刻苏州府学之天文图。明正德元年（1506）常熟知县杨子器跋，后任知县计宗道重刻并书。高2.01米，宽1.01米。原立于常熟城区学前街县学礼门内左侧，20世纪五六十年代一度遗佚，现藏常熟市碑刻博物馆。

【常熟地理图碑】明正德元年（1506）重刻，计宗道书并隶额。碑阴镌刻《冠婚丧祭图》。原在邑学礼门右，现藏常熟市文庙学宫礼门。

【永丰仓图碑】又称《东仓图碑》。图上永丰仓以仪门、前厅、后堂为中轴线，两侧各设仓廒十进共三百余间，建筑对称整齐，规模

常熟市碑刻博物馆碑廊

宏巨，是研究明代仓廒制度的重要资料。明嘉靖四十年（1561）镌刻。原在东仓址，后移道前，现藏常熟市碑刻博物馆。

【苏州织造局图碑】碑额浮雕二龙戏珠。碑身周边饰云龙纹，中间绘刻织造局概貌。图上方刻有题识："按姑苏岁造，旧时散处民间，率皆塞责报命。本部深悉往弊，下车之后，议以周戚畹遗居，堪为建局。具题得旨，今创总织局，前后二所，六门三间，验缴厅三间，机房一百九十六间。外局神祠七间，绣缎房五间，染作房五间，灶厨菜房二十余间。墙一百六十八丈，开沟

苏州碑刻博物馆碑廊

一带,长四十一丈。厘然成局,灿然可观。画图立石,以垂永久。顺治四年十二月日立。"顺治四年(十二月)即1648年。图碑右下角注明:"此屋乃明时周戚畹遗产,本部具题奉旨改建衙宇机房。"周戚畹即明崇祯帝周皇后父周奎。高2.20米,宽0.89米。原在孔付司巷清苏州织造署故址,1963年重新发现。现藏苏州碑刻博物馆。

【姑苏城图碑】清乾隆四十八年(1783)重刻。现藏苏州碑刻博物馆。

【杨氏义庄规条碑】原为四石,现存三石;附六石为恬庄杨氏义庄义塾义冢田亩丘形图。清乾隆五十三年(1788)立,现藏张家港市恬庄杨氏孝坊。

【赵氏家祠图记碑】清乾隆五十五年(1790)刻。现藏常熟市碑刻博物馆。

【椿桂堂图碑】绘刻椿桂堂各房平面图。清乾隆五十五年(1790)立,穆大展刻,现藏东山镇椿桂堂。

【重浚苏州城河记并三横四直图碑】碑阳镌刻《重浚苏州城河记》,记载清嘉庆元年(1796)八月至翌年五月疏浚苏城河道事。碑阴镌刻《苏郡城河三横四直图》及盛林基撰书图说。河道分布以三横四直为骨干,并以传统立面画法标绘城垣、桥梁、寺观、衙署等建筑,左下角有注。清嘉庆二年立石,费淳记,

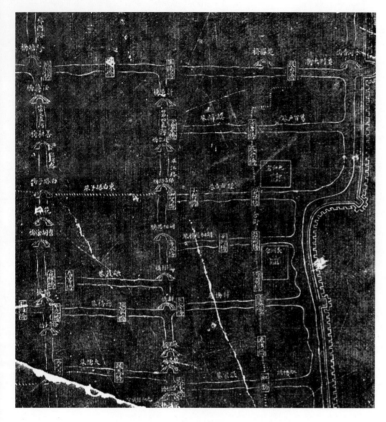

苏郡城河三横四直图说碑（局部）

王文治书，刘恒卿刻。高1.60米，宽0.80米。现藏景德路城隍庙工字殿壁间。

【太仓试院碑记】记载清同治年间建造太仓州试院的原因、位置、面积、经费等情况，碑阴镌刻太仓州试院建筑结构和布局。碑阳由陆增祥撰文，书丹者姓名残佚；碑阴由曹沄书丹，杨敬傅绘图，钱省三刻。同治十年（1871）立石。现藏太仓市第一中学。

【胥江水则碑】一面镌刻"水则碑"三字，其下依次横刻："七则，水在此极高田俱淹；六则，水在此稍高田淹；五则，水在此上中田淹；四则，水在此下中田淹；三则，水在此高低田俱无恙。"另一面镌刻："《吴中水利全书》载：宋徽宗宣和二年（1120），立浙西诸水则石碑。今他处咸弃失，惟吴江立垂虹亭左之碑尚存，为乾隆十二年（1747）知县陈莫缵考旧图说重刻。因令照制，立郡城胥门外河滨，以验消长，而悉农情。光绪二年（1876）七月，兵部侍郎兼都察院右副都御史、江苏巡抚固始吴立。"《胥江水则碑》现为江浙地区仅存之清代水利碑。高1.34米，宽0.81米。原立于胥门外城墙下接官厅旁护城河岸边，正对胥江。1982年发现于接官厅废墟，现藏苏州碑刻博物馆。

【沧浪亭图碑】图上有清洪钧题诗和济航原跋。光绪九年（1883）夏四月僧济航所绘勒石。现藏沧浪亭门厅东墙。

【苏州府城图碑】绘刻清代前期苏州府城大致布局，标注苏州官衙和寺院、山川、河流等地理位置。清代黄文明刻。高0.76米，宽1.60米。现藏苏州碑刻博物馆。

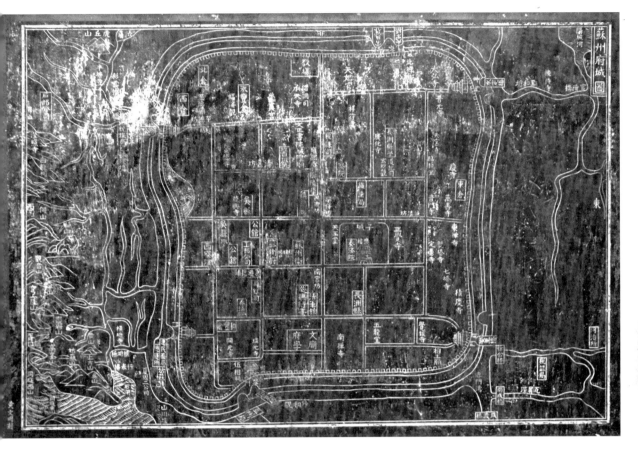

苏州府城图碑

【天平禁山图碑】明清两代，一些范氏不肖族人与附近乡民在山下砍树、圈地，严重破坏天平山自然环境。为保存名胜和风水，清地方政府禁止一切对天平山的破坏行为，违者严惩不贷，并绘刻此碑以申禁令。现藏苏州碑刻博物馆。

【先贤言子墓图碑】清钱霖恭绘，七十九世裔孙良鑫摹刻。现藏常熟市言子旧宅。

【席氏祠图碑】绘刻席氏支祠平面图，清末民初刻。现藏东山镇朱巷席氏支祠。

【安定生圹图碑】绘刻席氏生圹平面图，清末民初刻。现藏东山镇朱巷席氏支祠。

【忠烈庙平面图】参见《重修范文正公忠烈庙记碑》。

席氏祠图碑

三 造像

造像是以形象表现为主的艺术雕刻。根据其外部形制与表现形式，可分为圆雕单座造像、线刻造像、造像碑和四面方柱形造像。这四类造像苏州都有，其中寂鉴寺弥勒石佛属全国重点文物保护单位，《张士诚纪功碑》为江苏省文物保护单位，罗汉寺清代童子面石雕像为苏州市文物保护单位。元代大接引佛高约9米，是苏州石刻中最巍峨者；东吴博物馆收藏的大翁仲高约6米，为国内馆藏最巨者；沧浪亭五百名贤像石刻共125石，镌刻594位名贤，是一部苏州历史名人肖像精品集，有很高的史料价值和艺术价值；《老子像碑》由唐玄宗李隆基题赞，颜真卿书丹，吴道子绘画，南宋立石。著名造像碑还有元好问撰文的《范文正公像碑》、状元石韫玉篆额的《现千手眼观音菩萨像碑》、唐寅所绘的《大士像碑》和乾隆帝御题的《文徵明像碑》等。

白玉相好观音记碑

【崇教兴福寺塔石刻造像】 背面镌刻："□州永光禅院僧庆仁奉为十万信施镌□宝石花台擎安弥陀变相宝镜永充供养。时大宋端拱元年（988）戊子岁五月五日题记，匠人司马恩。""除前，咸淳壬申（1272）再建宝塔。""大清光绪甲辰（1904）秋，邑人前荆宜施道、俞钟颖，前知铜梁县事杨崇光，督工重建上四级，余一律修整，掘得此石，附志于下。乙巳五月敬藏原处。"高0.3米，宽0.42米。1964年9月在常熟崇教兴福寺塔底层万年台下发现。现藏常熟市文管会。

【白玉相好观音记碑】 残碑。刻半身观音像，正反两面题款分别为"绍兴五年"和"淳祐七年"等南宋年号，绍兴五年即1135年，淳祐七年即1247年。现藏灵岩山寺般若堂。

【老子像碑】 碑上部镌刻唐玄宗李隆基题赞，颜真卿书丹（孙星衍谓"集颜真卿正书"）。下部为唐吴道子所画老子像，左下方镌刻："老子圣像，吴道子笔。斯本久矣，不敢珍藏。谨捐命工刊石，以广其传。宝庆初元民岁腊日，姑苏天庆观太洞道士冯大同。"南宋宝庆元年（1225）立石，冯大同跋，张允迪刻。高 1.8 米，宽 0.88 米。现藏玄妙观三清殿西楹老子塑像右下方壁间。

【浮雕佛像石函】宋代。长 46 厘米，宽 26.5 厘米，高 25 厘米。由六块裁好的砚石板榫合而成，平面长方形，盝顶，函身每面浮雕佛像五尊（一佛、二弟子、二菩萨），底部四周刻如意云纹花边，函盖内面涂成漆地，用银珠写"□信心造□□盛众□金字法华经"等字。石函内原置鎏金镂花包边楠木经箱。1956 年在虎丘云岩寺塔第二层发现，现藏苏州博物馆。

【造像残石】宋代。通高 31.5 厘米。佛弟子或供养人造像，3 件，均无头，颈部有断茬。穿着交领广袖长袍，拱握双手，以两臂捧经卷于胸前，恭立于方形台座上。一件双手

老子像碑

合虎于胸前，持如意。1956 年在虎丘云岩寺塔第五层发现，现藏苏州博物馆。

【造像石龛】宋代。高 24 厘米。石龛内浮雕佛像一尊，结跏趺坐于仰莲座上。龛左侧边框阴刻"李太缘为自身造佛一躯"题记。李太缘为崇教的施主（供养人）。1956 年在虎丘云岩寺塔第五层发现，现藏苏州博物馆。

【大翁仲】宋代。高约 6 米。现藏东吴博物馆大门左侧 E 区，周围还有 30 多尊文官武将石像。

【武康石佛像】八尊，一佛像完整，另外七尊无头。现藏罗汉院双塔。

【寂鉴寺弥勒石佛】整块花岗石刻凿的弥勒佛像，高 3.25 米，在木渎镇藏书天池山寂鉴寺石屋内。石屋内还有《天池寂鉴禅庵题名记》碑，镌刻施

主姓名、造像作头和建造年月等。2006年，寂鉴寺石殿佛龛及造像被列为全国重点文物保护单位。

【张士诚纪功碑】又称张吴王纪功画像、隆平造像，为张士诚迎接元使伯颜的宴饮图。画面自上而下分为四段，全图共有王者、大臣、胡客、甲士、侍卫、胡服侍从等118人。1957年被列为江苏省文物保护单位。原在报恩寺山门左，1919年移入寺内。现藏报恩寺塔院碑亭。

【华山大接引佛造像】大接引佛造像系整块崖岩刻凿而成，高约9米，称为"吴中第一大佛"。佛像面目粗犷，线条简练，系元代之物。20世纪60年代被炸裂成四块，1998年修复。半山大石上镌刻"向上大接引佛"六字。大接引佛造像现仍矗立在天池山东坡华山鸟道北边礼佛坪。

【苏郡太守况公像碑】分上、中、下三部分。上部为杨士奇所作况钟赞语，中部为阴刻线描况钟半身像，下部为陈宾所撰识语。落款为明正统七年（1442）。高0.92米，宽0.53米。原藏通和坊吴县县学咏归亭，现藏苏州碑刻博物馆。

【吴郡前都纲虎丘住持昧檗定禅师寿像碑】明正统十二年（1447）僧永端立石，张益撰并书赞。现藏虎丘大雄宝殿。

【归氏四世像赞碑】明隆庆二年（1568）春立。现藏常熟市博物馆。

【归百泉郁夫人二寿像碑】绘刻归百泉、郁夫人二人像和赞语，落款："隆庆戊辰春百泉自赞"，隆庆戊辰即1568年。现藏常熟市碑刻博物馆。

【范文正公像碑】分上、中、下三部分。上部为宋代阎灏撰，宋之才书范文正公真赞（赞语1500余字），金代元好问撰范文正公赞，明代吴县知县冯渠跋。中部为冯渠所绘范文正公像，像右侧有明代"钦差提督监察御史谢廷杰立石"等字，像左侧署"长洲县知县邓鹤、吴县知县冯渠镌石"。下部为范仲淹十六世孙范惟一"谨奏建并识""十六世守祠孙范以益、十七世主奉太学生允恒重督镌"等。明万历元年（1573）识，万历十三年（1585）吴应祁据宋代碑本摹刻。图像白描线刻，半身，一品朝会服饰，执朝笏。高2.14米，宽1.05米。原藏范氏义庄文正公祠，现藏苏州碑刻博物馆。

【龙山观音洞造像】观音洞内存33处造像，其中28处包含助银明细。造像包括中央三尊大佛及两旁护法韦驮、护法天将、玄天上帝、天官大帝、地官大帝、文昌星、观音、罗汉（包含降龙、伏虎、听经、袒腹等）、童子等。

归百泉郁大人二寿像碑

洞中最大一方石刻有"信士叶良臣、王沛、王志、卢相等发心喜舍大佛三尊，祈求吉祥如意。佛匠吴木万历十三年孟冬重塑"等字。万历十三年即1585年。观音洞在金庭镇龙山。

【**先师小影碑**】二石。震泽镇康庄别墅遗物，明万历年间刻。一碑上方

"先师小影"四字中,缺失"影"字。镌刻孔子及其十弟子像,唐吴道子绘。另一碑为康庄主人吴秀题跋,记载摹刻先师小影碑缘由。现藏震泽镇慈云禅寺碑廊。

【鸟窝禅师像碑】 周顺昌绘,明天启四年(1624)刻。碑裂为二,部分漫漶。现藏苏州碑刻博物馆。

【张公像碑】 镌刻明奉议大夫江西南安府同尊江张公全身像,面部已毁。高1.68米,宽0.78米。现藏苏州碑刻博物馆。

【石佛寺观音石像】 石佛寺因有观音石像而名。明嘉靖三年(1524)祝允明题"古石佛寺"。观音石像高2.4米。20世纪60年代被砸为3段,仅存下半身及莲花佛座。1986年石湖风景区疏浚崖石涧,挖出观音头像,交由吴县枫桥工艺美术厂修复。石佛寺观音堂两根石柱刻有清高宗弘历所题楹联:"愿力广施甘露味,闻思远应海潮音。"石涧崖壁有明清石刻,潭前上方有石梁,上刻"梵音胜迹"。屋内有清乾隆二十二年(1757)高宗弘历撰并书《观石湖打鱼诗》碑。

【慧向禅师石像】 玉峰山芙蓉岭下有梁代慧向禅师石室。寺僧感其开山之功,在洞中镂刻禅师石像。明万历初,邑丞刘谐更名抱玉洞,俞允文题。20世纪60年代石像毁坏,剩身躯横卧洞内。后重刻头像。1997年抱玉洞及禅师石像被列为昆山市文物保护单位。

【八仙石刻】 明代石刻,存四仙。现藏罗汉院双塔。

【群仙祝寿图石刻】 明代石刻,雕刻八位仙人。高0.68米,宽1.06米。现藏罗汉院双塔。

【翁白石像石刻】 晚明线刻,像旁镌刻"吴兴翁白石"五字。现藏吴中区文管会碑廊。

【蔡九逵像赞碑】 线刻蔡羽像。蔡羽字九逵,西山东蔡人。清乾隆元年(1736)蔡书升题写。原藏消夏湾蔡羽祠,现藏金庭镇水月坞碑廊。

【唐寅绘大士像碑】 清乾隆七年(1742)蒋和隶书《般若波罗蜜多心经》并识,僧首月刻。现藏准提庵。

【纯阳吕祖师自序碑】 镌刻500多字并刻像。清乾隆十一年(1746)立。现藏虎丘二仙亭。

【陈希夷像碑】 镌刻《希夷陈祖邻序》。清乾隆十一年(1746)汪松摹像。现藏虎丘二仙亭。

【乾隆御题文徵明像碑】 上部为清乾隆十六年（1751）高宗弘历所题二诗，诗前均有跋："沈德潜持文徵明小像乞题句。徵明故正士也，怡然允之。飘然巾垫识吴侬，文物名邦风雅宗。乞我四方作章表，较他前辈庆遭逢。德潜更为徵明乞额，因以'德艺清标'四字赐之，德潜额手称庆且自谓若无遭际之恩，将同徵明沈滞终身云。生平德艺人中玉，老去操持雪里松。故里遗祠瞻企近，勖哉多士善希踪。乾隆辛未长至月御笔。"后钤"乾隆宸翰""洗尽尘氛爽气来"两印。下部为明周时臣所绘文徵明像，左下

言子遗像碑（局部）

方款识为："乾隆十九年（1754）九月朔，长洲学生员文含恭立。"高2.79米，宽0.84米。现藏沧浪亭仰止亭。

【功济民禾碑】 为铁柏、铁壶两道人像并记。清乾隆二十四年（1759）申梦玺撰并书，金通玄刻。原在长生殿，现藏玄妙观祖师殿遗址碑廊。

【言子遗像碑】 清乾隆二十四年（1759）言如泗识。原在言子墓前，现藏常熟市言子旧宅。

【杨忠节公遗像碑】 清康熙五十二年（1713）王掞题赞，嘉庆八年（1803）刻杨廷枢全身像，唐仲冕立石。现藏准提庵。

【孙子画像碑】 阴刻孙武、孙膑两立像，旁刻"吴将孙子像、齐将孙子像"两行篆文。两人秀眉重瞳，圆面束发，双手作揖，神态安详。画像祖本

三、造像

出自明景泰间广灵王所藏《列代将鉴图》。孙子后裔孙星衍撰书题记，清嘉庆十一年（1806）建孙氏祠堂时摹刻上石，供奉祠内。1986年在吴县北桥乡石桥村发现，吴县文管会收藏。现藏穹窿山孙武苑。

【**道教神像碑**】朱源、董沐绘，凌寿琪书，汪浩葵刻，清嘉庆十五年（1810）立。现藏平江路卫道观前观后殿。

【**梅花溪居士像碑**】上部为梅花溪居士钱泳所撰自传篇，下部为翁锥所绘钱泳半身像，头戴笠帽，手握经卷。清道光二年（1822）镌刻。原在小石洞白云栖寺，后为常熟县文管会征集，现藏常熟市碑刻博物馆。

【**苏文忠公宋本真像碑**】镌刻苏轼全身像。上有清嘉庆二十一年（1816）翁方纲诗并识，下有李彦章题记。道光十四年（1834）刻。原藏定慧寺后苏公祠，现藏罗汉院双塔。

【**现千手眼观音菩萨像碑**】清石韫玉篆额，右上有"庚戌状元"篆文印章一方。边款："大清嘉庆戊寅六月十九日，姑苏宝莲寺松涛募勒，炳斋姚明煜敬镌，冯箕敬樵。"嘉庆戊寅即嘉庆二十三年（1818）。高2.15米，宽1米。原在阊门外宝莲讲寺，1979年迁至寒山寺寒山拾得像后壁。

【**徐蘅川像赞碑**】六石。清道光二十七年（1847）张廷济、黄安涛和王荣年书。现藏光福镇东崦草堂宅后。

【**华仙元化画像记碑**】清道光七年（1827）佚名绘华佗全身像。同治至光绪年间李鸿章识，钱安均书，冯桂芬篆额。高1.6米，宽0.77米。现藏苏州碑刻博物馆。

【**彩塑罗汉像**】无头，残高0.5米。左侧刻"光绪戊子"等字，光绪戊子即1888年。现藏罗汉院双塔。

【**欧阳文忠公像赞碑**】原系翁同龢手摹本。清光绪二十七年（1901）赵古泥镌刻。面部线条为阳刻，右上角镌刻"欧阳文忠公像翁同龢谨书"，旁为吴鸿伦所撰"宋文忠公赞"文，下部有翁同龢甥俞钟銮书跋。现藏常熟市碑刻博物馆。

【**陶斋尚书小像碑**】像旁镌刻跋文："光绪甲辰夏，浭阳尚书来抚江苏，半岁而移湘。当在苏时，庶政毕举，而振兴教育尤力……"清光绪三十年（1904）立石，罗振玉撰文。现藏苏州碑刻博物馆。

【**胡公像碑**】为复刻碑，复刻年代不详。像旁镌刻跋文："右安定胡先生

现千手眼观音菩萨像碑（局部）

像，绍熙辛亥（1191）刻置湖学，永嘉戴溪识，溪玉高厚刻。"高 1.99 米，宽 0.97 米。现藏苏州碑刻博物馆。

【释迦牟尼及清代童子面造像】 罗汉寺在金庭镇秉场村罗汉坞。山门正中端坐大肚弥勒佛像，花岗石材质。殿内供花岗石刻释迦牟尼和清代童子面十六罗汉（1985 年从藏书穹窿山宁邦寺迁来）。童子面石雕造像 1997 年被列为吴县市文物保护单位。

【群仙图石刻】 十石并联，高 0.89 米，通长 8.6 米。花岗石雕刻十位仙人及鹤、鹿等物。现藏罗汉院双塔。

【八仙石刻】 清代花岗石雕，雕刻铁拐李、汉钟离、蓝采和、曹国舅像。高、宽均为 0.55 米。现藏罗汉院双塔。

【陶小沚先生遗像碑】 已漫漶，现藏可园。

【寒山拾得像碑】 寒山右手指地，谈笑自若，形态纯朴；拾得袒胸露腹，洗耳恭听，憨态可掬。上端题写碑文及款识，清扬州八怪之一的罗聘绘并题词。现藏寒山寺大殿佛祖像后壁。

【寒山子像碑】 清光绪六年（1880）郑文焯指画并题。宣统二年（1910）程德全识，唐仁斋刻。郑文焯自题为："登岳采五芝，涉涧将六草。散发荡元缁，终年不华皓。光绪庚辰（1880）九月既望，枫桥舟中写。大鹤居士郑文焯指头戏墨。"现藏寒山寺大殿佛祖像后壁。

【四面佛石刻】 青石雕刻。高 0.68 米，宽 0.55 米。现藏罗汉院双塔。

【四面佛石刻】 青石雕刻。现藏甪直保圣寺。

【四面观音造像】 青石雕刻。四面刻观音像。现藏渔洋山。

【林屋山神仙造像】 共三处。一处在金庭镇林屋洞口，四方花岗石上浮雕神仙像。另有两处在林屋山上，雕刻仙佛。

【归云洞造像】 雕刻观音等像。在金庭镇石公山归云洞内。

【玄阳洞佛像】 洞口镌刻"玄阳洞"三字。洞内一条形巨石似观音状。右侧有"观音岩"刻字，还有韦陀、弥勒等小型石刻佛像。在金庭镇鹿村西山头玄阳洞。

【魁星造像】 天平山山洞口有线刻三魁星像。

【印光法师石像】 花岗石材质，民国时期刻。现藏木渎灵岩寺。

【刘过遗像记碑】 参见《刘过墓》。

寒山拾得像碑

【赵孟頫书吕洞宾群仙高会赋碑】镌刻白描麻姑仙像，参见《留园书条石》。

【五百罗汉线描像】参见《白公堤石幢》。

【文徵明像与传碑】【沈石田像与传碑】参见《拙政园书条石》。

【五百名贤像碑】【蒋辛斋小像碑】参见《沧浪亭书条石》。

【木铃和尚所画线描大势至菩萨像】参见《白公堤石幢》。

【读书台亭昭明太子萧统像碑】参见《昭明太子读书台亭》。

四　书画碑

前述纪事碑中，很多由历代著名书法家所书，历来被人们视为书法艺术佳作。唐宋时期出现专供人们欣赏书法艺术的碑刻，后人沿袭此风，将名人墨迹和画卷等翻刻上石，形成专门的艺术性碑刻。宋元以来，苏州书画名家、刻石高手辈出，留下丰富的风格多样的书画艺术珍品，其中尤多明清碑刻。《金刚经碑》为江苏省文物保护单位，唐常建撰、宋米芾书、清穆大展镌刻的《破山寺诗碑》被称为「三绝」，唐张继《枫桥夜泊》诗有明代文徵明所书诗碑、清俞樾重书碑及20世纪40年代沧州张继（溥泉）所书碑。苏州著名书画碑还有宋司马光手书《思无邪公生明碑》，宋范成大撰书、明王鏊与都穆所识的《四时田园杂兴六十首诗碑》，宋蔡襄书《蟠松碑》、状元张孝祥《卢坦传语、疏广传语碑》，状元毛澄所题《洞庭分秀碑》，明唐寅撰并书《桃花庵歌碑》，文徵明撰并书《游花山寺碑》《东西两山图碑》，祝允明《狂草碑》，还有清代摹刻的《苏文忠公归去来辞碑》，清《董其昌书画碑》、郑燮书「难得糊涂方砚」、《邓石如书联碑》和翁同龢、陈冕两状元等人的《韩烈妇绝命词碑》等。

蟠松碑

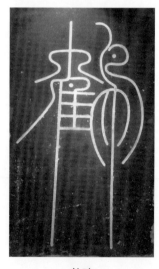

鹤碑

【蟠松碑】上篆书"蟠松"二字。据乾隆《震泽县志》载为宋蔡襄所书，粤雅堂丛书《金石林时地考》亦载"蔡襄篆书"。高2.75米，宽1.2米。现藏吴江博物馆。

【卢坦传语、疏广传语碑】二石。碑文分别为《新唐书·卢坦传》和《汉书·疏广传》一节。两碑均高2.35米，宽0.98厘米。宋代状元平江知州张孝祥书（碑文下署张安国书），庆元丙辰（1196）孟夏何同叔刻，张文伟、吕梃刻。碑文左下侧镌刻跋语："戒人为不善，劝人为。""卢坦、疏广同一机耳，然则为人父祖子孙可不审所择云。""淳祐辛丑（1241）孟夏，陈垲对刻于明清堂。"现藏苏州碑刻博物馆。

【竹鹤碑】二石。宋代原刻，大篆。书者利用篆书线条，使二字字形酷似现实生活中的自然竹林和引颈待飞的仙鹤，一字一碑，亦字亦画。孙星衍《寰宇访碑录》记载："府学'竹、鹤'二大字，苏唐卿篆书。庆元二年四月。江苏吴县。"庆元二年即1196年。碑阴为卢坦传语、疏广传语。现藏苏州碑刻博物馆。

【思无邪公生明碑】碑阳镌刻宋太宗语："尔俸尔禄，民膏民脂；下民易虐，上天难欺。"碑阴镌刻孔子、荀子语："思无邪""公生明"六字，北宋司马光书，隶书；南宋淳祐元年（1241）摹刻。原藏三元坊书院巷江苏巡抚衙门内，后迁至苏州文庙。现藏苏州碑刻博物馆。

【观音普门品经碑】又称石室观音经，为《妙法莲华经》中一章，宋曾公亮等书，南宋熙宁年间立石。现藏虎丘石观音殿。

【张即之书金刚般若波罗蜜经碑】共27石，行书。末有识语："孝男张即之，伏遇六月初一日显考太师资政殿大学士张六三相公远忌，谨书此经，用伸追荐。淳祐六年，岁在丙午，即之年六十一岁谨题。"淳祐六年，即1246年。经文后有董其昌、毕懋康、赵宦光、林则徐、俞樾等11等人题跋，字体草篆不一。现藏寒山寺寒拾殿壁间。

【竹画碑】竹叶间镌刻"东坡居士"四字。现藏用直镇保圣寺碑廊。

【洞庭分秀碑】二石，第一石状元毛澄题，第二石明弘治十四年（1501）毛澄、桑悦书。现藏太仓市第一中学。

洞庭分秀碑

【桃花庵歌碑】二石。明弘治十八年（1505）唐寅撰并书。一石为原刻，字已漫漶。另一石为清道光十一年（1831）释云岩捐资重镌。现藏准提庵。

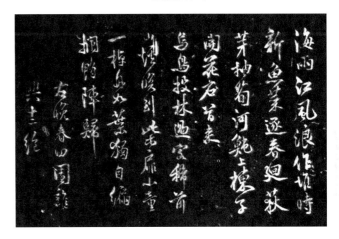
四时田园杂兴六十首诗碑（局部）

【游花山寺碑】文徵明撰并书，行书："嘉靖癸卯二月八日，徵明同诸客游花山寺，泛平湖，沿支港而入，长松夹道，万杏明香，恍然如涉异境。寺虽劫废，胜概具存。相与读故碑，溯三泉，不竟日暮，遂留宿寺中。客自城中来者汤珍、张瓒、王日都、陆师道、王延昭，山中客蔡范、陆栩、陆鹄、劳珊、蒋球玉。僧大鑫立石。"嘉靖癸卯即1543年。原藏西山慈里花山寺，现藏金庭镇水月坞碑廊。

【董其昌行书碑】明董其昌、许自昌等所书。现藏用直镇保圣寺碑廊。

【重游法华寺诗碑】明正德四年（1509）王鏊题写。现藏苏州大学博物馆。

【经灵岩诗碑】明正德六年（1511）谢琛诗。现藏灵岩寺般若堂。

【都穆游记碑】隶书，明正德十一年（1516）刻。现藏昆山市华藏寺。

【灵岩怀古诗碑】明正德十四年（1519）朱衮诗。现藏灵岩寺般若堂。

【四时田园杂兴六十首诗碑】七石，每石高1.5—1.7米，宽0.7—0.75米。南宋淳熙十三年（1186）范成大撰书七绝60首（"春日""晚春"

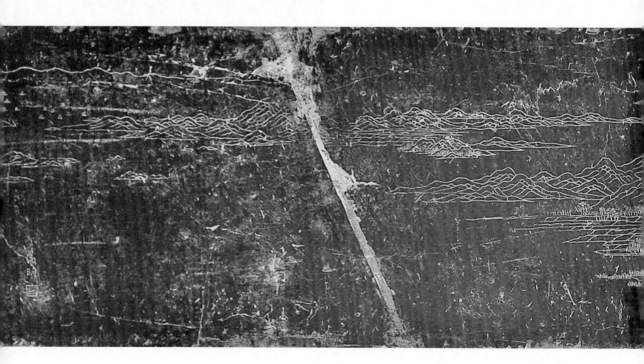

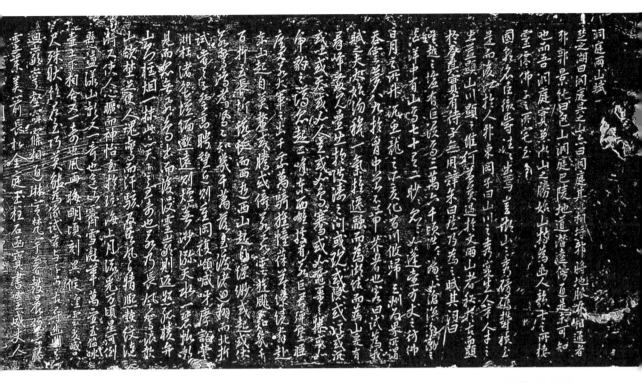

洞庭两山赋碑

东西两山图碑

金刚经碑

"夏日""秋日""冬日"五组,每组十二首)并识。元至正元年(1341)周伯琦跋。明正德十五年(1520),卢雍建范成大祠时觅得范成大手书原迹。翌年,王鏊、都穆识,卢雍摹刻上石。现藏石湖范成大祠。

【洞庭两山赋】明正德年间王鏊退隐东山时撰并书,行草。高0.5米,宽2.12米。现藏东山镇轩辕宫城隍庙碑刻陈列室。

【东西两山图碑】描绘东、西两山秀丽景色,明文徵明所作。高0.5米,宽2.25米。现藏东山镇轩辕宫城隍庙碑刻陈列室。

【祝允明狂草碑】镌刻明祝允明所书"欲挂云帆济沧海,枝山道人"11字,草书,有董其昌印钤。原散落民间,现藏苏州碑刻博物馆。

【祝允明手书唐李白诗碑】明代祝允明将李白"直挂云帆济沧海"中"直"换成"欲"字,草书。原散落民间,现藏苏州碑刻博物馆。

【化钟疏碑】明嘉靖中立石。唐寅撰书,行书。共225字,可辨认者138字。现藏寒山寺碑廊。

【登灵岩诗碑】明嘉靖二十八年(1549)朱尚文诗。现藏灵岩寺般若堂。

【白茆行乐歌碑】山庄主人顾细二作诗歌,八世孙玉柱跋。明嘉靖四十三年(1564)立于白茆红豆山庄,现藏常熟市碑刻博物馆。

【草庵纪游诗碑】清代刻石,记载明弘治十年(1497)八月,文徵明同沈周、王廷魁、卞树毓同游吉草庵趁兴作诗。现藏苏州碑刻博物馆。

【灵岩诗及文嘉书心经碑】 明万历六年（1578）许初诗。现藏灵岩寺般若堂。

【金刚经碑】 金刚经即《金刚般若波罗蜜经》。石刻设计者将整部经文巧妙排列在一座线刻五级宝塔（图案）上，故又称《石刻宝塔金刚经》。每层塔角所挂铃铛及廊檐下莲柱上皆列以"佛"字，全塔对称。经文用蝇头小楷恭书，精镂细刻。佛弟子章藻为元别融禅师勒石，明万历二十七年（1599）仲春刻成。高1.92米，宽0.69米。1957年被列为江苏省文物保护单位。原立于天池山麓，现藏光福镇司徒庙。

【再造凡夫山居漫赠碑】 明王衡书写。现藏太仓张溥故居。

【般若波罗蜜多心经碑】 明王锡爵书，宋旭刻，天启二年（1622）王时敏摹勒上石。现藏太仓市南园。

【王文肃公专祠诗文碑】 王锡爵之孙王时敏请王锡爵门生故旧为专祠撰文赋诗，后铭刻上石。存碑四方，第一方《先师王文肃公像赞碑》，何乔远撰书；第二方《王文肃公专祠诗碑》，朱之蕃撰书；第三方《王文肃公祠堂诗碑》，娄坚撰书；第四方《王文肃公祠十五首诗碑》，唐时升撰书。现藏太仓市王锡爵故居。

【文徵明书张继枫桥夜泊诗碑】 为张继诗第二刻石，草书，字迹可辨者仅数字。明嘉靖中立石。碑廊内另有集文徵明字镌刻的完整诗碑一块。现藏寒山寺碑廊。

【董其昌书励志碑】 碑文出自班固《汉书·倪宽赞》，48字。现藏苏州大学博物馆。

【董其昌画旨碑】 行草，七石。现藏吴中区文管会碑廊。

【寒拾遗踪石刻】 年月题款、左右小字分列如门额式。姚希孟题，明崇祯六年（1633）章美书，住持明五立。现藏寒山寺山门内侧。

【菩萨颂答碑】 四石，均高0.28米，通宽2.24米。文震孟、陈懋德、徐元正、申用嘉、朱邦桢等书，明崇祯十三年（1640）刻。现藏虎丘。

【佛前经跋碑】 二石，均高0.3米，通宽1.72米。凌汉翀题，薛益书，明崇祯十六年（1643）刻。现藏虎丘。

【石壁轩碑】 明王穉登书，隶书。现藏光福镇蟠螭山永慧禅寺。

【清风高节图碑】三石,均高0.5米,通宽4.68米。清康熙五年(1666)佟彭年绘。原藏察院场关帝庙,现藏罗汉院双塔。

【玄烨临董其昌心经碑】二石。清康熙十九年(1680)临,篇末有玄烨"双龙"印和"万几余暇"印。现藏太仓市王锡爵故居。

【忍字歌碑】清康熙二十二年(1683)于成龙撰,归圣脉书,章珉刻。现藏玄妙观祖师殿遗址碑廊。

【松风水月碑】康熙二十八年(1689)、三十八年(1699),清圣祖玄烨两次游览光福镇,趁兴命笔后赐圣恩寺寺僧。碑原藏玄墓山圣恩寺,现藏光福镇司徒庙法堂明间墙上。

【楞严经碑】《楞严经》即《大佛顶如来密因修证了义诸菩萨万行首楞严经》,全经共十卷。明崇祯年间侯峒曾、张炳樊、张鲁唯、王时敏、魏肇曾、归世昌、顾锡畴、王瀚、顾同德、诸保寅、张立平等书,章懋德斋镌刻。每石高0.87—0.92米,宽0.22—0.31米,全套84石,现缺记录"发心出钱"助成全部石刻者姓名的最后一石。清康熙四十二年(1703)赐额。《楞严经》刻石是研究佛经和书法的珍品,1957年被列为江苏省文物保护单位。原置光福镇下绞狮林寺中,1976年被迁至光福镇司徒庙。

【御赐吴存礼诗联碑】三石。诗碑一石,高2.35米,宽1.1米;镌刻:"曾记临吴十二年,文风人杰并堪传。予怀常念穷黎困,勉尔勤箴官吏贤。"对联二石,高均为1.9米,宽均为0.5米;镌刻:"膏雨足时农户喜,县花明处长官清。"康熙五十八年(1719)立石。现藏沧浪亭御碑亭。

【玄烨五律诗碑】高4米,宽1.1米。现藏虎丘御碑亭。

【玄烨临黄庭坚春近四绝句诗碑】四石。所书为黄庭坚《春近四绝句》第三首。碑末小字:"赐翰林院编修加一级臣王奕清",王奕清为王时敏孙。现藏太仓市王锡爵故居。

【玄烨书王维金屑泉诗碑】二石。碑首有清圣祖玄烨书斋名"渊鉴斋"印。现藏太仓市王锡爵故居。

【玄烨临赵孟頫诗碑】四石。碑末有玄烨题写小字:"赐内阁学士兼礼部侍郎臣王掞"。现藏太仓市王锡爵故居。

【老佛碑】常熟知县郭朝祚秩满去任时,士民相率远送,并立碑思其德政。清康熙五十三年(1714)立石,中间镌刻"老佛碑"三大字,旁题刻跋文。现藏常熟市碑刻博物馆。

【明镜漾云根碑】 清高宗弘历御书"明镜漾云根"。现藏白马涧。

【竹石图碑】 清乾隆七年（1742）蒋和绘并题诗，金德云刻。现藏准提庵。

【驻跸姑苏城诗碑】 清乾隆十六年（1751）高宗弘历撰并书，行书。碑文为："牙楼春日驻姑苏，为问民风岂自娱？艳舞新歌翻觉闹，老扶幼挈喜相趋。周谘岁计云秋有，检察官方道弊无。入耳信疑边各半，可诚万众庆恬愉。乾隆辛未仲春驻跸姑苏城。"高3.48米，宽1.43米。现藏万寿亭遗址。

【游天平诗碑】 二石，一石高1.85米，宽0.8米；另一石高1.62米，宽0.92米。清乾隆十六年（1751）高宗弘历撰并书。现藏天平山高义园正殿。

【咏天平诗碑】 两面和两侧分别镌刻清高宗弘历撰并书五言诗一首。四首诗歌分别作于乾隆十六年（1751）、二十二年（1757）、四十五年（1780）和四十九年（1784）。碑座正面浮雕"双狮滚球图"，反面浮雕"鹤鹿松竹图"；碑身正反两面均刻有"二龙戏珠图"，中刻"宸翰"二字，"云龙"花边作框。高1.96米，宽0.96米。现藏天平山御碑亭。

【清高宗弘历御笔赐陈弘谋诗碑】 镌刻"御笔赐江苏巡抚陈弘谋""乾隆二十二年（1757）十月一日陈弘谋恭摹上石"等6列、95字，行书。高1.59米，宽0.75米。现藏苏州碑刻博物馆。

【观石湖打鱼诗碑】 清乾隆二十二年（1757）高宗弘历撰书。高1.55米，宽0.75米。现藏石湖石佛寺茶磨山房。

【清高宗弘历诗碑】 清乾隆二十二年（1757）高宗弘历撰并书，是弘历为紫阳书院所题六诗中唯一留存之作品。高1.66米，宽0.77米。现藏苏州中学校史馆。

【支硎山寒泉诗碑】 碑文为："泉出寒山寒，秀分支硎支。昔游未曾到，名则常闻之。烟峦欣始遇，林壑诚幽奇。应接乃不暇，而尽登神思。庭前古干梅，春华三两枝。孰谓宦光住，斯人宁非斯。乾隆丁丑仲春御笔。"乾隆丁丑即乾隆二十二年（1757）。高3.1米，宽1.93米。现藏万寿亭遗址。

【穹窿山望湖亭望湖诗碑】 清乾隆二十二年（1757）高宗弘历登穹窿山所作。现藏穹窿山三茅峰上真观。

【定慧寺苏文忠公书归去来辞碑记】 清乾隆二十五年（1760）沈德潜撰

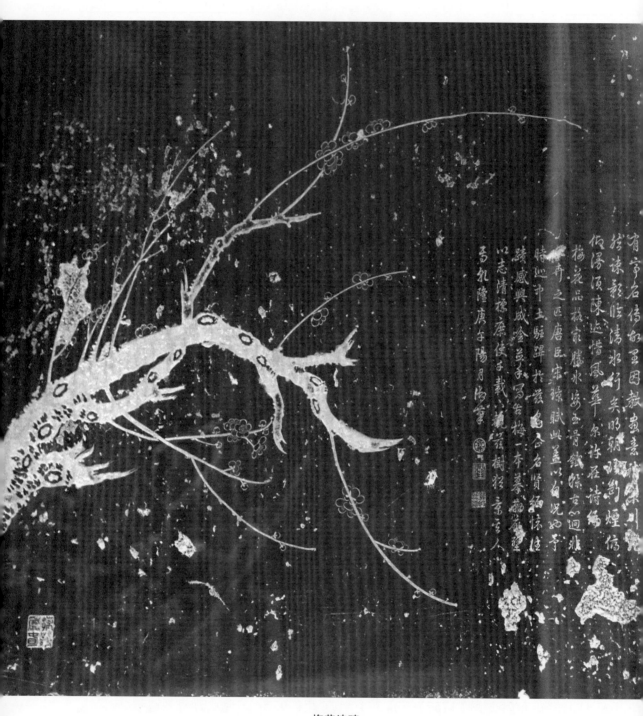

梅花诗碑

并书。现藏苏州碑刻博物馆。

【驻跸灵岩诗碑】清乾隆二十七年（1762）高宗弘历撰并书。高3.12米，宽0.88米。现藏灵岩山寺般若堂。

【再叠邓尉香雪海歌旧韵诗碑】清乾隆三十年（1765）高宗弘历第四次游邓尉山时所作。高3.1米，宽1.15米。碑上浮雕双龙戏珠，中刻"御笔"二字。现藏光福镇吾家山。

【准提庵八咏碑】清乾隆四年（1739）僧莲峰（龙溪源）撰并草书，乾隆三十三年（1768）陶磐跋。现藏准提庵。

破山寺诗碑

【米芾书破山寺碑】唐常建诗，宋米芾书，穆大展镌。旁有言如泗跋文："余守襄郡日，得元章书，因勒石破山，或亦补斯寺之阙也。乾隆三十七年（1772）中秋日，素园言如泗附识。"现藏兴福寺。

【梅花诗碑】引录唐宋璟《咏梅诗》。乾隆四十五年（1780），高宗弘历第五次南巡时将所书"福"字匾、所绘《梅花图》赐予周元理，周元理返吴江黎里后勒石。现藏黎里柳亚子纪念馆。

【清高宗弘历诗碑】高4米，宽1.1米，镌刻五首诗。现藏虎丘御碑亭。

【邵雍首尾吟碑】清乾隆四十三年（1778）于宗瑛题。此碑似为乾隆五十七年（1792）任太仓知州的于宗瑛之子鳌图所刻。现藏太仓市王锡爵故居。

【赵氏兕觥归赵图诗册碑】"兕觥"初为明代赵用贤所藏，后数易其主。清乾隆五十三年（1788），其五世孙赵王槐至山东颜氏处以银船、玉斝置换而

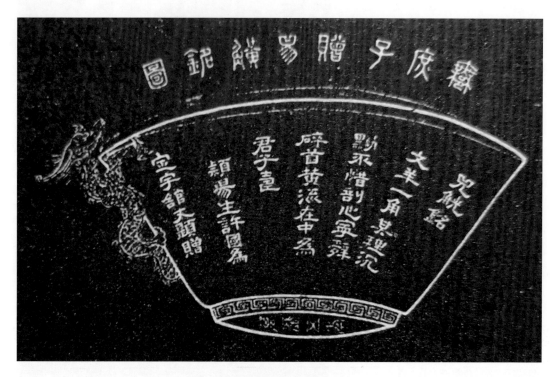

赵氏兕觥归赵图诗册碑（局部）

归，故名"兕觥归赵"。复倩人绘图，翁方纲作《兕觥归赵歌》，梁同书、王文治、朱珪、谢启昆、苏去疾、钱大昕等题词，蒋和书额并序，穆大展摹勒上石。原藏常熟荷香馆天官坊赵氏宗祠内壁，现藏常熟市碑刻博物馆。

【海涌峰碑】清嘉庆元年（1796）立。高 1.65 米，宽 0.8 米。现藏虎丘拥翠山庄。

【宣和画谱语碑】为于宗瑛书录《宣和画谱》中对唐代画家张藻的评语，此碑似为于宗瑛之子鳌图所刻。现藏太仓市王锡爵故居。

【康基田节临七佛圣教序碑】《七佛圣教序》又称《怀仁集王羲之书圣教序》，是唐太宗为玄奘法师所译佛经作的序，沙门怀仁从王羲之行书中集字而成。清嘉庆时太仓知州康基田节临。现藏太仓市王锡爵故居。

【康基田节临柳公权辱问帖碑】现藏太仓市王锡爵故居。

【康基田节临苏轼书王定国所藏烟江叠翠图碑】现藏太仓市王锡爵故居。

【康基田节临唐高宗叔艺帖碑】现藏太仓市王锡爵故居。

【六书说碑】江声撰并书，俞瀚题记。原有五方，现存第一、三、五方，藏太仓市王锡爵故居。

靠天吃饭图碑（局部）

【石经】 80石，其中石经跋（1石）、孝经（9石）、中庸（10石）、大学（4石）、论语（56石）。清嘉庆六年（1801）镌刻。现藏苏州碑刻博物馆。

【祝寿图碑】 清嘉庆年间张问陶绘芝与兰，刘墉题字，为冯珍作寿。现藏黎里柳亚子纪念馆。

【董其昌诗碑】 明董其昌草书七言诗，清代镌刻。现藏吴江区博物馆。

【戴易诗碑】 清戴易书丹，正文隶书，款草书。现藏苏州碑刻博物馆。

【难得糊涂方砚】 砚通体黑色，属中国四大名砚之一的安徽歙砚。边长77厘米，厚6.5厘米。正面依形成渠，成井田式，四角各雕水牛卧水中，寓意"砚田笔耕"。砚台背面镌刻郑燮书法，右首"难得糊涂"四大字，每字约20厘米见方。左首题跋"聪明难，糊涂尤难，由聪明而转入糊涂更难。宽一着，退一步，当下心安，非图后来福报也。板桥郑燮记"，每字6厘米见方。砚台中间有制砚者题记，落款"时嘉庆丙寅仲秋，海阳隐求居士书于宝石斋"。嘉庆丙寅即1806年。现藏昆山市文物管理所。

【阴骘文碑】 清乾隆五十九年（1794）梁同书书。嘉庆十七年（1812）

山舟又书，王应春刻。现藏寒山寺长廊。

【靠天吃饭图碑】金复斋题记，九柏仙诗，阳明书，清嘉庆十八年（1813）立。原藏斗姆阁，现藏玄妙观祖师殿遗址。

【言忠亨书破山寺诗碑】清雍正九年（1731）童华于苏州府任上游虞山兴福寺时作诗题壁，行草。边有寸楷跋文，言朝标撰，言忠亨书。汪应铨用纸摹写给寺僧收藏。清道光八年（1828），寺僧性空与凝善堂同人共立石。现藏兴福寺四高僧殿后壁。

【集文徵明楷书咏怀诗碑】五石。清道光九年（1829），谢元淮集文徵明楷书千字文摹刻。刻诗20首，现存11首。原藏阊门宝莲寺，20世纪80年代为苏州碑刻博物馆征集。

【集文徵明行书咏怀诗碑】三石。清谢元淮集文徵明字而作，诗后有梁章钜、石韫玉等人跋文。有部分缺失。现藏苏州碑刻博物馆。

【奋乎百世碑】二石。清道光十年（1830）韩封书"奋乎百世"四字并识。现藏山塘五人墓。

【怀米山房吉金图及题跋碑】清道光十九年（1839），曹载奎将所藏60件商周秦钟鼎彝器按图刻石，世称《怀米山房吉金图碑》。20世纪20年代，卞钟铭之尊汉阁根据拓片翻刻成条石。1921年，沈彦民从卞氏处购得石刻置于常熟澄碧山庄。石刻所摹刻青铜器均记尺寸、铭文并加释文，上有张廷济、阮元、叶志诜等所作序或跋，著录于《中国美术辞典》《中国古代青铜器》等书。现藏常熟市碑刻博物馆。

【鹤梅仙影记】清道光二十一年（1841）钱宝琛撰文，钱溥绘梅。现藏太仓市南园。

【养竹山房图咏碑】清乾隆五十七年（1792）钱锦山题其宅为"养竹山房"，刘墉书额，张桂岩绘《养竹山房图》。后来又得阮元、孙星衍、伊秉绶、洪亮吉、袁枚、嵇璜、钱大昕等28位名家题咏山房诗文。道光二十二年（1842），钱萱镌刻全部图咏墨迹，并嵌砌壁间。清末，石刻流传至常熟东张镇王氏义庄。后为常熟县文管会征集，现藏常熟市碑刻博物馆。

【梅花诗碑】沈小霞写梅，明徐渭题诗。清道光二十二年（1842）张式识。现藏常熟市碑刻博物馆。

【金刚般若波罗蜜经碑】清张祥河书，林则徐等跋。现藏寒山寺藏经楼后

怀米山房吉金图及题跋碑（局部）

壁左右壁面。

【邓石如书联碑】 二石，隶书。联为"处世劳尘事，传家宝旧书。"上联识语："完白先生法书，张皋闻、李申耆诸老表章后，海内翕然宗之。友人见诒此联，尤为奇古，因求先生嗣君守之钩摹刊刻，以公同好。同治元年（1862）三月曾国藩识。"行草，下有"国藩之印"一石。下联落款"顽伯邓石如"，印二方，下有"汪定执敬观"五字行草。邓守之摹刻。现藏寒山寺碑廊。

【倪瓒丛篁古木图题跋碑】 倪瓒字泰宇，号云林子。此碑由清梅隐叟跋，云林为元晖都司写。碑下部为石刻《云林竹树图》。现藏常熟市碑刻博物馆。

【草诀碑】 二石。清同治元年（1862）归昌世识。现藏甪直镇保圣寺碑廊。

【咸丰御赐彭蕴章其难其慎碑】 镌刻"其难其慎"四大字，字径45厘

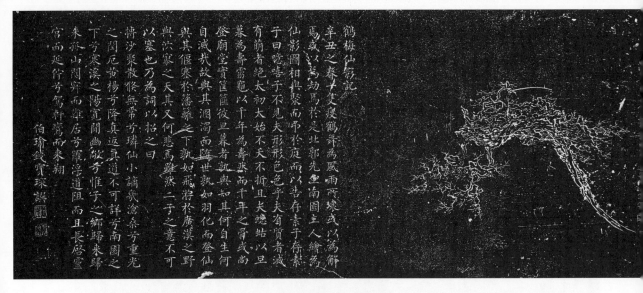

鹤梅仙影记碑

养竹山房图咏碑

梅花诗碑

倪瓚丛篁古木图题跋碑

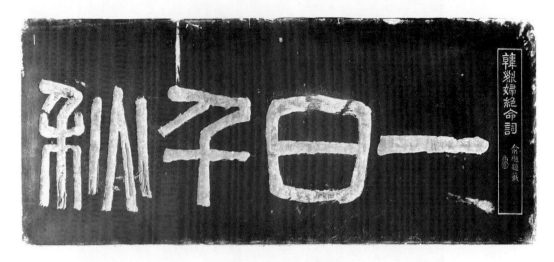

韩烈妇绝命词碑（局部）

米，行书；另有"赐臣彭蕴章"五小字。高 0.87 米，横 2.18 米。现藏苏州碑刻博物馆。

【抡元图碑】清光绪四年（1878）王文治绘图写诗并跋，沈严夫妇题记，沈秉成识，严永华识，钱之新刻石。现藏耦园筠廊半亭。

【韩烈妇绝命词碑】五石。第一石，俞樾题"韩烈妇绝命词"并篆额："一日千秋"。第二石，前半部分镌刻："光绪丙戌仲冬月读《韩烈妇绝命词》八章，凛有生气，题此以志敬仰。吴大澂。"后半部分，镌刻《韩烈妇传》正文，隶书。第三石续刻《韩烈妇传》，落款"清光绪十二年（1886）春俞樾撰并书"。第四石，前半部镌刻《吴县韩烈妇绝命词八章》，光绪十二年八月陈冕书；后半部分为翁同龢跋，行书，大字。第五石，前三分之一仍为翁跋，落款："戊子（1888）六月翁同龢"；中间为"丁亥（1887）闰四月孙家鼐题"跋，最后部分为"光绪丁未（1907）春，胞兄德保挥泪谨识"。德保，为韩氏胞兄。现藏金庭镇后埠费孝子祠。

【心经碑】吴仲奎草书，清光绪十四年（1888）周达权识，钱新之重摹。现藏吴中区文管会碑廊。

【勉耘先生归耕图碑】曾济离任云南宁化县令时倩画师绘肖像图，其子裕谦及孙熙文倩友好题记。清光绪十五年（1889）陈伯玉摹勒上石，砌于园东廊墙。共 16 方石刻，有伊秉绶、阴东林、伊襄甲、言朝标、孙原湘、翁心存、鲍伟、景燮、陶贵鉴、吴卓信、许廷诰、杨景仁、张大镛、邵渊耀、王觀自在菩薩行深般若波羅蜜多時照見五蘊皆空度一切苦厄舍利子色不異空空不異色色即是空空即是色受想行識亦復如是舍利子是諸法空相不生不滅不垢不淨不增不減是故空中無色無受想行識無眼耳鼻舌身意無色聲香味觸法無眼界乃至無意識界無無明亦無無明盡乃至無老死亦無老死盡無苦集滅道無智亦無得以無所得故菩提薩埵依般若波羅蜜多故心無罣礙無罣礙故無有恐怖遠離顛倒夢想究竟涅槃三世諸佛依般若波羅蜜多故得阿耨多羅三藐三菩提故知般若波羅蜜多是大神呪是大明呪是無上呪是無等等呪能除一切苦真實不虛故說般若波羅蜜多呪即說呪曰揭諦揭諦波羅揭諦波羅僧揭諦菩提薩婆訶般若波羅蜜多心經

文衡山先生手植藤碑

家相、翁同龢、吴大澂等人题记，图刻已佚。现藏常熟市碑刻博物馆。

【山庄课读图碑】晚清曾熙文致仕回籍课读子君表、君麟兄弟而作。吴子重绘图，汪鸣銮、屈茂曾、陆宗泰、李芝绶、邵渊耀、王宪成、席振逵、吴大澂、杨靖、杨沂孙、陈彝、陈熙诒、翁同龢、邵亨豫、夏同善、李慈铭、张珮伦、杨思海、张之洞、赵烈文、李文田等题名。卷首系清光绪四年（1878）李鸿章书额"山庄课读图"。光绪十八年（1892），陈伯玉摹勒上石。共刻石23块，其中图刻已佚。原藏常熟城区虚廓园东廊围墙壁，现藏常熟市碑刻博物馆。

【俞樾格言碑】镌刻"惜食惜衣不但惜财尤惜福，求名求利只须求己莫求人。曲园俞樾书"。隶书。原藏曲园，现藏苏州碑刻博物馆。

【俞樾重书张继书枫桥夜泊诗碑】碑阳为清光绪卅二年（1906）俞樾书，行草。附跋："寒山寺旧有文待诏所书唐张继《枫桥夜泊》诗，岁久漫漶。光绪丙午，筱石中丞于寺中新葺数楹，属余补书刻石。俞樾。"碑阴为俞樾对"江枫渔火"作考辨的跋文，行书。碑侧有江苏巡抚陈夔龙题跋5行，唐仁斋镌刻。连额高1.72米，宽0.7米。俞樾书写此碑已属八十六岁高龄，此为其最后的书法作品之一，也是张继诗第三刻石。现藏寒山寺碑廊。

【蕉窗读易图碑】郑孔俦读书图，胡墉绘，"乙亥"款。现藏常熟市博物馆。

【文衡山先生手植藤碑】清端方书。现立于苏州博物馆文徵明手植紫藤旁。

【寒山子诗序碑】清雍正十一年（1733）五月，清世宗胤禛撰。碑正面为程德全书录《寒山子诗序》，碑阴书录乾隆十六年（1751）高宗弘历题

《霜钟晓月》诗。宣统二年（1910）程德全录识立石。高1.9米，宽1米。现藏寒山寺御碑亭。

【寒山子诗碑】36首诗，分刻4石，末一石附跋12行。均为程德全行书。现藏寒山寺大雄宝殿。

【陈夔龙诗碑】七绝四首。清宣统三年（1911）程德全重修寒山寺时所刻，现藏寒山寺长廊。

【程德全书妙利宗风碑】行书，末有"程德全印""雪楼"两方篆印。现藏寒山寺山门内侧。

【程德全书历代题咏碑】八石，镌刻唐至清代名人诗15首。依次为：韦应物《宿寒山寺》、张祜《枫桥》、皎然《闻钟》、张师中《游寒山寺》、程师孟《寒山寺》《游枫桥偶成》、孙觌《与温老》《三绝》、高启《赋得寒山寺送别》《枫桥》、王士禛《夜雨题寒山寺寄西樵礼吉》、沈德潜《枫桥夜泊》二首，最后为题记。现藏寒山寺大雄殿。

【岳飞题联碑】三石，行书。横石镌刻："文章华国，诗礼传家。岳飞题。"横石下为两方竖石，镌刻："三声马蹀阏氏血，五伐旗枭克汗头。"下署小字："岳飞"，还有"岳飞印信"两方篆印。碑石似晚近之物，现藏寒山寺碑廊。

【苏文忠公归去来辞碑记】行书，清代摹刻。原藏定慧寺，现藏苏州碑刻博物馆。

【寒山寺石刻】三石，每石一字，魏碑。清末陶浚宣书，民国初周梅谷刻。现藏寒山寺山门前照壁间。

【自述诗残碑】1917年涧鹤氏撰文。今存最后一石，藏太仓市张溥故居。

【寒山寺诗碑】诗云："钟声已渡海云东，冷尽寒山古寺风。勿使丰干又饶舌，他人再到不空空。"跋语云："庚申二月廿五日，偕韩树园征君文举同游吴下枫桥寒山寺，则唐人钟已为日人取去，故吾于龙寿山房善继血书《华严经》，亟保存之。临风感慨题诗。康有为。"右上角有一方篆印："维新百日，出亡十四年，三周大地，游遍四洲，经三十一国，行四十万里。"1920年康有为撰书并识，住持近舟立石，张仲森刻。高1.75米，宽0.7米。现藏寒山寺碑廊。

【万绳栻诗碑】万绳栻书自作诗二首。1921年住持近舟立，杨中孚刻。现藏寒山寺碑廊。

【景邃堂碑】1923年吴昌硕为李根源所书，篆书。现藏苏州碑刻博物馆。

【西崦梅花诗碑】四首七绝探梅诗。1934年刻，其中两首大鹤山人所赋，两首为张默君女士次大鹤山人韵唱和。现藏光福寺西方殿廊。

【沧州张继书枫桥夜泊诗碑】1947年张继（溥泉）书并识。吴湖帆识："余以张溥泉名与唐张继同，乃请濮伯欣先生转求书《枫桥夜泊》诗。不意诗成翌日，溥公即作古人，遂成绝笔，是亦前生文缘也。爰付刻石，树寒山寺中，留此佳话。并将濮君函刻于下，真迹赠史馆保存云。丁亥冬吴湖帆识。"黄怀觉刻。现藏寒山寺寒拾亭。

【范仲淹手书伯夷颂】参见《义田记碑（一）》。

五 书条石

山水、花木、建筑是园林三大要素。以建筑为主的苏州园林中，走廊是联系建筑物之间的脉络，是园林中重要的风景游览线。镌刻历代名家书法的园林碑帖，砌嵌在走廊墙体中，似一幅幅组合有序的艺术长卷，增添了古典园林的人文之美。园林碑帖又称书条石、诗条石，其与碑刻的区别，主要是用途和性质。书条石选刻帝王、名臣或名家墨迹，供人临摹和欣赏。形制上，书条石大多呈扁长方形，长约1米，宽约40厘米，一般都用青石制作。苏州园林中，留园书条石数量最多、内容最丰富、品质最上乘。700米长廊连接着留园四大景区，长廊墙壁上嵌砌的379方书条石，涵盖了晋代钟、王以至唐宋元明清各代一百多位名家的书法经典，主要有《二王法帖》《仁聚堂法帖》《一经堂藏帖》《含晖堂法帖》《宋贤六十五种帖》等（统称《留园法帖》）。怡园现存书条石101方，以王羲之『玉枕《兰亭集序》』最为珍贵。拙政园现存文徵明撰书的《王氏拙政园记》等书条石约70方。狮子林现存『听雨楼藏帖』70余方，『听雨楼藏帖』为苏州园林四大法帖刻石之一，其中唐褚遂良行书《枯树赋》、颜真卿《张长史十二意》，宋苏东坡《九成台铭》《游芙蓉城诗》等均为佳品。网师园现存清钱大昕撰书的《网师园记》等书条石近40方。碑刻博物馆现藏《过云楼集帖》67方、《人帖》63方等。苏州其他园林，各县市、区文管会及部分文物保护单位也藏有一些书条石。

【留园书条石】留园现存书条石383方，其中上墙379方，存库房4方。

临钟繇《丙舍帖》、智永集右军书《霜寒帖》。《一经堂藏帖》，唐虞世南楷书《演连珠》。唐褚遂良楷书诗《唐风》，元延祐六年（1319）十二月邓文原题跋。唐李邕楷书《唐少林寺戒坛铭有序》，伏灵芝刻字。王献之《乞假帖》《尊体何如帖》《余杭帖》。在留园敞厅东廊。

元魏国公松雪道人赵王孙法书七种（局部）

宋米南宫海岳外史行楷书旧刻四种（局部）

宋苏文忠公东坡居士杂帖旧刻三种（局部）

《兰亭帖》及北行舟次时十三跋，葛正笏跋。小楷《阴符经》，明万历五年（1577）闰八月文嘉跋，万历六年（1578）王穉登又跋。《纨扇赋》《道场山诗》，行书，刘蓉峰跋。行草书札五段，元魏国公松雪道人赵王孙法书七种。《无逸》一篇，小楷。《抚州永安禅院僧堂记》。《里太湖家居诗》，行书，丙寅十二月宋刘恕跋，元邓文原题跋，明宋濂跋。元中峰和尚作《怀净土诗》，赵仲穆书。在留园敞厅。

《仁聚堂法帖》：唐明皇书《鹡鸰颂》，欧阳询书《般若波罗蜜多心经》，虞永兴书《大唐故汝南公主墓志铭并序》。褚河南书二篇，南宋赵孟坚跋，元泰定四年（1327）邓文原识。《杳冥君之铭》，薛河东文并书。颜鲁公书《送刘太冲叙》，董其昌跋，葛正笏又跋。李北海书一篇，葛正笏识。杨少师书《韭花帖》，同社镜泐韶识，清乾隆五年（1740）张照敬识，穆大展刻。清嘉庆十一年（1806）十二月刘恕跋《仁聚堂法帖》并识。在留园曲溪楼下。

《仁聚堂法帖》：欧阳修楷书《李秀才东园亭记》，清康熙五十六年（1717）汪士铉识。徐昂发录孔北海语，徐昂发小楷《水经注》一则，徐昂发临法书四种。王澍临《唐郑庄书》，辛巳春杪书窗学士顾松书示，癸未春暮顾松阅停云本谨志，癸未初夏顾松跋。在留园古木交柯东廊。

《仁聚堂法帖》：宋高宗书付岳飞、韩琦一帖，蔡景行跋。范仲淹书《道服赞并序》，黄庭坚跋，胡照跋，戴仁题赞。欧阳修书二帖，祝允明跋，文徵明跋。蔡襄书《谢赐字诗》，葛正笏跋，蔡襄楷书《衙则》，米芾跋，鲜于枢跋，赵孟頫跋，胡澈跋，吴牧跋，宋洵跋，吴宽跋，乾隆丙戌（1766）沈德潜病中书跋。苏轼书《天庆观乳泉赋》《赤壁赋》，明嘉靖三十一年（1558）文徵明跋，万历二十九年（1601）董其昌跋。在留园自在处西廊。

《宋名贤十家书二卷》，韩忠献公一帖，范文正公一帖，欧阳文忠公二帖，蔡忠惠公三帖，苏文忠公五帖。附：贺部员外郎一帖，斜川居士一帖，黄文节公四帖，米南宫四帖，李忠定公一帖，朱文公一帖，翟参知政事一帖。前题周玉雪坡真逸，隶书。在留园自在处西廊。

清乾隆二十六年（1761）唐虞永兴《孔子庙堂碑》，管世昌临并识，陈丕承刻；张煜识，曹永楷跋，曹永植同弟永松识。在留园古木交柯东廊。

杜工部《丹青引赠曹将军霸》，王羲之《辞世帖》，宋米芾书《九歌》《芜湖县学记》，米芾行楷书旧刻四种，宋元祐三年（1088）春帖子词、文、札各一篇。宋苏东坡《杂帖》旧刻三种。在留园曲溪楼南廊。

董其昌楷书《孝经》，宋宗元跋，清嘉庆十一年刘恕跋，运铨书。明文徵明书《兰亭诗》，焦竑跋。明嘉靖三十三年（1554）文彭书《昌黎杂说二篇》，宋仲温草书诗，徐有贞草书《浣溪沙》三阕。在留园曲溪楼下。

宋米芾书《名花诗》并识，吴宽行书三通。《含晖堂法帖》卷之二，张东海草书《拙女词》《舟中听吴歌》《淮安雪夜》《冬至日镇江道中》《丹阳道上有虎不敢夜行》，李应祯书《含晖堂法帖》。玉堂学士法狂草唐诗。董其昌书《月赋》，李应祯行书范成大《秋日田园杂兴》诗二首。在留园石林小院廊壁。

刘恕稿、侄刘锜书《晚翠峰记》。刘恕芙蓉峰识、刘恕草稿、沈度楷书《不自弃说》，王学浩行书《石林小院说》。在留园石林小院廊壁。

高垲临《唐褚遂良圣教序》，张云宾刻石，清道光十八年（1838）张廷济观，咸丰九年（1859）高兰跋，周杕跋，方受昌识。王宠草书。在留园石林小院廊壁。

《宋贤六十五种帖》，内有欧阳修、苏舜钦、文彦博、王安石、蔡襄、司马光、苏洵、苏轼、苏辙、黄庭坚、秦观、米芾、范成大、陆游、姜白石等宋代名家书法，还有王珣、孙过庭、谢庄、欧阳询、谢安等晋唐名家墨迹。在留园还读我书斋。

《二王帖》中、下卷及释文。祝允明小楷书札、文徵明行书诗翰，文徵明行书《读书乐四律》，清乾隆三十一年（1766）秋七月戈拙缘摹勒上石，宇守恭跋。王右军小楷《乐毅论》前半段。王大令《玉润帖》后半段、《中秋帖》，甲辰六月董其昌跋。王大令小楷《洛神赋》前大半段，《兰亭帖》尾文，许将宋熙宁丙辰（1076）孟冬开封府西斋阅，燕然山铭。明文嘉临褚河南书《随清娱墓志》，损斋书跋《曹娥碑》。赵孟頫书跋《曹娥碑》，虞集跋。楷书《视箴》《听箴》《言箴》。在留园五峰仙馆后院北廊。

《含青楼记》，隶书，清嘉庆十二年（1807）刘恕述。在留园五峰仙馆后廊至又一村廊壁。

"白云怡意""清泉洗心"，在留园待云庵西墙。

《二王帖》上、中、下三卷目录，二王帖上、下卷和二王像等66石。在留园闻木樨香轩爬山廊。

《二王帖》上卷释文和米芾书，于谦书《题夕照寺公中塔图》，董其昌仿苏文忠公书《神仙起居法》，临子敬《洛神赋十三行》补，似为王鏊所书的《山居杂兴和施东冈韵》等。隶书《寒碧庄宴集序》，清嘉庆二十年（1815）九月钱大昕稿，严云霄跋并书。《寒碧庄记》，清嘉庆三年（1798）范来宗撰并书。李东阳书《含晖堂法帖》。22石。在留园涵碧山房前后廊。

《一经堂藏帖》：赵文敏《感兴诗》。在留园绿荫西廊。

《一经堂藏帖》：《快雪时晴帖》（赵孟頫跋），《袁生帖》。《留园义庄记》，清光绪十八年（1892）春正月留园主人盛康记。《盛氏留园义庄记》，光绪十八年夏四月俞樾记，钱邦铭刻。虞集、宋本、谢端、林宇同观《曹娥碑》集题跋，王羲之临钟繇《还示帖》《墓田丙舍帖》，王献之《玉润帖》前半段，王羲之小楷书《乐毅论》后半段，江村居士吴廷跋，王献之书。王珣书《伯远帖》，董其昌题跋。褚遂良临《洛神赋》。董其昌仿苏文忠公《神仙起居法》，临子敬《洛神赋十三行》补。子敬书《洛神赋十三行》补，柳公权跋，周越记。董其昌临《洛神赋十三行》补，王献之《廿九帖》《余杭帖》等。赵孟頫书《吕洞宾群仙高会赋》，白描麻姑仙像，宋宗元识。在留园轿厅后院南廊。

《寒碧庄法帖》目录，《宋贤六十五种帖》目录尾部及《含晖堂法帖》残刻部分目录。光绪二十一年（1895）徐翥先书并跋留园碑目，宣统二年（1910）仲春道苏郑恩照识留园碑帖全目。董其昌书《山居赋》上文。《寒碧庄干霄峰记》上文，隶书。在留园库房。

【怡园书条石】 怡园现有书条石101石，镌刻晋、唐、宋、元、明诸家法书名迹。

明董其昌草书："静坐参众妙，清谭适我情。"清光绪初刻，在怡园玉延亭。

唐褚遂良《千字文》。王羲之"玉枕"《兰亭集序》，由宋拓本勾摹复刻，清陈群、赵魏、翁方纲跋。在怡园四时潇洒亭后廊。

元吴仲珪《画竹图》。清石韫玉书《佛遗教经》，清道光十年（1830）钱萱刻石。在怡园玉虹亭。

自"忠孝和顺"至"托迹乾坤"止，《集影园同诸公赋黄牡丹十首》。清潘奕隽书《游吾谷与庵诗》。在怡园锁绿轩后廊内。

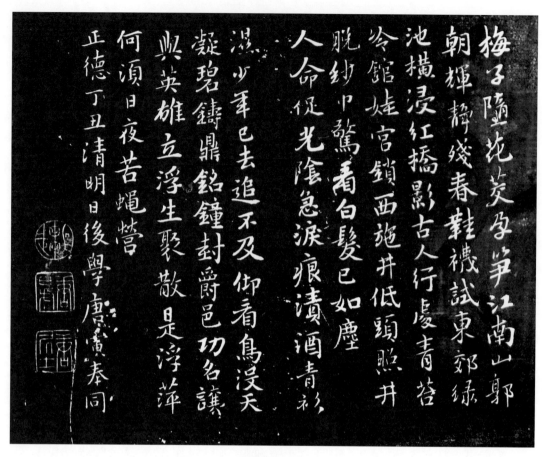

怡园唐寅诗碑

　　明文徵明、唐寅和元倪云林诗。唐李邕书《少林寺戒坛铭》，伏灵芝复刻。在怡园碧梧栖凤走廊。

　　《绛帖》、宋米芾书《芳林书屋》。在怡园旧时月色轩前廊。

　　明副都御史杨涟、都给事中魏文中、明谕德缪昌期、吏部郎中周顺昌信札和明御史周宗建书札。《东林五君子书札册》，清彭诸升补书，清光绪二年（1876）顾文彬识。在怡园面壁亭后。

　　《佛说阿弥陀佛经》、宋欧阳询临《九成宫醴泉铭》（部分）、明董其昌临《兰亭集序》《黄庭经》。《四山十六咏》，明文徵明书，吴鼒刻。《南山十咏》，明文徵明书，吴应祈刻。《苍山十咏》，蔡汝楠著，明文徵明书，吴应祈刻。《前山十四咏》，蔡汝楠著，明文徵明书，吴鼒刻。在怡园画舫斋后廊。

　　董其昌书《传经法帖（卷四）北山移文》《乐志论》《月赋》，董其昌临唐颜真卿《送刘太冲序》《争座位帖》，临对李希烈语及刘公叔二帖、《唐李邕书杨少师〈神仙起居法〉》、宋蔡襄二帖、宋苏东坡《寄名帖》，临虞世南和褚遂良书、《传经堂法帖》（卷二）等。在怡园画舫斋南廊。

《绛帖》25 石：《古仓颉书》《夏禹书》《仲尼书》《周太史籀书》《秦丞相李斯书》，一石。《石鼓书》《皇帝玉玺文》，二石。晋王羲之书，四石。晋王操之、王钦、王焕之书，一石。晋王洽、王彬、王徽之、王衍、王渔书，一石。晋王凝之、王荟书，一石。唐颜真卿《祭侄文》，一石。唐颜真卿《祭侄文》及白居易诗，一石。唐柳公权书、李邕书、张旭书、怀素书，各一石。唐毕成、陆柬之、韩择木书，一石。唐孙思邈、李怀琳、狄仁杰书，一石。南朝宋王昙、羊欣、薄绍之、孔琳之书，一石。南朝宋王弘书，一石。从宋潘师旦所刻旧拓本勾摹复刻而成。明聂大年书，二石。聂大年书《紫阳揽胜诗》《寄杨纪诗》，二石。聂大年书札，一石。在怡园湛露堂（俗称牡丹厅）和过云楼住宅等处。

【沧浪亭书条石】 宋苏舜钦《留别王原叔书墨迹》，清道光十年（1830）勒石，梁章钜、陈銮各有识刊诗后，均系行书。原在沧浪亭藕花水榭东廊，现藏沧浪亭入门西壁间。

《五百名贤像赞》，即五百名贤祠石刻。共 125 方，其中 119 石为线刻名贤画像，计 594 人，每人系以像赞。题识五方，首有清道光七年（1827）湘圃松筠所书"景行维贤"四字，末有道光中汤金钊、梁章钜、朱方增、韩崶和同治年间恩锡文跋。同治十二年（1873）有补刻。在沧浪亭五百名贤祠壁间。

《蒋辛斋小像》，颜元摹，罗振玉篆文题字，清乾隆二十七年（1762）经畬主人题诗及光绪三十四年（1908）蒋重光六世孙炳章、七世族孙宗城等所识，光绪三十四年刻。《沧浪亭诗》石刻，民国金天翮初稿，衡山吴公亮书。在沧浪亭闲吟亭南。

《载酒论诗图及题咏》，清道光中刻。载酒论诗图石刻，四石，均高 0.37 米，通宽 4.14 米。清道光十七年（1837）杨铸图并识，孙星衍、石韫玉、陈鸿寿、林则徐、梁章钜等 10 余人题。原置虎丘，现藏沧浪亭闲吟亭北。

《生公石上论诗图》及题辞，三石，高 0.36 米，通宽 3.45 米。首有篆文题刻，杨铸绘图，图后有清道光十五年（1835）朱为弼、邬鹤徵、陈用光、陶澍、林则徐等题辞，清道光中刻。在沧浪亭翠玲珑西廊。

吴存礼《颂德文》，清康熙五十八年（1719）刻。《沧浪亭放生会记》，梁章钜撰文，清道光九年（1829）刻，附刻石韫玉等180名与会者姓氏。在沧浪亭藕花水榭东廊。

清光绪二十七年（1901）冬恩寿《沧浪亭增建二程子祠记》。在沧浪亭看山楼东西两墙。

《沧浪亭补柳图》，清光绪间刻，济航原跋。在沧浪亭五百名贤祠外廊东墙。

【拙政园书条石】《千字文》，明嘉靖二十八年（1549）文徵明书，清道光年间张镜蓉刻石。《孙过庭书谱》，草书，清嘉庆年间严人骥临。在拙政园西部水廊。

《文徵明像与传》，二石，楷书；明王世贞撰，崇祯七年（1634）薛益书，清光绪二十年（1894）张履谦勒石。《王氏拙政园记》文徵明撰书，清光绪年间钱新之重摹。《沈石田像与传》，楷、行书；明文嘉、陈元素撰并书，清光绪二十年（1894）张履谦勒石奉之。在拙政园拜文揖沈之斋。

【退思园书条石】清恽寿平临钟繇《戎路表》和陶弘景《题所居壁》、颜真卿《争座位帖》、米芾书，另有恽寿平自撰书《王郎移家桃源涧》诗等，共十二石，合称"恽帖"。在吴江区退思园花园曲廊。

【五人墓书条石】清顺治辛丑（1661）李继白草《五人墓诗》，清康熙戊申（1668）金之俊题《五人赞》，虞景星草、次男宗海书丹《金阊忠义周忠介公祠》五首，乾隆五年（1740）习寯撰《江孝子传》，乾隆十二年（1747）钱襄书《满江红》及跋，道光丙申（1836）吴云志书《张溥五人墓碑记跋》、陈文研斋书《五人墓诗》、李士芳书《过五人墓诗》等，共十二石。在五人墓碑廊。

【网师园书条石】《网师园记》，清乾隆六十年（1795）钱大昕撰并书。《网师园记》，清嘉庆元年（1796）褚廷璋撰并书。《网师园序》，清嘉庆四年（1799）冯浩撰并书。《网师园记、题及诗》，清光绪三十四年（1908），达桂记，程德全题，多禄竹山诗。《苏东坡诗》，清光绪二年（1876）李鸿裔书。《网师园诗》，于鳌图作诗并书，洪亮吉作诗并书。《黄庭经》节录。《诵经偶识》，四十不出翁书。在网师园万卷堂西廊。

过五人墓诗碑（局部）

狮子林《听雨楼藏帖》（局部）

《苏东坡诗》，清光绪二年（1876）书。《乐志论》、临《快雪时晴帖》、节临褚遂良《孟法师碑》和《春晴即事诗》，苏邻书。《清魏之琇诗》，光绪三年（1877）苏邻书。陆游题跋《瘗鹤铭》《旭日居士诗》《题临泉斋》《王无功答冯子华书》，张廷玉《偶吟》四首，摹《钟繇诸帖》，《谷日作》等四首，光绪七年（1881）香岩书。在网师园琴室西廊。

《刘招》，黄道周撰书。在网师园竹外一枝轩西廊。

【狮子林书条石】《听雨楼藏帖》，辛酉（1921）嘉平月吴昌硕篆于禅甓轩。唐褚遂良行书《枯树赋》，唐贞观四年（630）为燕国公书，宋晁无咎记。宋《刘辰翁跋》。在狮子林古五松园西走廊。

五、书条石 101

颜真卿《张长史十二意》，唐天宝五载（746）颜真卿述。明《吴宽行书跋》《文徵明行书跋》《陈染行草跋》，清陈浩、沈宝谦、叶昌炽跋。在狮子林真趣亭后至暗香疏影楼走廊。

宋苏东坡《九成台铭》《游芙蓉城诗》。清《陈浩跋》，清乾隆三十三年（1768）周于礼跋。在狮子林花篮厅北走廊。

宋米芾行书《研山铭》，宋米友仁跋，金代王庭筠跋。宋米芾行书《虹县旧题》。清周于礼跋《十日画一水》。在狮子林问梅阁至双香仙馆走廊。

宋《米芾书札》、黄庭坚行书《经伏波神祠》，南宋乾道四年（1168）张孝祥跋。《宋范成大跋》，杨寅、钟必王、申敬观款。在狮子林扇亭至文天祥诗碑亭走廊。

宋蔡襄行楷《谢赐御诗》，米芾跋。宋《蔡襄诗二首》《蔡襄书札六通》，元倪瓒跋，明袁凯观款，明陈迪观跋，清周于礼跋。在狮子林文天祥诗碑亭至乾隆御碑亭。

宋《米芾、蔡襄书札》，苏辙跋、再跋。明《黄道周行书》《听雨楼藏帖始末》，1921年褚德彝书，隶书。在狮子林乾隆御碑亭至复廊。

元赵孟頫书《昼锦堂记》，草书，穆文镌。在狮子林立雪堂西走廊。

【苏州碑刻博物馆书条石】 明董其昌临《黄庭经》《玉润帖》《枯树赋》《汝南志》《争座位帖》。《西园雅集图记》小楷六种。何琪跋《丛帖存萃》，共48石。《人帖》，63石。内有范仲淹、文天祥、于谦、史可法、文震孟、王守仁等30余人手迹。清嘉庆十一年（1806），两江总督铁保委托苏州知府周锷收集宋代以来忠臣义士手稿、血疏、墨迹，镌刻成石，称"人帖"。集刻四卷，咸丰八年（1858）续刻一卷。汪志伊题笺，金乡甫、蒯德模题跋，周咸镌。原置旧学前文天祥祠壁，现藏苏州碑刻博物馆东廊。

《过云楼集帖》，67方。清光绪八年（1882），顾文彬汇刻褚遂良、范仲淹、苏轼、米芾、赵孟頫、祝允明、文徵明、董其昌等真本墨迹24种，按时代先后编为8集。俞樾题签，陆芝山镌刻。原置怡园西侧顾氏春荫义庄祠堂，1982年移至苏州碑刻博物馆东廊。

《七襄公所记》，清道光二十七年（1847）杨文荪撰，程荃篆书。七襄公所经济来往的书条石（《吴县为七襄公所请官致祭给示碑》《苏州府为绸缎业设局捐济同业给示立案碑》《吴县为胡寿康等设局捐济绸缎同业给示立案

送友人李愿归盘谷序碑

碑》），原在艺圃博雅堂西侧廊墙，现藏苏州碑刻博物馆。

【太仓书条石】唐褚遂良书《枯树赋》。北周庾信文，唐褚遂良书，北宋晁补之、南宋刘辰翁跋尾，明王世贞据其所藏唐人双钩本摹刻。赵孟頫临《枯树赋》，存两石。北周庾信文，元赵孟頫书，元孟淳、白珽、陈深跋尾。王世贞据其所藏赵孟頫临本摹刻。现藏太仓市弇山园。

李商隐《春游》、张籍《寄李渤》诗，明王衡书，草书。苏轼《罗汉赞》，明万历三十二年（1604）王衡书。碑文所书为苏东坡《罗汉赞》第十四至十六首。《送友人李愿归盘谷序碑》，两石四面。唐韩愈文，元赵孟頫书，

嘉荫堂兰石轩丛帖碑廊

元皇庆元年（1312）顾信刻。《归去来辞》，两石四面。晋陶渊明文，元赵孟頫书，顾信摹勒，吴天泽镌。现藏太仓市王锡爵故居。

【零星书条石】《烟江叠翠图题跋》，系北宋苏东坡为王定国所藏王铣（王晋卿）绘《烟江叠翠图》卷之题跋，行楷。有"赵郡苏氏"白文印章一方，末题元祐四年（1089）三月十四日。明嘉靖间吏部尚书兼武英殿大学士严讷以真迹摹刻。先后置于常熟严氏读书山馆及祠堂等处，民国期间佚，1984年常熟市医疗器械厂基建时出土。现藏常熟市碑刻博物馆。

唐柳公权、宋苏轼、黄庭坚和明董其昌等人书法。清乾隆五十九年（1794）冬十月王文治《快雨堂题跋》，临颜真卿《寒食帖》《大唐中兴颂有序》和褚遂良《枯树赋》等石刻。清道光二十九年（1849）仲冬吴氏置，共20石。现藏吴中区文管会碑廊。

《明贤诗翰真迹》碑刻，12石。第一石为王同愈篆盖，后八石为文徵明手书金陵近诗十四首（明正德己卯秋试时所作），正德己卯即1519年。最后三石为王同愈所书文稿。碑刻由里人殷伯贤所藏，嵌砌在兴隆桥东堍殷家义

环秀山庄碑廊

鹤园记碑

庄壁间。1997年碑石移至甪直镇旅游公司，现藏保圣寺碑廊。

《嘉荫堂兰石轩丛帖》，原有二百余石，1984年文物普查时觅得40余石。内有范仲淹《岳阳楼记》、"二王"帖和米芾、赵孟頫、郑板桥、翁同龢等名家书法，为张家港市文物保护单位。现藏张家港塘桥初中。

清康熙自作诗，乾隆《喜雨诗》，梁同书、王文治书法扇面等石刻。现藏苏州大学博物馆。

《前赤壁赋》，行草，明嘉靖三十七年（1558）冬文徵明书。《后赤壁赋》，行草一石，狂草七石，明祝枝山书。在环秀山庄西北边廊。

摹《秦会稽刻石残字》，共有27个残字。清同治七年（1868）除夕前一日俞樾摹并记，端方识。现藏曲园。

《鹤园记碑》，1924年金松岑撰，金祖泽书，杨鉴庭刻。现藏鹤园。

六 题名刻

题名刻是在碑形石材上刻写大量人物姓名的专用石刻，立碑人姓名在碑上有序排列。金榜题名在古代被看作读书人人生最快意之事，唐代起形成进士题名风尚。苏州尚文重教，科举考中者众多，宋代《吴郡登科题名录碑》就刻有244名苏州登科进士。还有一类题名石刻是在风景名胜地立碑铭刻游者姓名，更多的是直接在天然崖壁上题刻。苏州山水旖旎，文人雅士在虎丘山、蟠螭山、天平山、石公山、虞山等地留下众多题名刻，虎丘一山保留的宋代题名刻有近20方，其中最早的题名刻为天圣元年（1023）张希贤等题名，这与孙星衍《寰宇访碑录》记载一致。林屋山有范至能（范成大）等人1178年的题名刻，李根源称赞范成大题名刻书法刚劲、刻工精美，『为山中摩岩第一』。天平山有范公瑞等1184年题名。其他山丘摩崖题名刻也很多，主要为明清及以后所刻。

【吴郡登科题名录碑】为宋代苏州进士题名碑。碑额篆刻"吴郡登科题名录",正文楷书,30列,1275字。共刻有北宋端拱元年(988)至南宋绍兴十五年(1145)间244位苏州登科进士姓名。碑阴为《平江路重修苏州儒学记》,元至治元年(1321)刻石,杨载撰文,赵孟頫书并篆额,徐震立。高1.8米,宽0.9米。现藏苏州碑刻博物馆。

【平江路吴江州儒学教授题名记碑】元延祐四年(1317)平江路同知吴江州事阿的弥纪(蒙古)篆额,州儒学教授顾儒宝撰并书。现藏吴江文庙。

【吴江县儒学进士名记碑】残碑。明洪武年间李贤撰,凌信书,王叔安篆。县丞梁和、孙璞,主簿李顼、刘旺,典史邹琮,教谕危俊,训导陈用贞同立石。现藏吴江文庙。

【常熟县儒学进士题名记碑】明成化九年(1473)李杰撰文,陈璧书丹,章表篆额,曹铭、刘清立石,王缙等刻。现藏常熟市文庙碑廊。

【吴江举人题名碑】残碑。明成化年间刻。现藏吴江文庙。

【八旗奉直会馆名宦碑】二石,一石为碑记,另一石为清顺治、康熙、雍正、乾隆、嘉庆、咸丰朝奉直名宦80人名单。清光绪十六年(1890)刚毅撰,惠荣书。现藏苏州博物馆。

【会试恩科题名录碑】刊录全国362名贡士,其中第一甲为福建晋江吴鲁、江西萍乡文廷式和江苏吴县吴荫培,第一甲赐进士及第。清光绪十六年(1890)多欢书,高秀峰校刻。现藏常熟市碑刻博物馆。

【虎丘题名刻】张希贤等题名:"天圣元年二月二十一日,前嘉兴守张希贤,秘阁校理谢绛,□省丞司徒昌运,阁门祗侯张崇俊,侍禁王宗庆、阎文昌、□秀倅、李馀庆,前节推李仲□同登此。"天圣元年即1023年。在生公讲台北石壁处。

朱巽等题名:"给事中、新知扬州朱巽,集贤校理、同判苏州王质,集贤校理、同判杭钱仙芝,大理寺丞、知长洲县事邵饰,广州支使、知吴县事冯允成,节度推官、试校书郎章岷,天圣八年(1030)八月十二日同游。"在剑池东石壁。

章岷等题名:"章岷于此与同游诸公调琴试茗,天圣八年(1030)八月十二日。"在剑池东石壁。

孙实等题名:"孙实、阮美成、汪奕、胡忱、杨书思,元符三年四月三十日。"元符三年即 1100 年。在剑池东石壁。

沈兼等题名："庆历二年十月十一日，沈兼、杨亿、薛良、□□□、钱颂□、宋郒、杨偓同游仙□题。"庆历二年即 1042 年。在剑池东石壁。

程振父等题名："淳祐辛亥（1251）春分，四明程振父，天台赵必巽、方甫，眉山苏囷，同以东饷檄委在吴。值暇，载酒来游此山。甫弟来侍。"在真娘墓下壁。

冯镇等题名："冯镇、顺复本、吴彦璆、温伸之、韩思诚、秦焘、周□、陈砺，从太守盛公来。政和二年三月十九日，刘正济书。"

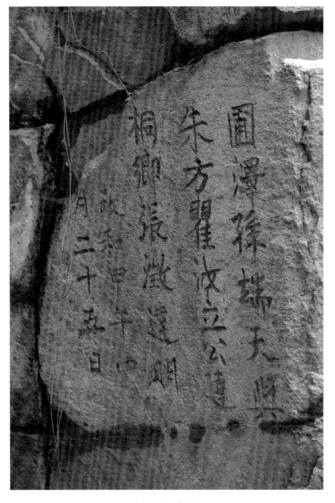

虎丘题名刻

政和二年即 1112 年。在剑池东石壁。

孙端天等题名："圕泽孙端天与朱方瞿汝立公达、桐乡张澂达明，政和甲午四月二十五日。"政和甲午即 1114 年。在剑池东石壁。

应逢荣等题名："应逢荣、朱元益、王如晦、卢骏元、赵希仁、杨仲修、蒋子有，政和八年（1118）十月三日，同游虎丘云岩寺。"在剑池东石壁。

□权等题名："□权等人，宋绍兴二年八月晦日。"宋绍兴二年即 1132 年。在剑池东石壁。

石悛等题名："石悛、石珵、王珏、胡并、陈禧、曹筠、张端简，绍兴戊午清明日同游。"绍兴戊午即绍兴八年（1138）。在剑池东石壁。

宋德志等题名："绍兴己未（1139）三月，寓居虎丘西庵。庚申（1140）

九月，挈家人会稽至此。每览山川胜景，实快心目。重阳日同□□纯及□□遍游，明日送行□□□□德志题，□□□□孙远迈□侍□。"

郑共老等题名："郑共老、朱致柔、翟伯老，绍兴庚申秋九月望日同游。"绍兴庚申即绍兴十年（1140）。在剑池东石壁。

蔡熙国等题名："蔡熙国偕弟得一、得瑞来游，时绍定庚寅七月望后二日书。"绍定庚寅即1230年。在剑池东石壁。

蒋讷翁等题名："壬辰冬至前十日，毗陵蒋讷翁、黄山游公于偕弟冠南、族子志航同游。"宋绍定壬辰即1232年。

戴觉民等题名："德祐乙亥秋，天台戴觉民、须庚模，古汴赵崇炎、赵时镂、赵崇奭，古岷邹良仲，东嘉王继孙，四明刘经，天台陈将，以仲丁舍菜于和靖尹肃公。既竣事，小憩于虎丘。郡人徐孔霖偕来。期不至者，赵必达、童斯咏、郭梦良、杜文甫。"德祐乙亥即南宋德祐元年（1275）。在枕石下方。

王鏊等题名："弘治乙丑十一月十日，侍郎王鏊、少卿李旻、宪副朱文来游，诸生唐寅侍从。"弘治乙丑即1505年。在剑池东石壁。

胡缵宗题名："嘉靖癸未仲冬，信阳戴冠、季鹗、蒋馀，学士允中、天水胡缵宗同登。缵宗题，士允刻。"嘉靖癸未即1523年。在剑池东石壁。

刘麟等题名："嘉靖壬子小至日，工部尚书刘麟，通政参议张□、礼部主事陆师道同游，诸生彭年、袁梦麟、陆安道、袁尊尼、袁梦□、袁中、文元发、袁采侍从。"嘉靖壬子即1552年。在剑池东石壁。

张景贤等题名："嘉靖丁巳三月廿八日，眉山张景贤罢官归，江阴张衮追送，同登虎丘，题名而别，诸生汤舟侍侧。张寰将追饯于毗陵，来自天竺。四月廿八日，元寿侍行。"嘉靖丁巳即1557年。

崔旦等题名："隆庆戊辰冬，平度崔旦、吴郡黄姬水、徐调元、史臣纪来游憩此。"隆庆戊辰即1568年。在剑池东石壁。

余皋等题名："万历元年中秋，古歙岩镇春山余皋、可泉程大纲，湛泉潘高年、怀潭佘大猷、潘有年、屏石余渭、可松程大德、虚谷闵模、虚谷胡守谦、石溪程录憩此。社弟潭滨罗山，黄正色书石。"万历元年即1573年。

梅鼎祚题名："万历壬辰，江东梅鼎祚结夏虎丘，日来憩此。"万历壬辰即1592年。在剑池东石壁。

大颠题名："大颠题名。明万历乙未三月。"在剑池东石壁。明万历乙未即1595年。

王人鉴等题名："王人鉴等人游历虎丘。明万历乙未（1595）"。在剑池东石壁。

供养人题名："施田虎丘钵僧檀越人，供养人题名。明崇祯十五年（1642）八月。"

王英孙等题名："岁戊子夏五，山阴王英孙偕□嘉、陈观国、郑栩翁、嘉□赵自明游，侄性之从。又四年秋季下浣，子润之偕□□、胡侨川、吴良□、□□周□扬来游，弟□□性之重到。"在生公讲台石壁处。

杨天玑等题名："康熙四十四年（1705）六月，上海县信士杨天玑同男麟选、孙和郎喜助吉旦。"

阮元等题名："嘉庆三年（1798）秋九月，仪征阮元过此。门生钱塘陈文杰、海盐张燕昌、吴东发，鄞童槐侍。"

陈鳣等题名："嘉庆十六年（1811）七月二十九日，海陵陈鳣、沈树，吴县潘奕隽、黄丕烈，元和蒋萃同游题。"在白莲池西石壁。

吴荣光等题名："道光庚子六月晦，南海吴荣光解组归里，道出虎丘，邀同乌程王懿二樵、钱塘徐楙问渠、吴江翁大年叔均来游，长子尚忠侍。"道光庚子即道光二十年（1840）。

王鸿等题名："道光庚子（1840）秋，王鸿自山左归，偕陈克家、宋文龙、僧达受游此题。"在白莲池西石壁。

刘泳之等题名："道光二十有六年（1846）七月，观者刘泳之、王鸿、陈中、瞿衡、龚家英。"在白莲池西石壁。

沈涛等题名："沈涛等五人同游虎丘，道光二十七年（1847）七月廿日。"在生公讲台石壁东。

叶志诜等题名："道光二十有八年（1848）戊申四月二十一日，汉阳叶志诜，海陵杨文荪、许楗，元和韩崇同游虎丘。谒白莲池上，观周显德五年石幢。时志诜将之粤东，属楗题此，以识岁月。"在点头石东面。

云魁等题名："光绪戊戌冬至日题，云魁同游观池，稽庸到此与寓东□铙溪、毗陵张叔卿、张人、聂明三、李成□石，金陵访拓金石文。"光绪戊戌即1898年。

梅丹行题名："梅丹行登武丘。"在剑池石壁。

集美学校童子军题名："寒潭剑影。民国十四年（1925）六月，福建厦门集美学校童子军游此留题。"

李维源题名："民国十五年（1926），梅州李维源游虎丘题。"

余镴等题名："民国十六年（1927）端阳日，偕腾冲余镴、临川周兆麟、新建丁立中来游。"

杨晋等题名："民国十六年（1927），偕建水杨晋、遂宁陈官箴、武进陈谟、腾冲杨大华、阙金元、明耀五来游，尹明德书。"

【林屋山题名刻】范至能等题名："范至先、至能、张元直同游林屋洞天，至先之子茂及现寿二长老俱，淳熙戊戌孟冬朔。"至能，即范成大；淳熙戊戌，即淳熙五年（1178）。李根源称："范刻书法刚劲，刻工精美，神采奕奕，照耀具区，当为山中摩岩第一。"

【石公山题名刻】陈子鹤等题名："咸丰纪元，中秋佳节，新城陈孚恩子鹤，元和韩崇履卿来游。归安姚广平紫垣时权篆东山，得附骥末，因题。"咸丰纪元即1851年。

安耕余等题名："同治己巳九月二十五日，汪福安耕余、吴恒仲英、袁钟琳亦斋，自镇夏至邓尉，道经石公，登来鹤亭，望缥缈、莫厘诸名胜，并访云梯，大字题名。小憩漱石居，饮茗而去。"同治己巳即1869年。

屈映光等题名："民国四年（1915），奉命巡视各属，由嘉而湖，轺车既遍，遂泛太湖，周览形势，简阅兵舰，小憩于此。灵岩倚空，天水一色，颇极壮观，题翰崖石，以志鸿爪，时四月三日也。浙江巡按使临海屈映光、嘉湖镇守使吕公望同游，金华刘焜、杭县陆懋勋、安吉莫永贞、吴兴陆熙咸，随屈巡按使到此并题。"

【蟠螭山题名刻】韩崇题名："道光庚子春二月十日，元和韩崇自石崂探梅至此，登览竟日，题名壁间。"道光庚子即道光二十年（1840）。

吴荣光等题名："道光庚子（1840）初秋，南海吴荣光解组归里，道出吴门，寻灵岩、光福镇香雪海、元墓，登蟠螭山，西望太湖诸胜。同游者钱塘陈鉴、长洲顾沅、嘉定瞿树辰。荣光题记，子尚忠侍。"

汪榱等题名："咸丰元年（1851）正月二十二日，吴县汪榱、汪锡珪、汪藻、汪玉鸣、释果朗同游。"咸丰元年即1851年。

蟠螭山题名刻

顾文彬等题名："同治九年二月三日，元和顾文彬挈儿子承探梅邓尉，冒雨到此，时将北行，于故乡山水不能忘情，扪壁记此。"同治九年即1870年。

倪文蔚等题名："同治庚午初夏，望江倪文蔚、湖口高心夔、独山黎庶昌、秀水杨象济同游石壁，刻石署名。长洲潘钟瑞书。"同治庚午即同治九年。

谷钟秀等题名："民国八年（1919）二月，偕张耀曾、孙发绪、李为纶来游。谷钟秀题。"

刘公鲁等题名："甲子（1924）二月十日，刘公鲁偕妻杨苑伊来游。"

孙光庭等题名："民国甲子（1924）春，偕门人李根源来游，孙光庭。"

丁立中等题名："民国十六年（1927）端阳日，偕腾冲余锵、临川周兆麟、新建丁立中来游。"

尹明德等题名："民国十六年（1927），偕建水杨晋，遂宁陈官箴，武进陈谟，腾冲杨大华、阙金元、明耀五来游。尹明德书。"

张溥泉等题名："民国十又七年（1928）三月十五日，与张溥泉先生及其夫人、女公子、陆翥双、黄伯惠、许星垣、潘善昌、顾蘅如诸先生，并内子陈,同游石壁精舍。冠吾高愈篆。"

严直方等题名:"严直方奉母游石壁,偕行者苏圣川、周绩臣、凌雅林。民国十七年五月二日,稚林书。"

章炳麟题名:"民国二十二年(1933),章炳麟来游。"

吴湖帆等题名:"甲戌(1934)春王正月十又七日,同人等游石壁蟠螭山,正右军《禊序》云:'是日也,天朗气清,惠风和畅。'是也。顾亚伟、张吉父、陈子清、徐伟士、彭恭、彭望楠。吴湖帆题,皆吴县人也。"

邵元冲等题名:"甲戌(1934)之春,偕印泉、莼鸥、默君同探石壁,勒石纪之,绍兴邵元冲。"

王英孙等题名:"岁戊子(1948)夏五,山阴王英孙偕□嘉陈观国、郑栩翁、嘉□赵自明游,侄性之从。又四年秋季下浣,子润之偕□□、胡侨川、吴良□、□□周□扬来游,弟□□性之重到。"

吴诗永题名:"戊辰春,祭扫先七世祖梅村公墓,路过来游。太仓吴诗永志。"

欧阳森题名:"癸酉惊蛰,湘潭欧阳森探梅至此。"

陈夔龙等题名:"癸酉仲春既望,探梅邓尉,遂至具区之滨石壁下。春来风雨如晦,是日乍晴,登台纵目,湖光山色,扑人眉宇,心胸豁然。同游者贵阳陈夔龙,长乐林开暮,镇江倪思宏,仁和姚景瀛,吴县金惟宝,泾县朱荣溥、朱荣光,南昌徐德华,闽侯陈明庆也。夔龙识,思宏书。"

【石嵝万峰台题名刻】钮树玉等题名:"嘉庆己未正月廿六日乙酉,吴县钮树玉、袁廷梼、元和戈宙襄、嘉定瞿中溶同来邓尉探梅,雪中登万峰台。"嘉庆己未即1799年。

"道光乙巳小春七日,嘉善黄安涛、郡人顾沅、羽士吴三逸同登,饮留馀泉而去。"道光乙巳年即1845年。

【玄墓山题名刻】于右任题名:"民国十六年(1927)九月,于右任游。"

【穹窿山题名刻】潘奕隽题名:"乾隆庚戌九月,潘奕隽题。"乾隆庚戌即1790年。

范来宗等题名:"乾隆庚戌九月,范来宗、潘奕隽偕羽客袁守中、金虚舟,释仪泳同游小憩于此,奕隽记。"

穹窿山题名刻

黄安涛等题名："道光乙巳（1845），小春二日，寻宁邦坞，饮明珠泉，同游者黄安涛、顾沅、僧能忆、羽士吴三逸。"

黄安涛等题名："道光乙巳（1845）十月，嘉善黄安涛、郡人顾沅同穹窿羽士吴三逸来游，住山僧能忆陪。"

岑春煊等题名："民国甲子（1924）四月，西林岑春煊，武进冯家锡，宜兴朱祖荫，桐城孙发绪，桂林况周颐、吴肇邦，腾冲李根源同来游。"

李根源等题名："太乙天都。民国十五年（1926）四月，与吴颖芝荫培、张仲仁一麐、费仲深树蔚三公同登，雪生李根源书。"

李维源题名："民国十五年（1926）仲夏五月，梅州李维源题字。"

于右任题名："民国十六年（1927）九月，于右任游。"

李根源等题名："民国十七年（1928）九月，偕李根源、何秉智来观，周钟岳书。"

【小王山题名刻】陈衍等题名："甲戌（1934）秋，与门人大关龚自知、无锡诸祖耿、杭县徐澄来游因题。侯官陈衍。"

范烟桥等题名："丙子（1936）人日，偕周瘦鹃、伯真、徐沄秋、惠心

小王山题名刻

可、李锦章、金寿楣登小王山，谒阙茔，观松海之胜，留题，吴江范烟桥。"

李烈钧等题名："小函谷。廿六年（1937）三月，李烈钧、程潜、李根源来游。烈钧题此字，李根源书。"

【天池山题名刻】王鏊等题名碑："洞庭诸寺之景，华山最胜，游者至暮而不能归也。正德四年（1509）十二月五日，柱国少傅王鏊题。时同游者七人，劳麟、蔡羽、蒋诏、徐绅、蔡翥、蔡闲（习）及余。主僧良珙立石，大鑫元山李伯文刊（石）。"现藏西山中心小学。

惟净等题名："民国十六年（1927），偕僧惟净，腾冲余锵、尹明德来游，李学诗题。"

李根源等题名："腾冲李根源游山宿此，住持道人蔡雍属书摩岩。"

张一麐等题名："天马徕。民国二十年（1931）十月，偕李根源、王謇、丁南洲，自阳山来游。道人蔡雍属题，张一麐并记。"

【阳山题名刻】王鏊等题名："正德丙子四月庚申，少傅王鏊，少卿都穆，经府王铨，正术王镠，诸生顾元庆、庐恩同游。"正德丙子即1516年。

朱乔等题名："嘉靖己未，吴郡朱乔、靖江沈云、大末董佩、长洲顾存游于此。"嘉靖己未即1559年。

顾孟林等题名："嘉靖庚申五月，沈尧俞、夏禹锡同游。"嘉靖庚申即1560年。

韶仝等题名："乾隆戊午仲冬，西白龙僧师韶仝、陈凤翔、林东侯、叶建功吟玩于此。"乾隆戊午即1738年。

安国常题名："锡山安国常游。"

【天平山题名刻】范公瑞等题名："淳熙甲辰九月旦日，范公瑞、王祖文来游，黄裕老住山师寿继，至弟公铎、公䃅，子侄良史、良玠侍。"淳熙甲辰即1184年。范公瑞为范氏五代，良史、良玠为范氏六代。

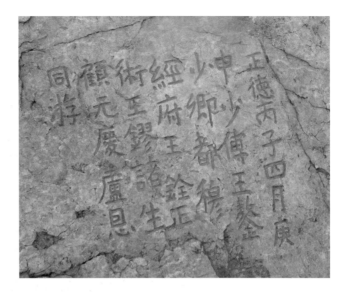

阳山题名刻

田一夔题名："甲戌秋，蜀田一夔题。"

王成瑞等题名："万笏朝天，光绪丁亥首夏，平湖王成瑞偕吴县周德瑞、海昌沈尔桢，会稽陆家锦，镇海朱世能、乌人文、陈家恩来游题此。儿子绶章宝文，孙元琪侍。"光绪丁亥即1887年。

王成瑞等题名："山势郁翠嵬（成瑞），排云万笏圜（德瑞）。石无岩壑气（尔桢），树尽栋梁材（家锦）。对酒观飞瀑（世能），缅怀忧乐志（家恩）。随杖瑟蒿莱（绶章），题诗扫积苔（人文）。光绪丁亥（1887）首夏，平湖王成瑞偕吴县周德瑞，海盐沈尔桢，会稽陆家锦，镇海朱世能、乌人文、陈家恩来游题此。儿子绶章侍，即命摩勒。"

朱世能等题名："岫云，光绪丁亥（1887）新秋，镇海朱世能偕弟世复游题。"

谢竹秋等题名："山雨，光绪辛卯谢竹秋、朱云琴、陈福清、谈椎绅题。"光绪辛卯即1891年。

【灵岩山题名刻】王景仁等同游灵岩山寺题名石刻，北宋宣和四年（1122）立。碑在灵岩寺。

都穆等题名："正德丙子四月壬戌，奉陪少傅公重游。时同游者公之弟秉之、进之，诸生顾元庆也。郡人都穆题。"正德丙子即1516年。

【上方山题名刻】张一麐题名："民国十六年（1927）四月，张一麐

灵岩山题名刻

来游。"

李大芳等题名:"民国十六年(1927)夏,腾冲李大芳、李学诗、杨大华、余镝、尹明德、阙金元、李生、庄通海、马树声同游。"

【尧峰山题名刻】黄安涛等题名:"道光乙巳小春六日,嘉善黄安涛、郡人顾沅、羽士吴三逸秉烛来游,访住山僧慧周不值,书此以留鸿。"道光乙巳即1845年。

尧峰山题名刻

虞山题名刻

【东山题名刻】钮树玉等题名："嘉庆辛酉莫秋,钮树玉、高元眉、叶钧、周采同来瞻仰圣迹。"嘉庆辛酉即1801年。

张自明等题名："民国十八年(1929)五月,偕腾冲李学诗、吴县居廷扬、郑伟业、侍印泉师来登莫厘峰,龙陵张自明题。"

【虞山题名刻】陶澍等题名："道光甲午四月十六日,总督两江使者安化陶澍、抚吴使者侯官林则徐、布政使江夏陈銮、署按察使常镇道侯官李彦章,因浚治白茆、浏河,遂登禹山至剑岩临眺久之。随行者昭文令张组绶,署常熟令蓝蔚雯。"道光甲午即1834年。

王梦麟等题名："道光丁酉五月,海康王梦麟、定海蓝蔚文、钱塘金咸,同游虞山。至此,适大雨,纵观飞瀑,有跳珠喷玉之妙,不觉胸次洒然。因记。"道光丁酉即道光十七年(1837)。

齐庆槐等题名："龙飞道光十有七年(1837)岁次丁酉孟夏,婺源齐庆槐、嘉善尚安涛、常熟蒋因培、新城陈延恩同游拂水岩之剑门。陈延恩题记。"

孙云鸿等题名："咸丰元年春三月,云鸿因公巡阅,道出虞山,重谒藏海佛寺。同登者曾观文、顾仁泽、林熙、张本沅，会见云起乃还。孙云鸿题记。"咸丰元年即 1851 年。

傅方修等题名："寒泉古月。光绪庚寅八月，阳湖傅方修、葳雯游此，即景留题，杨秀山刻。"光绪庚寅即 1890 年。

丁国钧等题名："邑子胡炳益、孙同康、张澂、翁炯孙、曾朴，光绪十八年正月同游小三台留题。朴书，吴伯玉刻。"光绪十八年即 1892 年。

胡乃煦等题名："光绪乙未八月，邑子胡乃煦、曾之撰、赵宾旸、翁顺孙、蒋元庆偕会稽陶浚宣谒言子墓到此，浚宣题记。"光绪乙未即 1895 年。

钱宗泰等题名："虞山以泉名者甚多，而玉蟹……惟地僻路峻，士大夫游者题……邑人钱宗泰搜剔岩穴，恐其……为立石以志胜迹。时光绪……岁在甲辰（1904）三月，同游者……安澜、俞钟果、杨同升、王庆芝……及药龛禅师共八人，云玙记……"

胡乃煦等题名："光绪乙未（1895）秋九，胡乃煦、曾之撰、孙同康、强至善、蒋元庆偕会稽陶浚宣同游。时大雨初过，涧水涓涓，杂红叶流下。浚宣记，刻石人蒋佰荣。"

陈清山等题名："陈清山、潘□清、许晋山，光绪廿七年（1901）五月廿九日。"

邓子城等题名："老石洞。光绪乙巳春正月廿三日，邓子城、季子陶重来、方伯寅、季通甫同游。陶翁题记，根福磨墨。"光绪乙巳即 1905 年。

张禹声等题名："曾子品仁、诸子公巽、程子逵伯暨余偕游至此，爰镌'桃源'二字以石，以留鸿爪。民国十六年（1927）仲冬，张禹声题。"

七 墓（墓碑）

民国《吴县志》和李根源《吴郡西山访古记》记载，苏州城四周有数以百计的名人墓葬，西部湖山间尤多，其次是常熟虞山。现存古墓中，韩世忠墓、仲雍墓、言子墓、申时行墓、沈周墓、文徵明墓、唐寅墓、葛成墓、五人墓、瞿景淳墓、瞿式耜墓、范隋墓、钱谦益墓、柳如是墓、王石谷墓、黄公望墓、王锡阐墓、顾炎武墓、王铁墓、翁同龢墓和徐灵胎墓等均为江苏省文物保护单位，其他墓葬也大多为市级文物保护单位。墓上石刻除墓碑外，有的还有神道碑等碑刻，甚至有牌坊、墓阙、石亭、石桥、祠堂、墓志铭、石兽等。韩世忠墓仍然保存着宋碑，其碑作之高、碑文之长为世所罕见。刘过墓保存元代墓阙、墓表和明代遗像记碑，仲雍墓、言子墓都有三座牌坊，五人墓、瞿景淳墓、瞿式耜墓、范隋墓、冯班墓、归有光墓和王铁墓均也保存着古牌坊，申时行墓享堂还立有八方明代石碑。

【韩世忠墓】在灵岩山西南麓，为韩世忠与四位夫人合葬墓。墓区由墓冢、神道碑和韩蕲王祠组成。神道碑全称是"宋故扬翊运功臣太傅镇南武安宁国军节度使充醴泉观使咸安郡王食邑一万八千二百户食封七千二百户进封蕲王谥忠武神道碑"，碑连额、龟趺通高10米多，宽2米。碑文88行，通行150余字，共1.39万余字。宋淳熙四年（1177）宋孝宗赵昚题额"中兴佐命定国元勋之碑"，赵雄奉敕撰，周必大书。碑作之高、碑文之长为世所罕见。1939年，碑被飓风吹倒，碎为10多块。1946年胶合，并将碑额与碑身分作两段并列砌置。碑额大字清晰，碑身小字漫漶难辨。1956年，韩世忠墓列为江苏省文物保护单位。1982年，墓前重立《宋韩蕲王墓道光二十年续修碑》。南宋敕建的韩蕲王祠在神道碑东南250米处，清道光十三年（1833）重建，1989年修缮。祠内保存清道光十三年《重修韩蕲王墓重建享堂记》《宋韩忠武王遗像》《重修宋韩武王墓碑记》和光绪二年（1876）苏州府正堂发布的保护韩世忠墓、祠的告示碑等5方碑刻。

【刘过墓】南宋豪放派词人刘过嘉定五年（1212）安葬于马鞍山东，墓旁建祠。1957年，刘过墓列为江苏省文物保护单位。20世纪60年代中期，墓被铲平。1984年，在亭林园重建刘过墓。墓冢平面呈八角形，周长11.5米。墓园有元至正十三年（1353）所制墓阙，有至正二十一年（1361）所立刘过墓表，正面隶刻"宋龙洲先生刘君讳过字改之墓门"，背面篆额"宋龙洲先生刘过墓表"。杨维桢撰碑文，褚奂书丹，隶书，蔡基识，朱珪刻，昆山州知州偰斯立石。明崇祯时期所立的《刘过遗像记碑》记载其生平，并刻有画像。1991年，刘过墓被列为昆山市文物保护单位。

【仲雍墓】在虞山东麓。墓道长400余米，从山脚蜿蜒而上，墓道尽头即墓冢。沿途有三座三间四柱出头石坊和一座祠堂。第一座石坊建于清乾隆二十五年（1760），明间额镌"敕建先贤仲雍墓门"，背面镌刻"清权坊"三字，次间镌刻两江总督尹继善等官员题名及建坊年月。第二座石坊建于乾隆三十一年（1766），明间额镌江苏学政曹秀先所书"南国友恭"，背面镌刻江苏督粮储道胡文伯所题"让国同心"，中柱镌刻曹秀先所题："道中清权垂百世，行侔夷惠表千秋。"第三座石坊建于乾隆十年（1745），额镌"先贤虞仲墓"，背面镌刻"至德齐光"。中柱镌联："一时逊国难为弟，千载名山还属虞。"墓冢后面黄石罗城嵌砌明崇祯九年（1636）重立的《商逸民虞仲周公墓碑》、清康熙三十七年（1698）所立"先贤虞仲周公墓"碑。1956年，周仲雍墓被列为江苏省文物保护单位。

【言子墓】 在虞山东麓。明弘治十年（1497）、嘉靖二十七年（1548）、崇祯九年（1636）和清顺治、雍正年间多次修建。乾隆时，言子裔孙言如泗等疏池建桥，筑亭立坊。言子墓依山而建，墓道长142.5米，墓道尽头即墓冢。沿墓道有三座三间四柱石坊、三座石亭、一座享堂和影娥池、文学桥。第一座石坊临街，清乾隆三十二年（1767）立，面阔7.5米。明间字碑镌刻"言子墓道"，中柱镌刻言如泗所书联："旧庐墨井文孙守，高垄虞峰古树森。"影娥池上跨单孔石拱桥，桥北面明柱镌刻："道接东山远，源分墨井香。"南面镌刻："东南开道脉，今古挹交澜。"第二座石坊清乾隆二十三年（1758）立，面阔6.2米。墓冢中柱前一对石狮，坊额"道启东南"为乾隆所书，背面镌刻"灵萃勾吴"四字。御书亭重檐歇山式，建于乾隆三十五年（1770），内有"康熙四十四年四月十五日御书"的"文开吴会"石匾。乾隆二十三年所建的两座御碑亭左右对称，单檐歇山式，亭内各立乾隆《谕祭言子文》碑一方。第三座石坊为雍正时布政使鄂尔泰立，额镌"南方夫子"，面阔6.3米。弧形罗城嵌砌二碑，其一镌"先贤子游言公墓"，明末路振飞立；另一镌"先贤言子之墓"，清光绪二十年（1894）立。第二座石坊墓道北有言子享堂，内有清乾隆四十六年言如泗撰《始祖先贤吴国公祠墓修建记略》、光绪二十七年（1901）陆懋宗撰并书《重修先贤言子林墓记》等7方碑刻。庭院中有"墨池"和"石墨"奇石，享堂外大石上题刻"龙头石"三字。1956年言子墓被列为江苏省文物保护单位。

【申时行墓】 在七子山支脉吴山东麓，即横塘周家桥村西。1956年被列为江苏省文物保护单位。20世纪60年代遭破坏，1998年、2008年两度整修。墓东向，依次有墓道门、享堂、照池、墓冢。墓道门三间，明间立神道碑，碑高4.6米，宽1.25米，额雕二龙戏珠，下承龟跌。碑阳镌刻："明太师申文定公神道"，碑阴镌刻巡按御史以下官员名衔，九行。享堂为歇山式，面阔五间，柱下承青石鼓墩和磉，柱头有卷杀，置坐斗。左右次间和梢间立有明万历年间"褒恤重恩""敕葬""恩恤""诰赠""谕祭""敕谕并祭""特总赠谥"等8方碑石。墓道两旁伫立武士石像，头被砸后残高2.5米。青石罗城存遗石，石上镌刻着白鹭和莲花，寓意"一路连科"。

沈周墓志铭（局部）

【沈周墓】在相城区阳澄湖镇宅里村牒字圩。1956年被列为江苏省文物保护单位。1983年，省政府拨款重立墓碑，修葺碑亭。墓前有祭台与墓碑，碑刻：明沈公启南处士之墓。墓道东南侧为1928年所建碑亭，内置明张宜撰《故沈良琛妻徐氏墓志铭》《故孺人徐氏墓志铭》、施兆麟撰《沈氏碑刻亭记》和1921年吴荫培题《明处士沈石田先生墓志铭》等4方碑石。《沈周墓志铭》，明正德七年（1512）王鏊撰，章浩刻，现藏苏州博物馆。

【文徵明墓】在相城区元和街道御窑村。墓碑镌刻"明待诏文公衡山之墓"。墓道前有二柱出头石坊和照池，道旁立着他处移来的石虎、石马各一对。1956年被列为江苏省文物保护单位。

【唐寅墓】 在解放西路王家村。1956年被列为江苏省文物保护单位。1957年至1958年重建石坊。1986年，迁建颜家巷旧宅大厅，筑为"梦墨堂"，堂内屏门镌刻唐寅《落花诗》；迁建西北街宝光寺花篮厅，筑为"闲来草堂"。唐寅墓志铭，明嘉靖二年（1523）祝允明撰，王宠书，为南京博物院收藏。唐寅墓存复制品。

【葛成墓】 在阊门外山塘街青山桥五人墓侧，墓道门和享堂与五人墓通用。墓冢坐东朝西，长方形，四周以条石围护。墓碑"有吴葛贤之墓"立于明崇祯三年（1630），文震孟所题，隶书。享堂西次间高1.7米，宽0.8米。清康熙十二年（1673）陈继儒撰，周靖书并篆额。1956年，葛成墓被列为江苏省文物保护单位。

【五人墓】 在阊门外山塘街青山桥畔。墓道门南临山塘河，壁嵌《五人墓义助疏》碑，明崇祯七年（1634）立。门后立二柱出头石坊，石坊上"义风千古"四字为杨廷枢所书。过石坊为享堂，其明间立"五人之墓"碑，高2.2米，1981年自墓道门移立于此。东次间嵌砌张溥《五人墓碑记》和清代书条石10方。享堂后为五人墓冢，一字横列，围以条石，正面嵌砌五人姓名碑。1956年被列为江苏省文物保护单位。1956年、1981年两次整修，移建清代义风堂，并增建长廊。

【毛珵墓】 在天池山寂鉴寺前，明代墓葬。青石罗城环抱墓冢，前立墓碑。墓冢、神道分处"天池"东西。神道石级依山而筑，现存翁仲、石马、赑屃各一对。1986年被列为吴县文物保护单位。

【瞿景淳墓】 在虞山锦峰拂水岩下赵家浜。背枕虞山，面对尚湖。1983年、1985年、2001年三次重修，入口处重立四柱三间冲天式石坊，额书"明瞿文懿公墓道"。墓碑镌刻"明赠尚书瞿文懿之墓"。墓道两侧移置明代石人、石马各一对，外侧新建两座石亭。2006年，瞿景淳墓被列为江苏省文物保护单位。

【章涣墓】 在虎丘区支硎山支脉章家山东南。墓穴、墓碑毁于1966年。1986年墓被列为吴县文物保护单位。现存石马、石虎、石羊各一对，其中一石羊缺头。

【瞿式耜墓】 在虞山锦峰牛窝潭。清顺治十一年（1654）瞿式耜归葬常熟。1956年，瞿墓被列为江苏省文物保护单位。现墓前有石坊、月池、墓道、石台、罗城。罗城内有三冢，主穴位为瞿式耜墓，墓碑镌"瞿公忠宣之墓"，隶书。左右穴位为其子瞿嵩锡、孙瞿昌文之墓。墓道中立有清乾隆时所建石坊，镌额"清赐谥忠宣明文忠瞿公墓"。坊柱镌刻严栻书联"三更白月黄埃地，一寸丹心紫极天"。背面镌刻陈鸿书联"古涧风回千壑响，寒潭隐落万松枝"。

【秦仪墓】在金庭镇东蔡村北秦家堡飞仙山下。墓碑镌刻："故宋翰林驸马都尉元德春秦公娥眉公主合葬墓""康熙四十二年（1703）岁次昭阳协洽之桂月"。1986年被列为吴县文物保护单位。

【范隋墓】在天平山东坞。范隋为范仲淹高祖，范氏族人敬称范隋墓为丽水公墓。邻近咒钵庵立有一间两柱云头冲天式花岗石牌坊，额镌"范氏迁吴始祖唐朝柱国丽水府君神道"，坊阴额镌"发祥中吴"四字。坊侧八字墙上嵌有清乾隆七年（1742）《范氏迁吴始祖唐柱国丽水府君墓门碑》，记述雍正七年（1729）修墓建坊经过。墓道长200余米，中有梁式石桥，道旁分列石雕蹲羊、踞虎、立马各一对。"唐柱国丽水府君之墓"碑为雍正七年重立。范隋墓在1995年公布的省级文物保护单位范文正公忠烈庙及天平山庄范围内。

【弘储墓】在横泾街道尧峰山寿圣寺旧址旁。罗城基本完整，斜靠罗城的青石墓碑高1米多。墓碑镌刻"吴灵岩退翁和尚骨藏处"，落款"弟子俟斋徐枋敬立"。

【钱处士墓】在虎丘山。墓原已湮没，1958年发现后整修保护。1963年被列为苏州市文物保护单位。现土垄前立有椭圆形石碣，镌刻"钱处士墓"，上款"乾隆五十七年（1792）嘉三月立"，下款"江苏按察使汪志伊题"。

【钱谦益、柳如是墓】钱、柳二墓相距80米。在虞山西南麓拂水岩下，背山面水。钱谦益墓罗城内有三冢，主穴葬其父钱世扬和母顾氏，青石墓碑正中镌刻"明赠光禄大夫宫保礼部尚书景行钱公之墓"，上款镌刻："讳世扬字称孝，号景行，邑庠生以子贵赠如官，先配顾氏一品夫人，子谦益、孙上安，曾孙锦城祔。"下款镌刻："嘉庆二十四年（1819）七月奚甫、禄园二支同立石。"西穴葬其子上安孙锦城。东穴即钱谦益墓，镌刻钱泳题写的"东涧老人之墓"，上下款镌刻小字"集东坡先生书""尚湖渔者题"及"吾意独怜才""尚湖渔者"两方印章。墓前新建一石亭，亭柱镌刻钱谦益书联"遗民老似孤花在，陈迹闲随旧燕寻"。柳如是墓墓碑镌刻"河东君之墓"。2002

年，钱柳二墓被列为江苏省文物保护单位。

【王石谷墓】 在虞山西麓程家桥，背依虞山，面临山前塘。王石谷病故后初葬虞山北麓，清乾隆十九年（1754）迁现址。墓地两冢，下首为其孙王邦宪之墓。上首葬王石谷，墓碑镌刻"王公□□之墓"。正中之碑为其孙王邦翰、王邦藩于乾隆九年（1744）所立。乾隆十九年所立墓碑镌刻"皇清征士先祖考妣石谷府君，例赠钱氏孺人合葬之兆"，边镌"孙邦翰、邦藩，曾孙大玖、大椿、瑛、珩、珪百拜敬立"。前有翁同龢书"清画圣王石谷先生之墓"碑，碑右下侧镌刻"宣统元年（1909）辛亥夏五月吉立，八世孙庆芝率子振孙、均孙谨修"。墓于1957年被列为江苏省文物保护单位。1982年、1984年、1986年整修罗城、墓冢、拜台、墓道、石坊、驳岸等。墓道口立二柱出头石坊，额题"王石谷先生墓道"。

【周章墓】 在虞山东岭。墓区罗城内青石碑镌刻"古吴王周章陵墓"，两边小字已漫漶不清，为清乾隆二十九年（1764）裔孙周士烈、周祖烈所立。现为常熟市文物保护单位。

【冯班墓】 在虞山小三台。清乾隆三十八年（1773）昭文知县赵颐立"高山仰止"石坊，花岗石单间两柱冲天坊，高宽均为2.31米。坊柱楹联："不忘奕世师门，仰承祖志；幸得此邦学道，肃拜先型。"为光绪年间邵震亨、胡兰枝重修题记。

【顾野王墓】 在苏州职业大学校园。墓冢封土上散布6块大石，最大者长约6米。相传这些大石为陨石，故顾野王墓俗称"落星坟"。其中一石镌刻清嘉庆八年（1803）钱大昕所书"陈黄门侍郎希冯顾公讳野王之墓"。1982年，顾野王墓被列为苏州市文物保护单位。

【黄公望墓】 背倚虞山，在虞山小石洞西南。1957年被列为江苏省文物保护单位。1982年重修。墓碑镌刻"元高士一峰黄公之墓"，边镌"大清嘉庆二十二年（1817）岁次丁丑二月，第十六世孙泰敬立"。墓道口立有20世纪70年代重建的两柱冲天石坊。

【钱仁夫墓】 在虞山拂水岩下山脊，面对尚湖，背靠虞山。石碑上刻字模糊不清，仅可辨"明工部员外郎钱公□□之墓"。

【陆龟蒙墓】 在甪直镇保圣寺西院白莲寺旧址。陆龟蒙在唐广明年间去世后葬于保圣寺西院，北宋熙宁年间建甫里先生祠。现墓前花岗石墓碑上镌刻

"唐贤甫里先生之墓""大清同治五年（1866）岁次丙寅长至重修祠墓""赏戴蓝翎钦加五品衔署元昆新分防县丞升用知县平湖许树椅重立并书"。1960年，陆龟蒙墓被列为吴县文物保护单位。

【王锡阐墓】在震泽镇太平街。清康熙二十二年（1683）建，道光十七年（1837）林则徐倡修，并建墓门和王贤祠（即晓庵祠），题额"学究天人"。墓碑镌刻"高士王晓庵先生之墓"。晓庵祠东有晓庵桥，为花岗石单跨梁式桥。1982年王锡阐墓被列为江苏省文物保护单位。

【顾炎武墓】在昆山市千灯镇南大街。1966年墓遭严重破坏，1984年、1987年、2000年三次修葺。1995年被列为江苏省文物保护单位。墓前有为其嗣母王氏所立贞孝坊。墓碑镌刻"顾先生亭林暨配王硕人合墓"。墓周环绕短墙，墙两边嵌砌两块清光绪二十年（1894）记载重修经过和禁止放牧的碑石。墓南有亭林祠，三间两厢一门楼自成院落。再南为四柿亭。

【徐枋墓】在光福镇香雪村青芝山珍珠坞。徐枋墓墓前碑石原为民国时李根源所立，篆刻"明孝廉俟斋徐公之墓"。1960年被列为吴县文物保护单位。

【归有光墓】在昆山市震川东路东段邮电局附近。墓有东西两冢，西冢为归震川暨配魏氏、费氏墓，东冢为其高祖归璇暨配俞氏墓。清同治十年（1871）、1934年两次重修。墓碑镌刻"明南京太仆寺丞归震川先生墓"。

【王铁墓】在虞山西麓烧香浜。背倚虞山，面临山前塘。清乾隆四十年（1775）常熟知县刘浣重修，言朝楫撰碑文。墓区立有两座石坊，沿山塘河石坊题额"明赠太仆寺少卿王公墓道"，墓前石坊题额"双桂坊"。墓碑镌刻"明常熟知县赠太仆少卿王公墓"，隶书，为清同治十三年（1874）江苏布政使应宝时、常熟知县魏晦先修墓时所立。1957年被列为江苏省文物保护单位。1984—1985年，整修罗城、墓道、石坊、墓碑，并在墓道口新建二柱冲天式石坊。

【四神父墓】在虞山晏家山山坡，坐西朝东。明万历起，晏家山坡成为天主教教友公共墓地。清康熙至乾隆初，贾宜穆、鲁日满、何云汉、贝少刀等四位外国传教士先后葬此。罗城内三冢呈"品"字形排列，罗城外另有冢道。墓前青石碑上部镌刻"耶稣人类的救世者"（拉丁文缩写）和耶稣被钉于十字架的图画，下部镌刻诸神父之拉丁文姓名及生卒年份。2009年四神父墓被列为常熟市文物保护单位。

【翁同龢墓】在虞山西麓鹁鸽峰下，面对尚湖。翁同龢墓在翁氏家族墓地

"翁氏新阡"内，主墓三冢，中央葬其祖母张太夫人，左面葬其父翁心存夫妇，右面葬其兄翁同书夫妇。翁同龢墓在主墓之西，另有罗城。墓冢原是他削籍回家后经营的生圹，墓碑亦为生前自书之"清削籍大臣翁君、妻一品夫人汤氏之墓"。清宣统元年（1909）吴中士大夫"请为湔雪，恩准开复原官"，后换成今碑。碑高1.4米，上额线刻二龙戏珠，碑身刻"皇清诰授光禄大夫特谥文恭协办大学士户部尚书曾祖考叔平太府君、诰封一品夫人曾祖妣汤太夫人、诰封淑人庶曾祖母陆淑人之墓"，落款"曾孙翁之廉、之循立"。墓地数十株松树，为民国初年南通张謇所栽。1957年被列为江苏省文物保护单位。

四神父墓

【惠栋墓】 在光福镇香雪村倪巷土桥头。墓冢立"清经师惠定宇先生墓"碑，墓碑镌刻"中华民国十五年（1926）十二月腾冲李根源敬题""五世孙惠恩率子谨立"。墓地立有雕饰包袱锦的华表柱一对。1960年，惠栋墓被列为吴县文物保护单位。

【张永夫墓】 在木渎镇山塘街西市梢。清雍正二年（1724）葬于现址。三方碑石立于墓前及墓道两侧，分别镌刻"诗人张永夫之墓""再来人之墓"等。1960年，张永夫墓被列为苏州市文物保护单位。

【诸稽郢墓】 在金庭镇秉汇村诸家河头与陆家河之间。清《林屋民风》记载，消夏湾村民秦嘉铨（存古）开挖池塘时得一石碣，上刻"越大夫诸稽郢之墓"字样，遂于该处封土竖碣，请故里诸姓人守之。清光绪十一年（1885），暴式昭重修，俞樾重书墓碑。青石墓碑中刻"越大夫诸稽郢之墓"，右上刻"大清光绪十一年仲冬月"，左下落款"德清俞樾书，滑县暴式昭"。1986年被列为吴县文物保护单位。

【阚泽墓】在金庭镇前湾山麓文化寺前。清光绪十一年（1885）暴式昭立碑，中刻"吴太傅阚泽墓"，上款为"公讳泽字德润会稽山阴人，见三国志本传。"下款为"大清光绪十一年仲冬月，德清俞樾书并记，滑县暴式昭树石。"民国时期李根源捐资修复，吴中保墓会重新立碑，吴荫培书碑。20世纪60年代，墓被废土埋没，仅露出少许墓碑。清代墓碑现存金庭镇古樟园。

【蔡人龙墓】在金庭镇石公村旸坞。清光绪十二年（1886），暴式昭立碑，俞樾书"乌乎此昭代父忠子孝蔡将军之墓"，上款为"光绪十二年春正月"，下款为"德清俞樾书，滑县暴式昭立石"。蔡人龙，明天启年间进士。

【朱瑛墓】在金庭镇镇夏方浃。碑高2米，俞樾题写碑文，中间篆刻"珠还剑合，杨朱同穴"，上款为："毗陵女士朱瑛字如瑛，先归杨，后适周，卒归骨于杨，葬太湖西山林屋之阳。"下款为："暴方子重其才悲其遇，求余表其墓。光绪十二年九月德清俞樾记。"碑右侧有秦敏树撰文、暴式昭书丹的墓志铭。

【翁同爵墓】在常熟兴福寺破龙涧北山麓。墓碑镌刻"清湖北巡抚翁同爵之墓"，右下角镌"甲子夏重修"。现为常熟市文物保护单位。

【徐灵胎墓】在松陵镇八坼社区凌益村，清乾隆五十七年（1792）从越溪（今属吴中区）迁葬现址。为徐灵胎与其原配、继室、副室的四穴合葬墓，建有四柱三间冲天式石牌坊，额镌"名世鸿儒"。有两副柱联，一为徐灵胎自撰"满山芳草仙人药，一径清风处士坟"，另一为"魄返九原，满腹经纶埋地下；书传四海，万年利济在人间"。20世纪50年代后期墓被盗毁，后将遗骨和部分遗物复葬墓内。1963年重修，立"清名医徐灵胎墓"碑。60年代中期，墓遭严重破坏。1982年，发现早年散失的徐灵胎墓志铭，一盒两块，今藏吴江区博物馆。1984年按原貌重建牌坊。1995年，徐灵胎墓被列为江苏省文物保护单位。

【郏亶墓】在太仓市人民公园东南角。清同治七年（1868）立《重修宋司农丞郏公墓记》碑，叶裕仁撰，汪根兰书。1947年，里人集资重修墓道、墓门。清代墓碑现藏弇山园。

【二义士墓】在常熟兴福寺路北侧。墓前纪念塔镌刻"救火殉职刘耀东祝三山二义士纪念塔"。现为常熟市文物保护单位。

【金圣叹墓】在木渎镇五峰山博士岭西山坞。1960年被列为吴县文物保护单位。吴荫培所书"文学家金人瑞墓"碑，现存吴中区林场。

【高定子、高斯道墓】在金庭镇包山寺后山坡，二墓相距20米。二墓前分别有1925年吴中保墓会所立"宋少保高公定子墓"和"宋朝议夫高公斯道墓"碑。1997年，二墓被列为吴县市文物保护单位。

【董其昌墓】在吴中区香山街道渔洋山湾里。墓碑为吴中保墓会所立，吴荫培题。1960年，董其昌墓被列为吴县文物保护单位。神道碑现存渔洋山昙花庵。

英雄冢

【吴伟业墓】在光福镇潭东高家前村边。吴荫培所题"诗人吴梅村墓"墓碑现存村民家。

【赵石墓】在虞山南麓。赵生前自题墓铭"金石寇"，卒后由家属葬此，并将墓铭摹勒崖上。

【顾雍墓】在木渎镇藏书小王山南麓。清嘉庆二十一年（1816）顾雍裔孙顾锡周立碑。现存1928年李根源书"吴丞相顾公雍葬此"崖刻。顾雍，三国吴丞相。

【李希伯墓】在木渎镇藏书小王山。墓碑镌刻："云南维西协副将李公希伯墓，吴县张一麐书丹，李根源、李学锋及其子女民国十九年（1930）立。"

【李根沄墓】在木渎镇藏书小王山李希白墓南。墓碑镌刻郑伟业所书"故陆军中将李公根沄之墓"，篆书。

【英雄冢】在木渎镇善人桥马岗山北麓。1934年，李根源等捐款献地，将淞沪抗战中负伤并在苏州抢救无效而殉难的78名将士葬此。20世纪80年代，将石码头"八一三抗战"烈士墓也迁至英雄冢。英雄冢坐西朝东，石祭台为长方形。台左右各立一块墓碑，一碑阳面镌刻李根源书"英雄冢"三大字，隶书，旁刻碑记；碑阴镌刻郑伟业书阵亡将士王得胜等78人姓名。另一碑镌刻张治中所撰碑文及"气作山河"四个径尺大字，碑阴镌刻俞济时篆书和王敬久楷书题记各一段。1986年，英雄冢被列为吴县文物保护单位。

严澂墓

【陈去病墓】在虎丘杉树林中。1935年，柳亚子等人将陈去病灵柩迁葬南社诞生地虎丘山下。墓作覆釜形，前立碑，墓碑镌刻柳诒徵隶书"陈佩忍先生讳去病之墓"，额雕双鹤翱翔。1982年被列为苏州市文物保护单位。

【邹母殷秘书冠琴夫人墓碑】花岗石墓碑略呈琴状，隶刻"江西吉安邹母殷秘书冠琴夫人墓"，碑阴镌刻1935年刘时所作铭文。现藏常熟市碑刻博物馆。

【严澂墓】在常熟市琴南朱泾村下斜桥。墓碑系1938年"今虞琴社"同人查阜西、吴景略、张之谦等所立，镌刻"明代琴宗严天池先生墓碑"，彭庆寿撰文，徐文镜书。严澂墓现为常熟市文物保护单位。

【张鸿墓】在常熟兴福寺西破龙涧罗汉桥旁山岗。青石墓碑正中镌刻"燕谷老人张鸿墓"，上款为"初名澂，字映南，号璚隐，清户部郎中，葬于破龙涧祖茔昭穴"，下款为"甲子夏日重修"。

八 墓志

墓志是古代墓葬的一种重要附葬品，是埋葬在墓室的碑石。作为一种长埋于地宫的文字记录，墓志是考古和历史研究中不可替代的宝贵资料，同时还具有文字学、古典文学等学科领域的研究价值。东晋《张镇墓志》是苏州最早的墓志，1979年出土于用直镇张陵山，现藏南京博物院。宋《朱乐圃先生墓表》由米芾撰并书。苏州名人墓志还有宋《范仲淹神道碑铭》、明《石田先生沈周墓志铭》（王鏊撰）、唐寅《唐寅墓志》（祝允明撰，王宠书）、《董份墓志铭》（申时行撰，王锡爵、朱国祯书篆），明状元顾鼎臣墓志和清状元陆增祥墓志铭（俞樾、陆懋宗、汪洵合制）。北宋《前广济军司理边君（泽之）母于氏墓志铭》由朱长文撰并书，明《故怡庵处士施公悦墓志铭》由都穆撰、唐寅书。参与制作墓志铭的名人还有祝枝山、李东阳、文徵明、高攀龙、王世贞、钱谦益、汤斌、汪琬、张廷玉、彭启丰、嵇璜、沈德潜、郑虎文、梁同书、钱大昕、姚鼐、石韫玉、潘奕隽、董国华、冯桂芬、林则徐、杨泗孙、翁同龢、潘祖荫、俞樾、吴大澂、叶昌炽、陶浚、缪荃孙、陆懋宗、王同愈、张一麐、陈去病等。太仓1983年出土的周闻夫妇墓志铭披露周闻随郑和五下西洋的史实，丰富了研究郑和下西洋的第一手材料，还为研究郑和与太仓刘家港的关系提供了证据。

张镇墓志

【张镇墓志】东晋太宁三年（325）镌刻。青石质，高68.1厘米，宽29.5厘米，厚13.5厘米；碑座高宽分别为34.5厘米和19厘米。碑志正面镌刻："晋故散骑常侍，建威将军，苍梧、吴二郡太守，奉车都尉，兴道县德侯，吴国吴张镇字义远之郭夫人晋始安太守嘉兴徐庸之姊。"背面为："太宁三年，太岁在乙酉，侯年八十薨。世为冠族，仁德隆茂，仕晋元明，朝野宗重。夫人贞贤，亦时良媛，千世邂逅。有见此者，幸愍焉。"1979年9月出土于甪直镇张陵山四号东晋墓，现藏南京博物院。

【要离、梁鸿墓残碑】现存"烈士要……汉梁伯"六字。清乾隆年间，残碑出土于苏州古城区专诸巷。端方、叶恭绰先后收藏，叶恭绰将此碑捐赠苏州博物馆。上博、北大、故宫博物院藏有拓本。上海博物馆副馆长汪庆正在《文物》（1985年第3期）发表的《南朝石刻文字概述》认为残碑为梁代遗物。要离、梁鸿两墓相近，《汉书》注："要离在西，伯鸾墓在北。"这碑或许是区别相邻二墓的指路碑：烈士要离（墓在西），汉梁伯鸾（墓在北）。

【僧惠□造像记】北齐天保元年（550）。现藏苏州博物馆。

【朱海造像记】北齐天保九年（558）。现藏苏州博物馆。

【成犊生造像记】北齐天保十年（559）。现藏苏州博物馆。

【李辉造像记】北齐河清二年（563）。现藏苏州博物馆。

【孙贵造像记】北齐武平七年（576）。现藏苏州博物馆。

【济度寺故比丘尼法灯法师墓志铭】唐永隆二年（681）。现藏苏州博物馆。

【故朝散大夫使持节颍州诸军事守颍州刺史张府君墓志】唐宝应元年（762）李纡撰，褚凑书，李坦然刻。现藏苏州博物馆。

【故吏部选濮阳从府君墓志】唐宝应元年（762）邓□礼撰并书。现藏苏州博物馆。

【故制授温州乐城县令龚府君墓志铭】唐贞元十一年（795）。现藏常熟市碑刻博物馆。

【故赵府君墓志铭】唐贞元十六年（800）。现藏常熟市碑刻博物馆。

【故高府君（沛）墓志铭】唐元和六年（811）。现藏常熟市碑刻博物馆。

【故濮阳府君（巨源）墓志铭】唐元和六年（811）。现藏苏州博物馆。

【故陈氏夫人墓志铭】唐大中元年（847）。现藏常熟市碑刻博物馆。

【故姚府君（真）墓志铭】唐大中四年（850）。现藏常熟市碑刻博物馆。

【故施府君（遂）墓志铭】唐大中五年（851）。现藏常熟市碑刻博物馆。

【故清州北海郡晏府君（仲颖）王氏夫人墓志铭】唐大中十四年（860）。现藏常熟市碑刻博物馆。

【故邵府君（峰）妻朱氏夫人墓志铭】唐咸通二年（861）。现藏常熟市碑刻博物馆。

【吴公师雅亡妻严氏墓志铭】唐咸通三年（862）。现藏常熟市碑刻博物馆。

【故葛府君（巽）墓志铭】唐咸通十二年（871）。现藏常熟市碑刻博物馆。

【故陈府君（仁允）墓志铭】唐咸通十五年（874）。现藏常熟市碑刻博物馆。

【故河间俞府君（肃）夫人清河张氏墓志铭】唐乾符三年（876）。现藏常熟市碑刻博物馆。

【逸人龚雅故夫人徐氏墓志铭】唐中和二年（882）。现藏常熟市碑刻博物馆。

【故密州军事衙推试太常寺协律郎李公（让）及夫人钱氏墓志铭】唐光

启二年（886）。现藏常熟市碑刻博物馆。

【示寂本庵开山和尚诸位觉灵之墓碑】 唐碑，现藏东山镇紫金庵大殿。

【故清河张府君（儒）墓志铭】 后梁贞明二年（916）。现藏苏州博物馆。

【故陇西李府君（章）墓志铭】 吴越天福八年（943）。现藏常熟市碑刻博物馆。

【故彭城（李章妻）金夫人墓志铭】 吴越天福八年（943）。现藏常熟市碑刻博物馆。

【故彭城钱君义亡妻殷氏夫人墓志铭】 吴越开运二年（945）。现藏常熟市碑刻博物馆。

【故鲁郡邹府君夫人吴郡陆氏墓志铭】 吴越广顺二年（952）。现藏常熟市碑刻博物馆。

【苏州中吴军彭城故府君钱云修墓志铭】 北宋建隆元年（960）。现藏常熟市碑刻博物馆。

【常熟县故琅琊王府君（德嵩）墓志铭】 北宋端拱元年（988）。现藏常熟市碑刻博物馆。

【苏州罗汉禅院诠上人墓志铭】 北宋端拱元年（988）李□□撰。现藏苏州博物馆。

【胡公墓志铭】 即《宋故职方员外郎胡公（献卿）墓志铭》。北宋嘉祐七年（1062），谢晔书，郑民表篆盖，沈琮刻。1976年5月出土于虎丘新塘村，现藏苏州博物馆。

【边君母于氏墓志铭】 志盖镌刻"宋故于氏夫人墓志铭"。北宋嘉祐八年（1063），吴郡朱长文撰并书，童迪刻。现藏苏州博物馆。

【前广济军司理边君（泽之）母于氏墓志铭】 北宋嘉祐八年（1063）朱长文撰并书，童迪刻。现藏苏州博物馆。

【故侍其先生（沔）墓志铭】 北宋治平三年（1066）徐宥刻。出土于虎丘区横塘三香村，现藏苏州博物馆。

【故殿中丞范公（清）墓志铭】 北宋熙宁七年（1074）范□撰，高大明书，陈庆□篆盖，张怀刻。现藏苏州博物馆。

【左中散大夫徐师闵墓志铭】 北宋元祐八年（1093）蒋之奇撰，黄履书，章衡撰盖，刘隆刻。出土于虎丘区蒸山，现藏虎丘区文体旅游局。

【朱乐圃先生墓表】共 15 行，392 字，其中可辨识百余字。北宋元符三年（1100）米芾撰并书。朱长文，号乐圃，《吴郡图经续记》作者。此碑原在灵岩山东北麓朱长文墓前，1926 年，李根源在所著《吴郡西山访古记》中说："字势飞动控纵，为余所见米书第一。余走遍吴山，元以前碑碣从未一见，况此宋原刻耶。"20 世纪 60 年代中期由天平山果园送文庙保存，现藏苏州碑刻博物馆。墓表释文见载同治《苏州府志》。

【东海茅锷茅锐墓志】北宋崇宁三年（1104）沈礼刻。现藏苏州博物馆。

【沈君墓志铭】北宋政和二年（1112）钱敏功撰并书，仲安礼刻。现藏苏州博物馆。

【上清法师（景祥）墓志铭】南宋建炎二年（1128）唐英刻。现藏苏州博物馆。

【郏福墓志铭】南宋绍兴十二年（1142）。现藏苏州博物馆。

【李衡圹志】圭形碑式墓志，碑额饰双龙纹，中有穿孔。南宋淳熙五年（1178）李嗣宗等撰文并书。出土于昆山市圆明路附近，现藏昆山市文物管理所。

【南宋宗室平江府都监（赵不渗）墓志铭】南宋淳熙九年（1182）。现藏常熟市碑刻博物馆。

【故夫人李氏（妙香）墓志铭】南宋绍熙元年（1190）。现藏苏州博物馆。

【翰林医痊夏公（舜俞）圹志】南宋庆元四年（1198）。出土于盘南大队何家塔，现藏苏州博物馆。

【故教授从政林公圹铭】南宋庆元六年（1200）严肃书讳。现藏苏州博物馆。

【故教授从政林公（焘）圹铭】南宋庆元六年（1200）严肃书讳。现藏苏州博物馆。

【故清河太君张氏（妙真）墓志铭】南宋绍定元年（1228）郑应龙撰，□复书。现藏苏州博物馆。

【朱氏（德智）圹铭】南宋绍定元年（1228）张宗元刻。现藏苏州博物馆。

【赵绨墓志】南宋淳祐十一年（1251）陈昌世填讳。现藏苏州碑刻博物馆。

【故丘母瞿宜人墓志铭】南宋宝祐元年（1253）。现藏张家港博物馆。

【宋亡室孺人沈氏大娘墓志铭】南宋宝祐五年（1257）子绍翁、夫余容书。现藏苏州博物馆。

【南宋宗室承信郎赵希镕墓志铭】南宋咸淳六年（1270）阮登炳填讳。现藏常熟市碑刻博物馆。

【陈妙清墓志】元皇庆元年（1312）顾文富书，鄢德荣刻。与其子顾伯瑜墓志一同出土于巴城镇绰墩遗址元代墓，现藏昆山市文物管理所。

【吕仪之墓志铭】元皇庆二年（1313）吕泳撰，赵孟□书，吴德言刻。现藏苏州碑刻博物馆。

【顾伯瑜墓志】元延祐元年（1314）。现藏昆山市文物管理所。

【元□恂墓志铭】元延祐元年（1314）弟愉谨志，丁景恭填讳。现藏苏州博物馆。

【贵溪县儒学教谕钱熙祖墓志】元至正五年（1345）乾文传填讳。现藏常熟市碑刻博物馆。

【郑国公（德懋）墓志铭】元至正二十四年（1364）陈基撰，周伯琦篆盖，范伯仁刻。现藏苏州博物馆。

【张妙贞墓志铭】明洪武十七年（1384）王行撰，董昶隶古并篆盖。现藏苏州博物馆。

【宋本安墓志铭】明洪武十九年（1386）。现藏苏州博物馆。

【王玉真墓志铭】明洪武十九年（1386）姚吉志撰。出土于虎丘区横塘三元苗圃赵墩坟，现藏苏州博物馆。

【徐伯贤妻庄氏圹志铭】明洪武二十六年（1393）俞贞木撰，滕权书篆，陈思恭刻。现藏苏州博物馆。

【故□陆氏之墓志铭】明洪武二十七年（1394）俞贞木撰，徐后弟书。现藏甪直镇保圣寺碑廊。

【吴祥甫墓志铭】明洪武三十年（1397）孤哀子受志。现藏苏州博物馆。

【故弘农杨茂卿之墓志铭】明建文元年（1399）俞贞木撰，梁用行篆盖，滕用享书，章谅刻。现藏甪直镇保圣寺碑廊。

【故谈伯源圹志铭】明洪武三十五年即建文四年（1402）袁得新撰，何叔澄刻。现藏苏州博物馆。

【故姚子荣墓志铭】明永乐四年（1406）张肯撰。出土于箬帽坟，现藏苏州博物馆。

【故武略将军苏州卫千户唐贤墓志铭】明永乐五年（1407）傅石泉撰，章敬刻。现藏苏州博物馆。

【处士霍彦本墓志铭】明永乐十一年（1413）吕谦刻。现藏常熟市碑刻博物馆。

【徐氏父母合葬墓志铭】明永乐十三年（1415）李敬先撰，周渊书并篆盖，傅文荣刻。现藏苏州博物馆。

【处士汤盛墓志铭】明永乐十四年（1416）翁宗言撰并篆额。现藏常熟市碑刻博物馆。

【故姚宗道墓志】明永乐十四年（1416）张肯撰。出土于阊门外延安玻璃厂，现藏苏州博物馆。

【俞处士（克和）墓志铭】明永乐十四年（1416）王洪撰，钱博书丹，郑雍言篆盖，章敬镌。出土于虎丘区三元俞大坟，现藏苏州博物馆。

【故陈（宁）母王氏安人圹铭】明永乐十六年（1418）。现藏常熟市碑刻博物馆。

【曹（伸）母陈氏墓志铭】明永乐十七年（1419）。现藏常熟市碑刻博物馆。

【顾伯成墓志铭】明永乐十八年（1420）楼宏撰，章敬刻。现藏苏州博物馆。

【陈安人高氏墓志铭】明永乐二十二年（1424）张肯撰。出土于苏福路原钟表材料二厂，现藏苏州博物馆。

【先考乐闲府君（顾杲）墓志铭】明永乐二十二年（1424）吕谦刻。现藏常熟市碑刻博物馆。

【故处士丁仲玉墓志铭】明永乐二十二年（1424）丘方撰，吕谦刻。现藏常熟市碑刻博物馆。

【故武略将军苏州卫千户唐贤墓志铭】明宣德元年（1426）傅石泉撰，章敬刻。现藏苏州博物馆。

【王（伯瑜）孺人张氏墓志铭】明宣德元年（1426）丘方撰。现藏常熟市碑刻博物馆。

【故王（均才）孺人程氏墓志铭】明宣德元年（1426）张规撰。现藏常熟市碑刻博物馆。

【故魏景祥陆妙贞合葬墓志铭】明宣德二年（1427）尤安礼撰，潘巩书丹，吴绘篆盖，章敬刻。现藏常熟市碑刻博物馆。

【怡静处士沈公（良）墓志铭】明宣德三年（1428）何预撰，沈洧篆盖，张景材书。现藏常熟市碑刻博物馆。

【处士章公叔华墓志铭】明宣德三年（1428）傅玉良撰，郭璘书，杨伸篆，章敬刻。现藏常熟市碑刻博物馆。

【故丘德润墓志铭】明宣德四年（1429）李簧篆额并书，张肯撰。出土于虎丘区横塘三元苗圃赵墩坟，现藏苏州博物馆。

【林处士（衍）墓志铭】明宣德四年（1429）高德撰并书。现藏常熟市碑刻博物馆。

【杨（纪）母顾氏孺人墓志铭】明宣德五年（1430）罗汝宽撰，林复篆盖，卫浩书，吕臻刻。现藏常熟市碑刻博物馆。

【先妣太恭人陈静安圹志】明宣德五年（1430）李旭填讳，何渊刻。现藏苏州博物馆。

【故谈母朱氏（淑清）墓志铭】明宣德六年（1431）陈亢宗撰，陈益篆盖，朱昶书丹，沈义甫刻。现藏苏州博物馆。

【夏彦仁妻奚氏（本静）墓志铭】明宣德六年（1431）张肯撰。现藏苏州博物馆。

【故遗安俞处士（仲祥）墓志铭】明宣德六年（1431）吴讷撰，朱昶书，郑雍言篆盖，吕臻刻。现藏常熟市碑刻博物馆。

【故陈处士（英）墓志铭】明宣德六年（1431）王章撰，杨廉篆额书丹，王叔林刻。现藏常熟市碑刻博物馆。

【故处士章公叔华墓志铭】明宣德六年（1431）傅玉良撰，郭璘书，杨伸篆，章敬刻。现藏常熟市碑刻博物馆。

【张孟谦妻刘氏墓志铭】明宣德六年（1431）张信撰文，鱼侃篆并书。现藏常熟市碑刻博物馆。

【吴士良妻陆孺人圹志铭】明宣德七年（1432）丘方撰，陈琏书，柴震篆。现藏常熟市碑刻博物馆。

【戈孟真墓志铭】明宣德八年（1433）陈继撰，刘铉书，尤安礼篆。现藏常熟市碑刻博物馆。

【故杨师颜侧室查氏墓志铭】明宣德九年（1434）张洪志，黄泽篆，陈镒书。现藏常熟市碑刻博物馆。

【故处士茅文贵墓志铭】明宣德九年（1434）程以则撰，朱克让书，杨士廉篆，吕臻刊。现藏常熟市碑刻博物馆。

【故吴允中墓志铭】明宣德九年（1434）尤安礼撰，郭璘书，王骥篆，沈甫刻。现藏甪直镇保圣寺碑廊。

【故顾（琪）母夏氏墓志铭】明宣德十年（1435）计嗣撰，张斌书丹，计行简篆额。出土于崇德山，现藏常熟市碑刻博物馆。

【故乡贡进士谈君（彦和）墓志铭】明正统元年（1436）吴康撰文，夏瑜书丹，萧湘篆盖，沈甫刻。现藏苏州博物馆。

【故章（日敬）孺人王氏墓志铭】明正统元年（1436）张信填讳，宋祥篆盖，沈谌书丹。现藏常熟市碑刻博物馆。

【杨子东妻蒋孝妇墓志铭】明正统元年（1436）张洪撰，仰瞻书丹，陈祚篆。现藏甪直镇保圣寺碑廊。

【故处士陈公（玑）墓志铭】明正统二年（1437）叶选撰，丘方篆，张□书，吕臻刻。现藏常熟市碑刻博物馆。

【杨谦夫妇墓志】明正统二年朱□书。现藏千灯镇石浦街道。

【陈良绍墓志铭】明正统三年（1438）陈顾志，萧湘填讳。现藏太仓博物馆。

【故里人孙文敬墓志铭】明正统四年（1439）程序撰，宋祥书，徐万镒篆，王华刻。现藏常熟市碑刻博物馆。

【敕封刑部山东司主事鱼侃母丁氏太安人墓志铭】明正统四年（1439）金寔撰文，卢瑛篆盖，周安书丹，吕臻刻。现藏常熟市碑刻博物馆。

【故程（启南）孺人戴氏墓志铭】明正统六年（1441）陈琏撰文，鱼侃书篆，王渊刻。现藏常熟市碑刻博物馆。

【故乐闲处士苏公（良）墓志铭】明正统八年（1443）邹来学撰文，黄养正书丹，何观篆盖。现藏常熟市碑刻博物馆。

【故奉训大夫济南府武定州知州章君（民）墓志铭】明正统八年（1443）刘中孚撰，陆俦书丹并篆额。现藏常熟市碑刻博物馆。

【故处士俞公（敬）墓志铭】明正统八年（1443）龚诩撰文，袁铉篆盖，夏昶书丹，吕顺刻。现藏常熟市碑刻博物馆。

【故陈叔名妻周氏孺人墓志铭】明正统八年（1443）杨伸撰，陆友谅书，李荣篆，何济刊。现藏常熟市碑刻博物馆。

【刘宗成妻周氏（真）墓志铭】明正统八年（1443）李奎撰，凌寿书，朱礼篆。现藏苏州博物馆。

【处士卫景昭墓志】明正统八年丘方撰，宋祥篆，高德书。现藏常熟市碑刻博物馆。

【故丘德润妻马氏（妙安）墓志铭】明正统九年（1444）儒学教谕□□撰文，李蕡书丹，陈祚篆盖。出土于横塘三元苗圃赵墩坟，现藏苏州博物馆。

【故硕人施母李氏墓志铭】明正统九年（1444）彭颢撰，凌信书，陈祚篆。现藏苏州博物馆。

【故处士王敏中墓志铭】明正统九年（1444）虞祯撰，夏昺书，钱谧篆，章敬刻。现藏苏州碑刻博物馆。

【故夏彦仁墓志铭】明正统十一年（1446）范原理撰，徐瑛书，黄采篆。现藏苏州博物馆。

【周淑新圹志】明正统十一年（1446）。现藏昆山市文物管理所。

【梅轩处士平公（常）墓志铭】明正统十一年（1446）程序撰文，陶安书丹，高德篆盖。现藏常熟市碑刻博物馆。

【故周处士墓志铭】明正统十二年（1447）萧和骥撰文，周忱书丹，郑雍言篆盖，何凯刻。现藏苏州碑刻博物馆。

【故务本杨公（纶）墓志铭】明正统十二年（1447）黄铎撰文，阴严本篆盖，程序书丹。现藏常熟市碑刻博物馆。

【故悦义施公（闇）墓志】明正统十二年（1447）丘方填讳。现藏常熟市碑刻博物馆。

【故处士卫景昭墓志铭】明正统十三年（1448）丘方撰，宋祥篆，高德书。现藏常熟市碑刻博物馆。

【故处士陆文信墓志铭】明正统十三年（1448）丘方撰，卢信书丹并篆。

现藏常熟市碑刻博物馆。

【故卢处士（弘）墓志铭】明正统十三年（1448）丘方撰，高德篆额并书丹，王渊镌。现藏常熟市碑刻博物馆。

【故陈景祥妻倪氏（淑宁）硕人墓志铭】明正统十三年（1448）贺甫撰，邹顺书，刘昌篆。现藏苏州博物馆。

【故姚克承墓志铭】明正统十三年（1448）陈宾撰，沈辚书并篆盖，何渊刻。出土于延安玻璃厂新兴一队，现藏苏州博物馆。

【太医院医士李思讷墓志铭】明正统十四年（1449）陈循撰，俞拱书，黄养正篆。现藏苏州博物馆。

【故陈孝子（宣）墓志铭】明正统十四年（1449）丘方撰文，吕困篆额，金鼐书丹。现藏常熟市碑刻博物馆。

【故丁（熙远）孺人金氏墓志铭】明正统十四年（1449）丘方撰文，宋祥书丹，高德篆盖。现藏常熟市碑刻博物馆。

【管处士墓志铭】明景泰元年（1450）夏曦撰，仰瞻书并篆盖。现藏苏州碑刻博物馆。

【故陶彦清妻厉氏墓志铭】明景泰元年（1450）吕困篆，丘方撰，鱼侃书。现藏常熟市碑刻博物馆。

【故文林郎永平知县郁公（尚宾）墓志铭】明景泰二年（1451）姜浚撰文，冯郁书，刘列篆。现藏苏州博物馆

【故姚克承妻硕人潘氏墓志铭】明景泰三年（1452）陈僎撰文，沈环书篆。现藏苏州博物馆。

【翁处士（昱）墓志铭】明景泰三年（1452）周叙撰文，陈祚书篆。现藏苏州博物馆。

【故俞（行简）孺人陶氏圹志铭】明景泰三年（1452）丘方撰文，卫靖书丹，俞宗大篆盖，吕顺刻。现藏常熟市碑刻博物馆。

【故处士陈士俊墓志铭】明景泰三年（1452）陆瑞年撰并书，周圭刻。现藏常熟市碑刻博物馆。

【季瓛妻陈氏墓志铭】明景泰四年（1453）谈懋撰并书篆。现藏常熟市碑刻博物馆。

【学稼处士王伯声墓志铭】明景泰四年（1453）撰。现藏常熟市碑刻博

物馆。

【故刘士达室张氏墓志铭】明景泰四年（1453）郑余庆撰文，陈廷珮书丹，胡可轩篆盖。现藏常熟市碑刻博物馆。

【故乐善处士黄公（让）墓志铭】明景泰四年（1453）陆祺撰，唐元书篆。现藏常熟市碑刻博物馆。

【故处士徐伯和夫妇合葬墓志铭】明景泰四年（1453）吴润撰，何澄书，樊懋篆。出土于鹫山，现藏张家港市恬庄杨氏孝坊。

【朱璲墓志】明景泰四年（1453）撰。现藏昆山市文物管理所。

【郑妙贤墓志】明景泰四年（1453）夏昺书。现藏昆山市文物管理所。

【故浙江云和县知县顾公（立）圹铭】明景泰六年（1455）陈颀撰，张懋书，丘方隶。现藏常熟市碑刻博物馆。

【故陈公泽夫妇合葬墓志铭】明景泰六年（1455）丘方论撰，张懋书丹并篆盖，王渊刻。现藏常熟市碑刻博物馆。

【故谈仲声墓志铭】明景泰六年（1455）夏瑜撰文，吴惠书篆，沈义甫刻。现藏苏州博物馆。

【故谈仲声妻袁氏（淑清）墓志铭】明景泰六年（1455）夏瑜撰文，吴惠篆盖，夏昶书丹，沈囗刻。现藏苏州博物馆。

【故征士张仲修墓志铭】明景泰六年（1455）徐俌撰文，鲍纲书。现藏苏州碑刻博物馆。

【故颍川陈叔瑛墓志铭】明景泰六年（1455）万宣撰，唐维书，周贤篆，何渊刻。现藏苏州碑刻博物馆。

【管麟先考妣合葬墓志】明景泰七年（1456）邹顺填讳。现藏苏州博物馆。

【故处士陆世荣墓志铭】明景泰七年（1456）卓礼撰文，潘纯书丹，姚文昌篆盖，胡勉刻。现藏苏州博物馆。

【清隐陈处士（叔维）墓志铭】明景泰七年（1456）丘方撰，吕希颜书，鱼希直篆盖，王渊刻。现藏常熟市碑刻博物馆。

【处士丘宗盛墓志铭】明天顺元年（1457）陈述撰文，刘珏书丹，金湜篆盖。1980年在斜塘龙墩出土，现藏吴中区文管会碑廊。

【故怡轩处士程公（采）墓志铭】明天顺元年（1457）吕囦撰文，孙纪书篆。现藏常熟市碑刻博物馆。

【故何孟渊妻马氏墓志铭】明天顺元年（1457）谈懋撰并书篆。现藏常熟市碑刻博物馆。

【故处士吴守信墓志铭】明天顺元年（1457）潘纯撰，徐杰书，郭璘篆，何渊刻。现藏苏州博物馆。

【吴守信妻莫氏（妙慧）墓志铭】明天顺元年（1457）刘铉撰，徐杰书，郭璘篆，何渊刻。现藏苏州博物馆。

【潘廷启墓志铭】明天顺元年（1457）彭宁造刻。现藏苏州博物馆。

【处士徐文进（缙）墓志铭】明天顺二年（1458）章珪孟端填讳。现藏常熟市碑刻博物馆。

【故处士夏世荣墓志铭】明天顺三年（1459）范汝宗撰，王师古书，吕囦篆。现藏常熟市碑刻博物馆。

【故吴德济（泽）墓志铭】明天顺三年（1459）谈懋论撰，冯瓘书篆。现藏常熟市碑刻博物馆。

【浦淑清墓志】明天顺三年（1459）撰。现藏昆山市文物管理所。

【夏存贤墓志】明天顺三年（1459）撰。现藏昆山市文物管理所。

【吴敏达妻过氏墓志铭】明天顺四年（1460）谈懋论撰，冯瓘书篆。现藏常熟市碑刻博物馆。

【朱衍墓志】明天顺四年（1460）撰。现藏昆山市文物管理所。

【故渔钱处士（杲）墓志铭】明天顺五年（1461）徐俌撰，吕囦篆，魏祐书。出土于鹿苑，现藏张家港博物馆。

【故颐庵朝用张公（缙）墓志铭】明天顺五年（1461）汤琛撰，顾以山书，高德篆。现藏常熟市碑刻博物馆。

【义士钱理平（洪）室范孺人墓志铭】明天顺六年（1462）徐俌撰，吕囦篆，陈璧书。出土于凤凰山麓，现藏张家港市恬庄杨氏孝坊。

【故处士戈汝璋（琳）墓志铭】明天顺六年（1462）谭懋撰并书，程宗篆。现藏常熟市碑刻博物馆。

【孙永吉墓志】明天顺七年（1463）撰。现藏昆山市文物管理所。

【处士顾仲铭墓志铭】明天顺七年（1463）吴惠撰，周庠书，夏衡篆。现藏苏州博物馆。

【柴孺人陈氏墓志铭】明天顺七年（1463）沈鲁撰，徐牧书并篆，李俊

故吴德济（泽）墓志铭

刻。现藏太仓碑刻博物馆。

【谈时中夫妇合葬墓志铭】 明天顺八年（1464）盛佽撰文，奚昌书丹，程洛篆额。现藏苏州博物馆。

【故义官汤公（庸）墓志铭】 明天顺八年（1464）汤琛撰文，范纯书篆，王济刻。现藏常熟市碑刻博物馆。

【故继母吴氏（妙清）墓志】 明成化二年（1466）孤哀子管昂谨志，汤琛填讳，胡勉刻。现藏苏州博物馆。

【故义官钱公理平（洪）墓志铭】 明成化二年（1466）徐俌撰，吕囦篆盖，魏祐书丹。出土于河阳坟，现藏张家港市恬庄杨氏孝坊。

【故闻（鉴）母王氏硕人墓志铭】 明成化三年（1467）汤洪撰文，孙纪书丹，唐元篆额，吕顺刻。现藏常熟市碑刻博物馆。

【高淑昂墓志】 明成化四年（1468）撰。现藏昆山市文物管理所。

【故处士吴敏达墓志铭】 明成化四年（1468）沈海撰文，蔡□书篆，朱□玉刻。现藏常熟市碑刻博物馆。

【故陈允实妻蒋氏圹志铭】 明成化五年（1469）诸伦撰文并篆盖书丹，王渊刻。现藏常熟市碑刻博物馆。

【处士丘宗盛墓志铭】 陈述撰文，刘珏书丹，金湜篆盖。1980年碑石在斜塘龙墩出土，碑藏吴中区文管会。

【周闻夫妇墓志铭】 两方。周闻墓志铭全称"明武略将军太仓卫副千户尚侯声远墓志铭"，明成化六年（1470）沈鉴文昭撰文，夏铎书篆。共669字，记载周闻（即尚声远）跟随郑和明永乐七年（1409）、十年（1412）、十五年（1417）、十九年（1421）（该年"中道取回"）和宣德六年（1431）五次下西洋日期。这块墓志铭是研究郑和下西洋历史的重要实物史料。周闻妻墓志铭全称"明故宜人张氏墓志铭"，明宣德七年（1432）盛颐撰文，沃能书篆。张氏墓志铭共506字，内容也是郑和下西洋的重要佐证材料。两墓志铭1983年在太仓公园树萱斋西壁内发现，现藏太仓博物馆。

【高以平墓志】 明成化七年（1471）撰。现藏昆山市文物管理所。

【施伯绅妻程氏墓志铭】 明成化八年（1472）祝颢撰，夏铎书丹并篆。现藏苏州博物馆。

【乔氏墓志】 明成化八年（1472）撰。现藏昆山市文物管理所。

【故奉直大夫南京刑部员外郎致仕孙君（纪）墓志铭】 明成化十一年（1475）钱溥撰文，汤琛书丹，陈璧篆盖，吕琼刻。现藏常熟市碑刻博物馆。

【大理寺左寺正刘（瀚）妻安人吴氏（尚温）墓志铭】 明成化十一年（1475）安盛华撰文，程洛篆盖。现藏苏州博物馆。

【俞钦玉墓志铭】 明成化十一年（1475）张祝撰，祝颢书，顾瞳篆。出土于虎丘区三元俞大坟，现藏苏州博物馆。

【范仲淹神道碑铭】 原碑为宋至和三年（1056）宋欧阳修撰文，王洙书。高2.07米，宽1.06米。明成化十二年（1476）刘□重立墓碑，吴□书，陈

八、墓志

俊刻。现藏苏州碑刻博物馆。

【故（贾宗锡父）王处士（琳）墓志铭】明成化十三年（1477）王鏊撰文，赵兰玉书丹，瞿俊篆盖。现藏常熟市碑刻博物馆。

【故恒轩先生周用常墓志铭】明成化十三年（1477）俞经撰文，郑文声书篆。现藏苏州博物馆。

【唐母李氏宜人（淑宁）墓志铭】明成化十三年（1477）林符撰文，夏寅书丹并篆盖。出土于新升徐家坟，现藏苏州博物馆。

【顾宗本妻潘硕人（淑圆）墓志铭】明成化十四年（1478）范昌龄撰，顾余庆书，汝讷篆。现藏苏州博物馆。

【汤中叔妻吴孺人墓志铭】明成化十四年（1478）章律撰文，王鼎书丹，萧奎篆盖。现藏常熟市碑刻博物馆。

【许廷珪墓志】明成化十四年（1478）撰。现藏昆山市文物管理所。

【邵洁墓志】明成化十五年（1479）撰。现藏昆山市文物管理所。

【陈贤夫妇墓志铭】明成化十五年（1479）张泰撰文，陆容书丹，陆□篆盖。现藏太仓博物馆。

【谭朝瑞室朱孺人墓志铭】明成化十五年（1479）瞿明撰文，蒋岳书篆。现藏常熟市碑刻博物馆。

【沈懋勤墓志】明成化十六年（1480）。现藏昆山市文物管理所。

【故处士卢彦辉圹志】明成化十七年（1481）陈易填讳并书篆。现藏常熟市碑刻博物馆。

【刘瀚故贰室任氏（妙聪）圹志】明成化十八年（1482）刘瀚识。现藏苏州博物馆。

【故郁文承墓志铭】明成化十九年（1483）曹鼎撰文，陆琪书。现藏苏州博物馆。

【沈妙贞墓志】明成化十九年（1483）撰。现藏昆山市锦溪镇。

【严清墓志】明成化十九年（1483）撰。现藏昆山市文物管理所。

【故顾彦辉妻王氏墓志铭】明成化二十一年（1485）钱绶撰文，林傅书丹，严芸篆盖，吕琼刻。现藏常熟市碑刻博物馆。

【故义官劲斋陈公（穗）墓志铭】明成化二十二年（1486）钱昕撰，徐恪书，沈海篆。现藏常熟市碑刻博物馆。

【赵妙宁墓志】明成化二十二年（1486）。现藏昆山市锦溪镇。

【沈启南（周）妻陈氏（慧庄）墓志铭】明弘治元年（1488）李应祯撰并篆盖，祝允明书丹，陈俊刻。现藏苏州博物馆。

【谈允吉墓志铭】明弘治元年（1488）吴宣撰，张习书篆。现藏苏州博物馆。

【故承事郎仲君廷钰（鼎）墓志铭】明弘治二年（1489）陆润撰文，沈海书丹并篆，周珪刻。现藏常熟市碑刻博物馆。

【故处士张朝贵墓志铭】明弘治二年（1489）丘云鹗撰文并书篆。现藏常熟市碑刻博物馆。

【故菊泉陈宗仁夫妇合葬墓志铭】明弘治二年（1489）姚亟撰，邱镐书，张玮篆。现藏苏州碑刻博物馆。

【故处士钱公瑾墓志铭】明弘治三年（1490）桑瑾撰文，夏玑书丹，陈俊刻。现藏常熟市碑刻博物馆。

【阮氏墓志铭】明弘治三年（1490）撰。现藏苏州博物馆。

【卢廷玉妻周氏硕人墓志铭】明弘治四年（1491）张约撰文，王俸书，章浩刻。现藏苏州博物馆。

【故千户唐德广墓志铭】明弘治五年（1492），文林撰并书篆，章浩刻。现藏苏州碑刻博物馆。

【张君景昭墓志铭】明弘治五年（1492）蔡昂撰文，杨升书丹。现藏苏州博物馆。

【友桂钱君（邦宁）墓志铭】明弘治五年（1492）李杰撰文，瞿俊书撰。出土于奚浦村，现藏张家港博物馆。

【故千户唐德广墓志铭】明弘治六年（1493）文林撰并书篆，章浩镌。出土于虎丘区新升徐家坟，现藏苏州博物馆。

【母孺人王氏（妙靖）墓志铭】明弘治六年（1493）王轼撰，姜立纲书丹，鲁昂篆盖。现藏苏州博物馆。

【周氏墓志铭】明弘治七年（1494）祝允明撰并书，陈昌言刻。现藏苏州碑刻博物馆。

【承事郎刘君（浒）合葬墓志铭】明弘治七年（1494）李东阳撰，姜立纲书，马绍荣篆盖。出土于路北九队，现藏苏州博物馆。

【故稼轩俞文辉墓志铭】明弘治七年（1494）钱仁夫撰。现藏常熟市碑刻博物馆。

【故复清居士陈君（稷）墓志铭】明弘治九年（1496）桑□撰文，朱天宥书丹，严芸篆盖。现藏常熟市碑刻博物馆。

【周参母沈氏墓志铭】明弘治九年（1496）章浩刻。现藏苏州博物馆。

【张守中墓志铭】明弘治十年（1497）祝允明撰并书，吴奕篆，章浩刻。现藏苏州博物馆。

【罗良臣妇魏葬铭并序】明弘治十年（1497）祝允明撰书篆盖，章□勒石。现藏苏州碑刻博物馆。

【郁文玉继室陆硕人（素端）墓志铭】明弘治十年（1497）施文显撰，周诏书并篆盖。现藏苏州博物馆。

【陈马贞继室王孺人墓志铭】明弘治十年（1497）文林撰，姚孟书并篆盖，温玉刻。现藏苏州碑刻博物馆。

【罗良臣妇魏（秀清）葬铭并序】明弘治十一年（1498）祝允明撰书并篆盖，章济刻。现藏苏州博物馆。

【刘来亡妻张氏（秀兰）圹志】明弘治十一年（1498）刘来志。现藏苏州博物馆。

【明人自志】明弘治十二年（1499）周端填讳并识。现藏苏州博物馆。

【正议大夫资治尹南京工部右侍郎徐公（恪）墓志铭】李杰撰文，熊绣书丹。1955年出土于河阳山南，现藏张家港博物馆。

【故怡庵处士施公悦墓志铭】明弘治十三年（1500）都穆撰，唐寅书丹。现藏苏州博物馆。

【张思本墓志铭】明弘治十三年（1500）祝允明撰并书丹，周瑄篆盖，归仁刻。现藏苏州博物馆。

【故经府沈公（渭）墓志铭】明弘治十三年（1500）李杰撰文，马绍荣书篆。现藏常熟市碑刻博物馆。

【梁玄墓志】明弘治十三年（1500）撰。现藏昆山市文物管理所。

【讷庵周翁（惟德）墓志铭】明弘治十四年（1501）钱贵撰文，陆钟书篆，温玉刻。现藏苏州博物馆。

【赵氏冢妇张硕人圹志】明弘治十四年（1501）陆伸志，沈谟刻。现藏

张家港博物馆碑廊

太仓碑刻博物馆。

【王孺人墓志铭】明弘治十四年（1501）陈鲲撰并书篆。出土于路北苗圃，现藏苏州博物馆。

【朱珙墓志】明弘治十五年（1502）。现藏昆山市文物管理所。

【潘孺人任氏墓志铭】明弘治十六年（1503）唐寅撰文，张灵书篆，温玉刻。现藏苏州博物馆。

【思静处士陆君墓志铭】明弘治十六年（1503）王鏊撰，祝枝山书丹，黄沐篆额，章浩刻。出土于涵村陆氏墓园，现藏金庭镇水月坞碑廊。

【故韩君廷用墓志铭】明弘治十八年（1505）。现藏苏州博物馆。

【故永感顾处士（宣）夫妻合葬墓志铭】明弘治十八年（1505）丁仁撰文，胡恩书篆。现藏常熟市碑刻博物馆。

【故封中宪大夫太常寺少卿前陕西按察司副使刘公墓志铭】明弘治十八年（1505）李东阳撰，周文通书，乔宇篆，王用刻。现藏常熟市碑刻博物馆。

【故安拙吴翁（正）墓志铭】明正德元年（1506）刘桐撰文，刘槃书篆，章浩刻。现藏苏州博物馆。

八、墓志

思静处士陆君墓志铭

【故封中宪大夫太常寺少卿前陕西按察司副使刘公（瀚）墓志铭】明正德元年（1506）李东阳撰，周文通书，乔宇篆，王用镌。现藏苏州博物馆。

【张母盛硕人（端）墓志铭】明正德元年（1506）文森撰文，张灵书丹。现藏苏州博物馆。

【故前文林郎南京陕西道监察御史蒋君（钦）墓志铭】明正德二年（1507）钱仁夫撰，陈言书篆。现藏常熟市碑刻博物馆。

【杨妙玄墓志】明正德二年（1507）顾鼎臣撰文，朱希周书丹。现藏昆山市文物管理所。

【故福州府经历刘公广扬妻张孺人（寿徵）墓志铭】明正德四年（1509）宣昶撰文，刘桐书丹，刘棨题盖，章浩刻。现藏苏州博物馆。

【故耕樵邹处士室韩硕人墓志铭】明正德五年（1510）祝允明撰文并书篆，周□刻。现藏苏州碑刻博物馆。

【诰封南京吏部郎中邹公（怡梅）暨宜人钱氏墓志铭】明正德五年（1510）李杰撰文，卢翱书丹，钱仁夫篆盖。现藏常熟市碑刻博物馆。

【江西宁县尹七峰褚公（垠）墓志铭】明正德六年（1511）曹文撰文并书篆。现藏常熟市碑刻博物馆。

【亡儿都钦墓志铭】明正德七年（1512）父都翼撰文，兄都咨书篆。现藏苏州博物馆。

【承事郎耕宗公墓志铭】明正德八年（1513）吴一鹏撰文，丁仁书篆。现藏常熟市碑刻博物馆。

【石守素墓志】明正德八年（1513）。现藏昆山市文物管理所。

【怡菊薛君（正）墓志铭】明正德九年（1514）陶麟撰文，章浩刻。现藏苏州博物馆。

【故陆季荣室龚孺人墓志铭】明正德十年（1515）陆隆恩撰，刘布书篆。现藏常熟市碑刻博物馆。

【故温州府通判检斋桑公墓志铭】明正德十一年（1516）李杰撰文，王鼎书篆。现藏常熟市碑刻博物馆。

【程孟清□沈硕人（妙宁）墓志铭】明正德十二年（1517）□□寅书丹，张□刻。现藏苏州博物馆。

【故饶公万胜处士墓志铭】板岩材质。明正德十二年（1517）陈威撰，黄沂书丹。现藏罗汉院双塔。

【蓟门卢君（珪）墓志铭】明正德十四年（1519）都穆撰。现藏苏州博物馆。

【故中顺大夫温州府知府致仕奉诏进阶三品古松陆公（润）墓志铭】明正德十四年（1519）吴一鹏撰文，刘缨书丹，吴堂篆盖。现藏常熟市碑刻博物馆。

【卢钦墓志铭】明正德十四年（1519）杜启撰文。现藏苏州博物馆。

【钱君汝容墓志铭】明正德十四年（1519）曹璞撰文，吕元夫书并篆盖，刘夏刻。现藏苏州博物馆。

【戚用明墓志】明正德十四年（1519）撰。现藏昆山市文物管理所。

【故怡梅周用绅墓志铭】明正德十六年（1521）张钢撰文，徐翊书篆。现藏苏州博物馆。

【周寻乐室人陈氏（玉真）墓志铭】明正德十六年（1521）周诏撰。现藏苏州博物馆。

【夏君廷礼妻陆硕人墓志铭】明正德十六年（1521）都穆撰文，杨复春书篆。现藏苏州碑刻博物馆。

【顾母张硕人（淑愤）墓志铭】明嘉靖二年（1523）朱伸撰文，杜感书篆。现藏苏州博物馆。

【沈良伯墓志】明嘉靖二年（1523）撰。现藏昆山市文物管理所。

【故南阳府通判沈君（鼎）墓志铭】明嘉靖四年（1525）都穆撰，顾廷珪刻。现藏常熟市碑刻博物馆。

【故讷庵周君（鞠）继室林孺人墓志铭】明嘉靖六年（1527）赐进士第北京工部都水清史司主事郡人□□撰文，承务郎鸿胪寺右寺丞漕湖钱□□篆。现藏苏州博物馆。

【故安拙吴公（正）妻刘孺人（安正）墓志】明嘉靖七年（1528）刘煐撰文，刘梅书篆。出土于路北苗圃，现藏苏州博物馆。

【故处士友竹缪公（松）暨室张孺人合葬墓志铭】明嘉靖八年（1529）陈寰撰文，张文麟书丹，张文凤篆盖。现藏常熟市碑刻博物馆。

【钱文通室雷硕人（秀间）墓志铭】明嘉靖九年（1530）郑泰撰文，王焕书篆，章简甫刻。现藏苏州博物馆。

【故封文林郎监察御史九十四翁瞻梓蒋公（绮）墓志铭】明嘉靖十年（1531）陈察撰文，张京安书丹，刘布篆盖。现藏常熟市碑刻博物馆。

【周翁（训）墓志铭】明嘉靖十一年（1532）周镗撰文，温厚刻。现藏苏州博物馆。

【梓轩王君宗远夫妇合葬墓志铭】明嘉靖十二年（1533）文徵明书，许初卜篆。现藏苏州博物馆。

【故承德郎泉州通判豫庵郭公（鞯）墓志铭】明嘉靖十二年（1533）何□勒石。出土于白洋湾，现藏苏州博物馆。

【张母薛硕人（妙安）墓志铭】明嘉靖十三年（1534）文徵明撰，刘荣书篆，归仁刻。现藏苏州博物馆。

【顾西谿（南）墓志铭】明嘉靖十四年（1535）张一厚撰文，文徵明书丹，顾闻篆盖，温恕刻。现藏苏州博物馆。

【故薛翁（景荣）墓志铭】明嘉靖十六年（1537）文徵明撰并书。现藏苏州博物馆。

【奉政大夫刑部郎中东郭周公（涤）墓志铭】明嘉靖十六年（1537）刘龙撰志，王轨书丹，蒋瑶篆盖。现藏常熟市碑刻博物馆。

【故顾硕人墓志铭】明嘉靖十八年（1539）吴良臣撰，汤盘书篆，温厚刻。现藏苏州博物馆。

【故钱君文通墓志铭】明嘉靖十八年（1539）陆粲撰，郑泰书篆，章简甫刻。现藏苏州博物馆。

【顾鼎臣墓志碑】明嘉靖十九年（1540）立，出土于光福镇潭山南顾鼎臣墓，现藏吴中区文管会碑廊。顾鼎臣，明弘治十八年（1505）状元及第。

【故守溪张时威墓志铭】明嘉靖十九年（1540）文彭撰，温惠刻。现藏苏州大学博物馆。

【敕封安人钊嫔杨氏墓志铭】文徵明撰并书篆，吴鼒刻。明嘉靖二十年（1541）。现藏苏州碑刻博物馆。

【故岐山崔公（凤）同室杜孺人合葬墓志铭】明嘉靖二十年（1541）邓钹撰文，陈□书篆。现藏张家港博物馆。

【张蕴之妻沈硕人墓志铭】明嘉靖二十一年（1542）章焕撰，温泉刻。现藏苏州博物馆。

故守溪张时威墓志铭

【诰封太宜人薛母颜氏墓志铭】 明嘉靖二十二年（1543）文徵明撰并书篆，吴鼐刊。现藏苏州博物馆。

【杨府君墓志铭】 明嘉靖二十二年（1543）文徵明撰并书。碑藏苏州碑刻博物馆。

【故耐庵蒋君（镀）墓志铭】 明嘉靖二十四年（1545）夏玉麟撰文，从侄潜书并篆。现藏常熟市碑刻博物馆。

【陆友竹方硕人合葬墓志】 明嘉靖二十四年（1545）周天球撰，文嘉书篆。现藏苏州大学博物馆。

【苏州府医学正科东圃陆君墓志铭】明嘉靖二十六年（1547）从弟粲撰，顾德□书篆。现藏苏州博物馆。

【故国子监祭酒琴川陈公（寰）圹志铭】明嘉靖二十八年（1549）兄察撰，文徵明书，吴鼒刻。现藏常熟市碑刻博物馆。

【中宪大夫知建宁府端岩张公（文麟）墓志铭】明嘉靖三十五年（1556）王忬撰，文徵明书，吴鼒刻。现藏常熟市碑刻博物馆。

【周于舜墓志】明嘉靖三十六年（1557）。现藏昆山市文物管理所。

【许春渠墓志铭】明嘉靖三十八年（1559）高攀龙撰文，赵宧光篆盖，杜大绶书丹。现藏苏州大学博物馆。

【云南府晋宁州同知王质夫配孙孺人墓志铭】明嘉靖三十八年（1559）瞿景淳撰，朱木书篆。现藏常熟市碑刻博物馆。

【故通议大夫礼部左侍郎兼翰林院学士赠尚书昆湖瞿文懿公（景淳）行状】明隆庆三年（1569）陈瓒撰，沈幼文刻。现藏常熟市碑刻博物馆。

【故浦母黄孺人墓志铭】明隆庆三年（1569）叔正色撰，邓伟书篆。现藏苏州博物馆。

【故承德郎工部主事晋宁州贰守山城王先生（鲁）墓志铭】明隆庆五年（1571）瞿景淳撰，赵承谦书丹，徐栻篆盖。现藏常熟市碑刻博物馆。

【故陈君敬渔之妻袁孺人墓志铭】明万历四年（1576）徐鸣玉撰。出土于港口镇，现藏张家港市恬庄杨氏孝坊。

【奉政大夫泉州郡丞三泉陆公（一凤）暨配陈宜人墓志铭】明万历九年（1581）王世贞撰文，蒋以忠书丹，钱岱篆盖。现藏常熟市碑刻博物馆。

【故简所刘公墓志铭】明万历二十年（1592）申时行□□。现藏苏州博物馆。

【故瑶川吴隐君墓志铭】明万历二十年（1592）袁一虬撰，陈汝学书丹并篆盖，吴履端刻。现藏甪直镇保圣寺碑廊。

【董份墓志铭】高1.78米，宽1.17米。明万历二十三年（1595）申时行撰，王锡爵、朱国祯书篆，章藻勒石。董份墓志铭属国家三级文物，原在光福镇香雪村青芝山董份墓，2016年被盗，2020年追缴回。现藏吴中区文管会。

【故礼部侍郎赠尚书瞿文懿公（景淳）副室殷孺人墓志铭】明万历三十

一年（1603）王衡撰，陆化淳篆盖，邵鏊书丹。现藏常熟市碑刻博物馆。

【光禄大夫少保兼太子太保吏部尚书建极殿大学士赠太保谥文肃王公（锡爵）墓志铭】明万历四十一年（1613）申时行撰，张辅之篆盖，王在晋书丹。出土于虎丘新庄，现藏苏州博物馆。

【诰封一品夫人元辅王公（锡爵）配夫人朱氏墓志铭】明万历四十一年（1613）冯时可撰，顾士琦篆盖，黄元□书刊。出土于虎丘新庄，现藏苏州博物馆。

【惠藏禅师塔铭碑】明董其昌书。现藏光福镇玄墓山圣恩寺。

【故□太原敕封孺人朱氏墓志铭】明杨循□撰，吴彭年书。现藏甪直镇保圣寺碑廊。

【陈处士夫妇墓志】现藏昆山市文物管理所。

【故杨孺人赵氏墓志铭】高德撰，刘昌书，马浩篆。出土于奚浦村，现藏张家港博物馆。

【故翁瑛墓志】沈芾书。在相城区沈周墓碑亭。

【隐湖毛公（晋）墓志铭】清顺治十七年（1660）钱谦益制，严栻篆盖，冯班书丹。现藏常熟市碑刻博物馆。

【右都御史陈镒祠堂碑】清康熙二十四年（1685）汤斌撰文，汪琬书丹，李士芳刻。现藏苏州碑刻博物馆。

【诰封一品太夫人蒋廷锡母曹太夫人墓志铭】清雍正四年（1726）张廷玉撰并书。出土于吴下浜，现藏常熟市碑刻博物馆。

【国学生柳君逊村墓志铭】清乾隆十八年（1753）沈璟撰，孙晋灏书，孙原湘篆额。现存吴江区黎里镇柳亚子纪念馆。

【皇清诰授奉政大夫戴公（纶）墓志铭】清乾隆十九年（1754）叶存仁书，汤士超刻。现藏苏州博物馆。

【皇清敕授承德郎大理寺司务厅即升部主事陶献廷公墓志铭】清乾隆二十三年（1758）彭启丰撰，宋宗元篆额，王立中书，王景桓刻。现藏苏州碑刻博物馆。

【皇清敕赠安人亡妻席氏墓志】清乾隆三十二年（1767）邵齐寿撰，沈德潜篆盖，郑虎文书。现藏常熟市碑刻博物馆。

【敕授儒林郎翰林院编修邵公（齐焘）墓志铭】清乾隆三十四年（1769）

郑虎文撰，赵同翿篆盖并书。现藏常熟市碑刻博物馆。

【皇清诰授朝议大夫台湾府知府香岩蒋君墓志铭】清乾隆四十六年（1781）嵇璜撰。现藏常熟市碑刻博物馆。

【故候选府同知松崖唐君（文檦）墓志铭】清乾隆五十二年（1787）黄轩撰，梁同书书丹，刘万传刻。现藏苏州博物馆。

【皇清敕赠儒林郎徐徵君（灵胎）墓志铭】乾隆五十七

皇清敕赠儒林郎徐徵君（灵胎）墓志铭

年（1792）彭启丰撰文，嵇璜书，王曾翼篆盖。徐灵胎，号洄溪，其自拟墓前对联曰："满山芳草仙人药，一径清风处士坟。"出土于松陵镇八坼凌益村徐灵胎墓，现藏吴江博物馆。

【皇清诰封宜人晋封恭人蒋母黄恭人墓志铭】清乾隆六十年（1795）王鸣盛撰文，王杰书，朱珪篆盖。现藏苏州博物馆。

【诰授朝议大夫湖南长沙府知府庚辰□□□□□□□□墓志铭】清乾隆六十年（1795）王杰篆盖，曾煌书。现藏苏州博物馆。

【讷庵刘公（金省）合葬墓志铭】清嘉庆元年（1796）钱大昕撰文并书丹，金士松篆盖，印两方：臣大昕（印）、文学侍从（印）。现藏苏州博物馆。

【诰授中议大夫例授通议大夫福建台湾兵备道提督学政按察使衔绹斋季公（学锦）墓志铭】清嘉庆五年（1800）董诰撰并书丹，陈嗣龙篆盖。现藏常熟市碑刻博物馆。

【王府君（寅熙）墓志铭】清嘉庆八年（1803）刘恒卿刻字。现藏苏州博物馆。

【常熟苏君（去疾）墓志铭】清嘉庆十一年（1806）姚鼐撰，梁同书书。现藏常熟市碑刻博物馆。

皇清敕授文林郎华亭县教谕候选国子监典簿王君（芑孙）墓志铭

【诰授奉政大夫例晋中宪大夫浙江宁绍台海防兵备道张君（燮）墓志铭】清嘉庆十七年（1812），赐进士出身翰林院庶吉士武英殿协修官加一级愚弟□□□撰文并书丹，王恺篆盖。现藏常熟市碑刻博物馆。

【皇清例赠宣德郎按察使经历太学生徐公墓志铭】清嘉庆二十二年（1817）董国华撰，李福书，江沅篆盖。现藏苏州碑刻博物馆。

【皇清敕授文林郎华亭县教谕候选国子监典簿王君（芑孙）墓志铭】清嘉庆二十三年（1818）秦瀛撰文，石韫玉书丹，潘奕隽篆盖，董培根刻。现藏苏州博物馆。

【故柳秀山墓志铭】清道光十年（1830）郭麟撰并书。现藏黎里镇柳亚子纪念馆。

【太学贡生古槎柳君诔】清道光三十年（1850）董兆雄撰，蔡召棠书，王致望篆，严庆垚刻。现藏黎里镇柳亚子纪念馆。

【杨君希铭墓志铭】清咸丰八年（1858）从兄希钰撰文并书丹，刘博文刻。出土于港口镇恬庄南马家桥，现藏张家港博物馆。

【孝妇单孺人家传】清咸丰十年（1860）冯桂芬撰并书，戴行之刻。现藏苏州碑刻博物馆。

【皇清貤封资政大夫候选署正王君敬斋墓志铭】清咸丰十年（1860）殷兆镛撰，杨沂孙书并篆盖。现藏苏州碑刻博物馆。

【马健庵墓志铭】墓志盖（篆书）、二方墓志铭（隶书）。许赓飏撰文，潘遵祁篆盖，钱省三刻。传主马健庵在清咸丰十年与太平军战斗中身亡。墓志1958年出土，现藏吴中区文管会碑廊。

【清封一品夫人汪母马太夫人墓志铭】清同治二年（1863）费树蔚撰文，俞宗海书丹，吴俊卿篆盖，孙仲渊刻。现藏甪直镇保圣寺碑廊。

【邹太学家传】清同治八年（1869）林则徐撰文，杨泗孙书丹；同治十一年（1872）杨滨石书，子文瀚附记。现藏苏州碑刻博物馆。

【皇清旌表孝行例授修职郎候选监县主事国学生邹君墓志铭】清同治八年（1869）庞钟璐撰文，翁同龢书丹，钱邦铭刻。现藏苏州碑刻博物馆。

【皇清诰赠荣禄大夫布政使衔江苏候补道加二级亚溪倪公暨配诰封一品太夫人张太夫人墓志铭】清同治十一年（1872）撰。现藏苏州博物馆。

【诰授光禄大夫刑部尚书谥文恪常熟庞公（钟璐）墓志铭】清光绪二年（1876）翁同龢撰文，杨泗孙书丹，潘祖荫篆盖。出土于港口镇太平集镇，现藏张家港市恬庄杨氏孝坊。

【柳应墀家传】清光绪三年（1877）柳以蕃撰，姚孟起书，唐仁斋刻。现藏黎里镇柳亚子纪念馆。

【诰授奉政大夫同知衔安徽全椒县知县廪贡生体斋朱君（根仁）墓志铭】清光绪四年（1878）杨沂孙撰书并篆盖，钱邦铭刻。现藏常熟市碑刻博物馆。

【孝妇单孺人家传】清光绪六年（1880）冯桂芬撰并书，戴行之刻。现藏苏州碑刻博物馆。

【皇清貤封资政大夫候选光禄寺署正王君敬斋墓志铭】清光绪六年

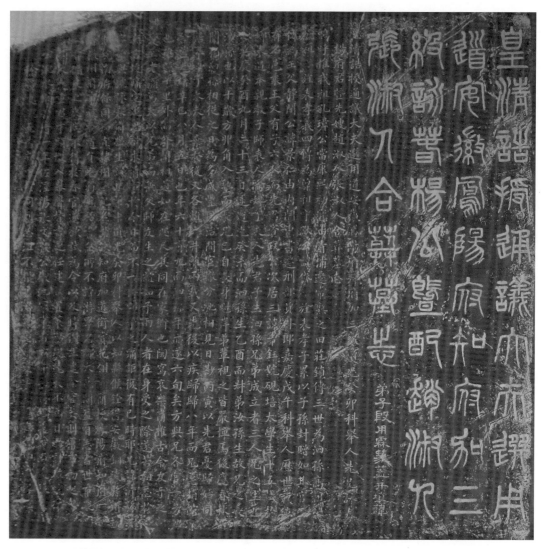

清诰授通议大夫选用道安徽凤阳府知府咏春杨公（沂孙）暨配赵淑人张淑人合葬墓志

（1880）殷兆镛撰文，杨沂孙书并篆盖。现藏苏州碑刻博物馆。

【清诰授通议大夫选用道安徽凤阳府知府咏春杨公（沂孙）暨配赵淑人张淑人合葬墓志】清光绪七年（1881）殷用霖篆盖并填讳，胞□泗孙志并书，钱邦铭刻。出土于港口镇朱章桥，现藏张家港市恬庄杨氏孝坊。

【皇清赐进士及第通奉大夫布政使衔湖南辰永沅靖兵备道翰林院修撰陆君（增祥）墓志铭】清光绪八年（1882）俞樾撰文，陆懋宗书丹，汪洵篆盖。陆增祥为清道光三十年（1850）状元，墓志铭现藏太仓博物馆。

【皇清诰授中宪大夫詹事府右春坊右中允费君墓志铭】清光绪十九年

(1893）洪良品撰文，沈景修书丹，吴大澂篆盖，吴邦铭刻。现藏苏州碑刻博物馆。

【故通奉大夫赏戴花翎二品衔浙江候补道署温处兵备道宗公（源瀚）墓志铭】清光绪二十三年（1897）谭廷献撰，费念慈书并篆盖。现藏常熟市碑刻博物馆。

【内阁中书王伟桢墓志铭】清光绪二十四年（1898）叶昌炽撰，陶浚宣书并题盖，陈伯玉刻。现藏苏州碑刻博物馆。

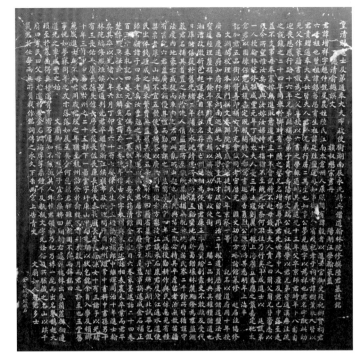

皇清赐进士及第通奉大夫布政使衔湖南辰永沅靖兵备道翰林院修撰陆君（增祥）墓志铭

【诰授中宪大夫安徽灵璧县知县杨君（同福）墓志铭】清光绪二十五年（1899）缪荃孙撰文，陆懋宗书丹，汪洵篆盖，毕璪卿刻。出土于张家港市港口镇朱章桥，现藏常熟市碑刻博物馆。

【五世同堂资政大夫杭君墓志铭】高1.77米，宽0.83米。清光绪二十七年（1901）俞樾撰，王同愈书并篆额，纪乾庭刻。原在东花桥巷杭氏家祠，现藏苏州碑刻博物馆。

【故诰授资政大夫许君家传】清光绪二十七年（1901）陈夔龙撰，宝熙书，周梅谷刻。现藏苏州碑刻博物馆。

【故诰授资政大夫三品衔候选监运使许君墓志铭】清光绪二十七年（1901）秦绶章撰文，朱祖谋书丹，王同愈篆盖，周梅谷刻。现藏苏州碑刻博物馆。

【故处士金君（彰）墓志铭】清宣统二年（1910）吴俊卿撰文并篆盖，陆恢书丹，陈伯玉刻。现藏苏州博物馆。

【修清雪琴金公（尔粟）暨妃萧宜人墓志铭】清宣统二年（1910）从侄

诰授资政大夫兵部左侍郎世袭一等轻车都尉赐祭葬朴堂蒋公（廷锡）墓志铭

鹤翔撰文，宗曜书丹，宗晗篆盖，赵石刻石。出土于港口镇朱章桥，现藏常熟市碑刻博物馆。

【故光禄大夫经筵讲官太子太傅文华殿大学士兼理户部尚书事世袭一等阿达哈哈番蒋文肃公墓志铭】现藏张家港市碑刻博物馆。

【诰授资政大夫兵部左侍郎世袭一等轻车都尉赐祭葬朴堂蒋公（廷锡）墓志铭】现藏张家港市碑刻博物馆。

【周孺人卢氏墓志铭】清周叙撰，沈为忠书，徐瑛篆，章敬刻。现藏甪直镇保圣寺碑廊。

【故貤封一品夫人吴副室陈太夫人墓志铭】陈太夫人，是吴大澂妻子。1916年张一麐撰文，庄蕴宽书丹，汪荣宝篆盖，杨诒生刻。现藏苏州碑刻博物馆。

【柳寅伯先生墓表】1918年陈去病撰并书，周梅谷刻。现藏黎里柳亚子纪念馆。

【柳无涯先生墓志铭】1918年陈去病撰文，沈维中书丹，李涤篆盖，周梅谷刻。现藏苏州碑刻博物馆。

【封资政大夫分部员外郎候选州同杭君墓志铭】1918年曹允源撰文，邵松年书丹，王同愈篆盖，陈伯玉刻。现藏苏州碑刻博物馆。

【诰授候选布政司理问沈受洁夫妇合葬墓志铭】1923年王季烈撰文，章钰书丹，王同愈篆盖，孙仲渊刻。现藏苏州碑刻博物馆。

【叶小鸾之墓碑】清咸丰五年（1855）吴江县令王寿迈"偕分湖宗人戟甫公乃溱访出重修树碑立案"，撰写《重修有明仙媛叶琼章墓记》。1923年柳亚子与沈长公勒石树碑，并请叶氏族长叶藜仙书"叶小鸾之墓"。20世纪50年代末，建造青平公路时挖毁叶小鸾墓。墓碑现存吴江区北厍文化站。

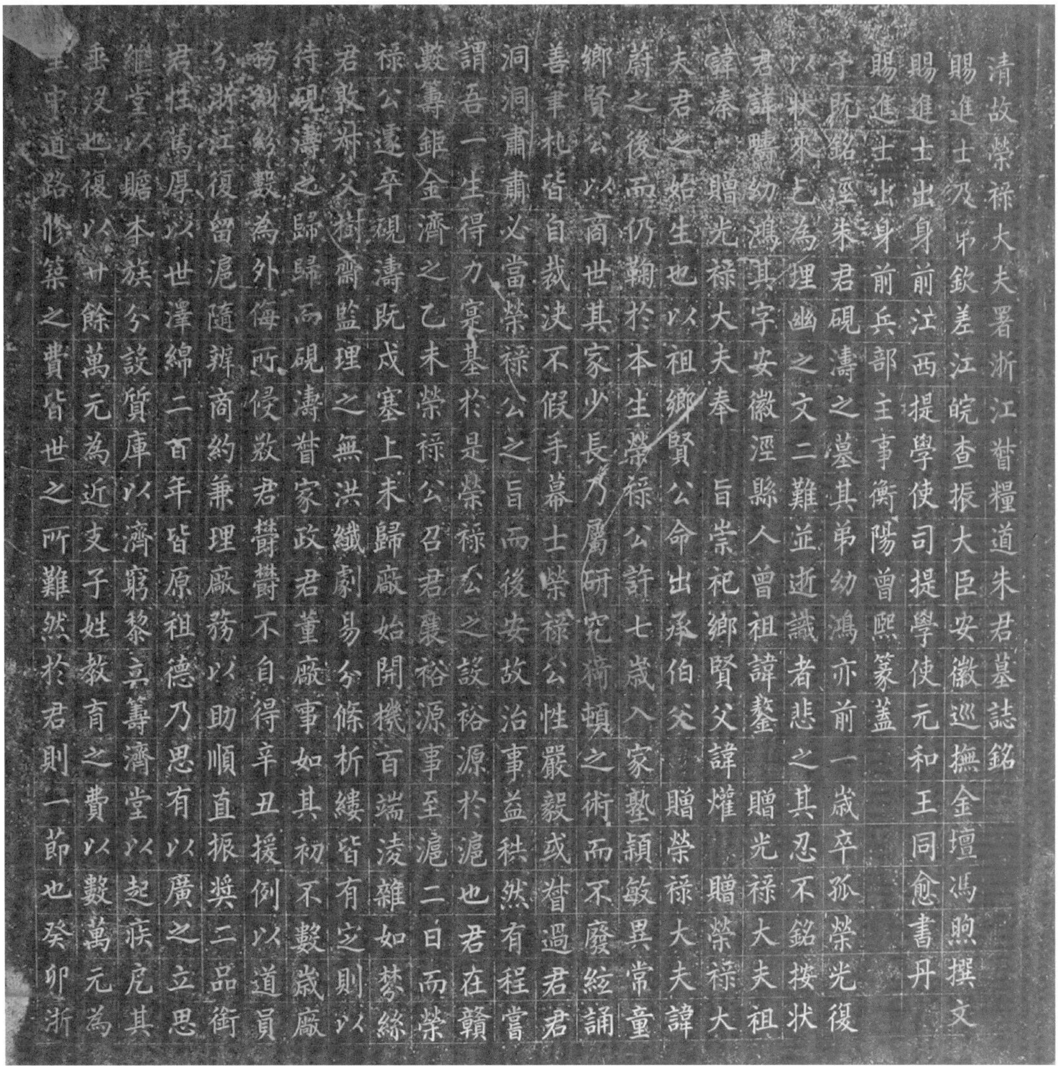

清故榮祿大夫署浙江督糧道朱君墓誌銘
賜進士及第欽差江皖查振大臣安徽巡撫金壇馮煦撰文
賜進士出身前江西提學使司提學使元和王同愈書丹
賜進士出身前兵部主事衡陽曾熙篆蓋
予既銘涇朱君硯濤之墓其弟幼鴻亦前一歲卒孤榮光復
以狀來乞為埋幽之文二難並逝識者悲之其忍不銘按狀
君諱疇幼鴻其字安徽涇縣人曾祖諱鏊 贈光祿大夫祖
諱溱 贈光祿大夫奉旨崇祀鄉賢父諱爟 贈榮祿大
夫君之始生也以祖鄉賢公命出承伯父 贈榮祿大夫諱
蔚之後而仍鞠於本生榮祿公許七歲入家塾穎敏異常童
鄉賢公以商世其家少長乃屬研究猗頓之術而不廢絃誦
善書札皆自裁決不假手幕士榮祿公性嚴毅或督過君君
洞洞肅肅必當榮祿公之旨而後安故治事益秩然有程嘗
謂吾一生得力寔基於是榮祿公之設裕源於滬也君在贛
數籌鉅金濟之乙未榮祿公召君襄裕源事至滬二日而榮
祿公遽卒硯濤既戍塞上未歸廠始開機百端淩雜如棼絲
君敦叔父樹齋監理之無洪纖劇易分條析縷皆有定則以
待硯濤之歸歸而硯濤督家政君董廠事如其初不數歲廠
務猬紛數為外侮所侵敚君鬱鬱不自得辛丑援例以道員
分浙江復留滬隨辦商約兼理廠務以助順直振獎二品銜
君性篤厚以世澤綿二百年皆原祖德乃思有以廣之立思
繼堂以贍本族分設質庫以濟窮黎立籌濟堂以起疾尻其
垂沒也復以廿餘萬元為近支子姓教育之費以數萬元為
里中道路修築之費皆世之所難然於君則一節也癸卯浙

故荣禄大夫署浙江督粮道朱君畴墓志铭

【故直隶提法使翁公（斌孙）墓志铭】1924 年言敦源撰文，华世奎书丹，罗振玉篆盖，李月庭刻。现藏常熟市碑刻博物馆。

【故荣禄大夫署浙江督粮道朱君畴墓志铭】1925 年冯煦撰文，王同愈书丹，曾熙篆盖，孙仲渊刻。现藏苏州碑刻博物馆。

【翰林院待诏汪君夫妇合葬墓志铭】1926 年吴梅撰文，李志仁书丹，王蕴章篆盖，张仲森刻。

【顾君伯圭墓志铭】1926 年唐文治撰文，毛祖模书丹，冯景韶篆，周梅谷刻。现藏太仓博物馆。

【张吴王母曹太妃墓碑记】1929年费树蔚撰，李根源书，邓邦述篆额，孙季渊镌刻立石。现藏苏州碑刻博物馆。

【修（鹤冲）族父济之金公（廷栻）墓志铭】1930年金鹤冲撰文，赵林书丹篆额，钱荣初刻。出土于张家港市妙桥镇金村，现藏常熟市碑刻博物馆。

【张公诚甫墓志铭】1942年费新我撰文，周梅谷书丹刻。现藏苏州碑刻博物馆。

【吴江费君墓志铭】1949年傅增湘撰文，金祖泽书丹，邓邦述篆盖，杨鉴庭刻。现藏用直镇保圣寺碑廊。

【刘过墓表】参见《刘过墓》。

【唐寅墓志铭】参见《唐寅墓》。

【沈周墓志铭】参见《沈周墓》。

【朱瑛墓志铭】参见《朱瑛墓》。

九 摩崖石刻

摩崖石刻是利用天然岩石刻文记事的石刻。苏州摩崖石刻主要分布在城郊西南和常熟的虞山。全市有近20处较集中分布的摩崖石刻群，还有『古坠星石』『廉石』等30多方零星分布的石刻。林屋山、小王山和虎丘摩崖石刻为省级文物保护单位，洞溪草堂、华山（花山）、寒山、穹窿山、观山、虞山东麓、剑门、桃源涧、铜官山及大石山等处摩崖石刻为市级文物保护单位。唐代颜真卿、李阳冰和张平阳所题『虎丘剑池』『生公讲台』『林屋古洞』等为苏州现存最早的一批摩崖石刻。宋代有米芾『风壑云泉』，范成大题名、李弥大《无碍居士道隐园记》及常熟青龙冈『巫相冈』『龙门』等石刻。明清时期摩崖石刻较多，寒山为明代高士赵宧光隐居处，华山『鸟道』沿途有数十方石刻，两山中仅清高宗弘历一人就有《华山作》《寒山别墅》《出阊门游寒山即景二首》《千尺雪即景杂咏（五首）》等近20首诗刻。七子山洄溪草堂遗址附近一块长50多米石壁上集中分布着20多方题刻。小王山摩崖石刻是李根源在为母庐墓期间章太炎、于右任等名流所留，目前尚存一百余方。玄墓真假山除了明代摩崖，还有康有为所题『寿洞』等字。虎丘等山丘上110多条题名摩崖，归入『题名刻』。

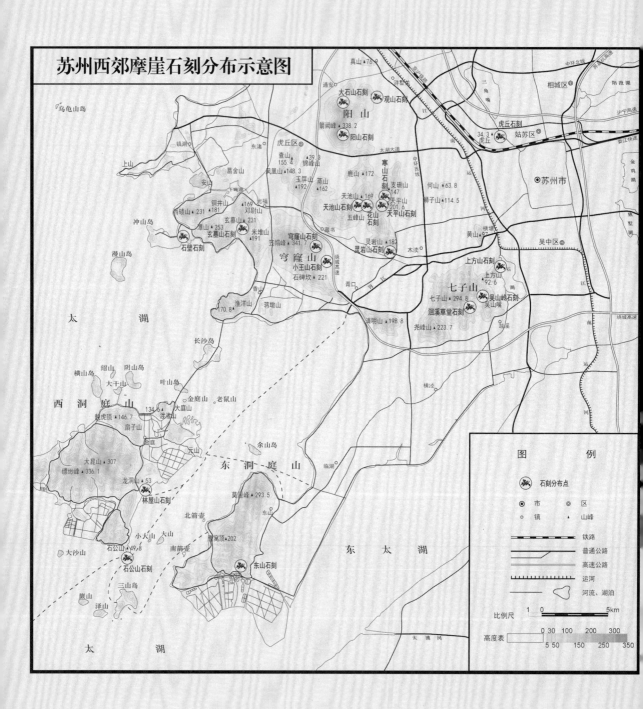

虎丘摩崖石刻

【虎丘石刻群】虎丘摩崖石刻主要分布在前山。年代最早的有"虎丘剑池""生公讲台"等唐代石刻,明《姑苏志》记载,此二处石刻乃唐颜真卿和李阳冰手迹。"风壑云泉",相传为宋米芾所书。白莲池畔、千人石上、峭壁磐石间、上山磴道旁,均有题刻。清代潘钟瑞汇编《虎阜石刻仅存录》,民国时李根源编有《虎阜金石经眼录》。2012 年,虎丘摩崖石刻被列为江苏省文物保护单位。

上山路侧有:"憨憨泉。""枕石。""石桃,果严。""试剑石,逸溪。"

试剑石旁篆刻《试剑石》诗:"剑试一痕秋,崖倾水断流。如何百年后,不斩赵高头。顾瑛。"

千人石畔:"生公讲台"四字,李阳冰篆书。"虎丘。""仙人石。""拳石。""佛力永丰。""怜悯万顺。""放生乐土。""慈度常庆。""超拔。""褐客辩端奉命书清顺长老。""乾隆甲寅,虎丘环山蹊径溪河,奉宪恩悉禁弋猎网捕,感德题名,以垂久远。""千人坐,天水胡缵宗书。""三仙阁,吕祖碑移于阁上,敬志,王慎始静心书。""放生乐土,鱼跃鸢飞,同善堂我愚沈权、芝亭陈玉麟、瘦铁金履贞、杏庄曹澄、春亭朱庆余、惆愚蒋恬、城北徐锡功。"

剑池畔有:"虎丘剑池。""'虎丘剑池'四字为颜鲁公书。旧石刻二方,方二字,龛置剑池傍壁间,岁久剥蚀,'虎'字且中断矣。予求章仲玉氏勾勒镌之别石,出旧'剑池'二字于土中,与新摹'虎丘'字并益以石座,庶可传久。'生公讲台'篆书四字,传为蔡忠惠公笔,一云李阳冰笔,'讲'字亦残毁,如'虎丘'字刻新之。其二字旧断石,俱着之壁间,以备后之考古者。仲玉,吴中名手,为王弇州先生所赏识,摹此石不一月即化去,盖绝笔也。万历甲寅二月,户部□□新野马之骏识□□。"

剑池两侧有:"风壑云泉。""蛟龙听法。""长洲令吾翕、吴令胡文静、昆山令方豪,闻剑池枯,见吴王墓门,偕往观焉。万年深秘,一旦为人所窥,岂非数耶?命掩藏之。正德七年上元前一日志。""正德七年正月,郡守三山林侯擢人云藩相与饯之虎丘。时剑池水涸,得亲□阖间之幽宫。千年神异,一朝显露,可悼也已。林侯名庭棉,字利瞻,同游者为少傅王鏊、解元唐寅、孝廉陈□,少傅之子延喆、延龄。""路转云岩曲径深,海分□□□花林。□□楼阁在山色,山石笙歌□梵音。筹国有怀劳寤寐,思归无计懒登临。可中亭畔停车坐,一勺清泉沁我心。江藩三韩佟彭年题并书。""泠然,海滨琴客顾韵泉题。""高山流水,光绪丙戌,平湖王成瑞为僧云间题。"

第三泉壁有:"第三泉,芝南。""铁华岩,沈阳范承勋书。"

白莲池有《白莲池》诗:"往来络绎胜游人,那识乾坤造化真?一脉渊泉清澈骨,千人大石净无尘。苔痕印履诗敲月,柳絮漫天鸟唤春。真趣真如归隐逸,放怀登眺妙通神。""崇祯二年六月,本府同知蒋尔第重建(残石)。""白莲池,龚祃题。""白莲开,金履贞、曹澄题。""邃谷,可泉子识。""采莲桥,白鹤仙书。""真趣。""山水之曲。"

点头石有:"清漪。""白莲。""点头,宝文。""和靖读书台。"

吴越经幢经后跋语:"下元甲子,显德五载(958),龙集戊年,日缠南

小王山摩崖石刻

斗。高阳许氏建。"

明万历经幢经后跋语:"万历壬辰(1592)仲夏十九日,钦差苏杭等处提督织造司礼监太监□□跋,本山住持净杼、通密、赞缘,善男子章藻书并刻。"

【小王山石刻群】小王山摩崖石刻位于穹窿山东南余脉小王山东西两侧。1927年至1936年,李根源在小王山为母庐墓期间,章太炎、于右任、叶恭绰、张大千、黎元洪等各界名流240余人来此拜会,留下题字、诗词550多条(首)。李根源把这些石刻诗文以"松海集""松海石刻""阙海石刻""阙茔石刻""余记"五个部分集刊于《松海》一书,并请石匠顾复兴摹刻于山石。20世纪六七十年代损毁很多,现存100余方。1995年被列为江苏省文物保护单位。

"柳桂香顾理卿临工,李根源识。""穹窿小王山,李根源书。""穹窿小王山,一名琴台山,又曰小黄山,穹窿中干也。葬汉驰义侯顾公贵、吴丞相

小王山摩崖石刻

顾公雍、梁建安令顾公烜、宋秘书正字周公南、顾文节公彦成、顾漫庄先生禧、潘氏南渡始祖、清赠刑部郎中王公相、暨吾母阙太夫人,共九墓。刊石记之以告来者。中华民国十七年(1928)九月,前国务总理、农商总长、陕西省长李根源书。""孝弟忠信,勤俭早起,爱众亲仁,自立知耻。右先祖灿东公遗训。李根源敬书。""灵秀,根源书此二字刻上,传之子孙。丁卯(1927)十月。""彩云峰,民国二十年(1931)根源。""痴云峰,民国二十年(1931)根源。"

"克绰永福,李母阙太夫人七十寿,黎元洪。""阙茔,民国廿一年(1932)九月章炳麟题。""阙茔村,民国廿年(1931)章炳麟。""民国廿二年(1933)三月,章炳麟与门人姜亮夫、郑伟业同赴邓尉探梅过此,谒阙太夫人墓。因题。""松海,民国廿三年(1934)八月章炳麟。""霁月,民国廿三年(1934)章炳麟书。""听松,章炳麟书。""珊瑚秘灵,谭延闿。""龙眠,谭延闿。""印泉于小王山前安阙茔,偏镌题识于石,琳琅满目。今又辟松海于山后,苍翠连云,山为生色矣。第起视山外之尘寰氛垢弥天,安得移此手笔扫荡之,一如此山之清凉。士君子固当整顿乾坤,不仅藻缀山林,虽然，印泉随地随时、无不有所设施、无不胸有千秋，然则兹于其松海也，固亦经纶天下之所见端云。民国二十五年（1936）元日，曲靖孙光庭书。""即是莲邦，李母阙太夫人佳城，三原王典章敬题。""松海，陈衍题。""与穹窿不朽。李老伯母墓前，民国十七年（1928），愚侄于右任。""松海，廿四年（1935）冬，于右任。""湖山堂，石湖治平寺旧题。今印泉先生建屋松海，对山面湖较尤佳胜，乃仍题此三字。民国廿四年（1935），于右任。""寒碧。廿四年（1935），印泉兄长嘱，右任。""腾冲李太母墓阙，安吉吴昌硕。""辛未（1931）元月，来谒李老伯母墓并撰阙茔村舍记。长沙章士钊。""苍洱遥拱。李母阙太君墓侧，岩石峥嵘，质秀而美，敬书四字以慰令子印泉孝思。己巳（1929）维夏，吴县王謇。""松涛，李侯印泉退隐吴中，买山植松百万。从此视伏地枕流辈，不啻上下床。九十叟相伯题。""古灵绕屋山沈墨，素月辉藏蜡花泣。山僧隔岭送酒来，夜醉谭禅松吹咽。梦魂飞上穹窿顶，披发朝天化羽客。夙兴夜寐念无忝，葆此令名勿轻掷。己巳（1929）三月，金天羽。""李母阙太夫人墓道，一代女宗。戊辰（1928）春，蒙自杨增新。""群秀，赵石。""阙太师母兰丘，母范。甲子（1924）秋日，再门生严庆祥敬题。""千秋万世。题李伯母墓，南海黄元蔚。""民国廿三年（1934）十二月，张继来游。""腾冲李母墓。戊辰（1928）夏，郑孝胥。""礼义廉耻，此先师会楼夫子遗墨。民国十九年（1930），受业门人李根源谨钩勒刊石，传之奕世，赵端礼书。""真知，李准。""琴台山阙母墓，孝思长巩且固，陈去病。""大茅西峙，小王东下，白云无尽，中有亲舍，腾冲李母墓。王同愈。""永生极乐，李母阙太夫人墓右。黄县丁佛言敬题。""松柏长青。己巳（1929）正月十八日，邑人徐经镛、顾润庠、赵昌、李汉洪、陈元炳、章子和、张震山同谒腾冲李太夫人墓，赵云壑拜书。""安贞之吉。李母阙太夫人墓右。己巳（1929）夏，昆明顾视高敬题。""窀穸永安。李母阙太夫人墓右。己巳（1929）五月，闽侯林钧拜题。""李氏之阡，韩国钧题。""慈云在望。李印泉总揆素行纯孝，乡国称之。今为老伯母阙太夫人营葬姑苏山麓，敬书四字以志表扬，滇南倪惟诚拜题。""穹窿小王山，大理王人文题。""遗范长留。李母阙太夫人墓右，姚安由云龙拜题。""辛未春，游阙茔村。为绘村图竟题记，蜀僧大休。""李母阙太夫人墓，蒋炳章书。""普照大千。李伯母阙太夫人墓右，戊辰（1928）冬，大理张耀曾敬题。""教忠贻令，大关张维翰奉谒敬题。""摩刻者白马涧顾复兴石作。"还有袁嘉榖、蔡守、陈陶遗、陈啸湖、李希白、刘治洲、章梫、宋伯鲁、沈鸿英、郑伟业、王人文等多处题刻。

小王山支脉岳峙山有："岳峙山。""佛。中华民国十六年（1927）八月，黎元洪敬书。""曲石，于右任。""岳峙山，民国十八年（1929）人日，腾冲李根源买置获题记。""势雄气爽，组安谭延闿。""天马行空，平江遗民吴荫培。""海鹤啸月，吴荫培。""激云，赵石。""滇南李界，李根源自题。"

【西山石刻群】 西山摩崖石刻主要分布在林屋、石公两山。林屋山现存唐张平阳隶书"林屋古洞"、宋李弥大《无碍居士道隐园记》、范成大记游题刻等宋至明清石刻近40处，其中宋刻9处。清钱大昕隶书刻石，被李根源称为"山中明清两代刻石之冠"。1995年，林屋山摩崖石刻被列为江苏省文物保护单位。

林屋洞入口"雨洞"有唐张平阳隶书、沈伯卿刻："林屋古洞"；有明正德十年（1515）王鏊书"天下第九洞天"及"大清光绪十二年（1886）春正月灵威丈人得大禹素书处。德清俞樾书，滑县暴式昭刻石"。"光绪丁亥（1887）二月辛巳……武陵易顺鼎仲实同游……滑台暴式昭方子武……"还有"林屋晚烟""湖天一览""天然图画""仙府"（陈作梅）、"旸谷洞"（钱大昕等题）。"旸谷洞"洞口刻有《无碍居士道隐园记》，摩崖高1.7米，宽1.5米，共301字；南宋绍兴二年（1132）苏州知府李弥大撰文。有宋代吴县知县事祭祀求雨石刻："绍熙甲寅（1194）夏，久不雨，农以旱告。知县事赵彦权致祷龙洞，陈昀、姚喜同来。五月十有二日。"还有诗刻："……丹霞散成彩，素气浮如练。云生吴越阴，日落江海见……光绪丁亥（1887）二月辛巳，游林屋洞天。武陵易顺鼎仲实题。"

石公山有："明目仙水。""里人凤绍芬捐铺石版。""归云洞，严澂书。""读圣贤书，行仁义事，存忠孝心。宿松徐纲书。""咸丰纪元，中秋佳节，新城陈孚恩子鹤、元和韩崇履来游，归安姚广平紫垣时权篆东山，得附骥末，因题。""同治己巳（1869）九月二十五日，汪福安耕余、吴恒仲英、袁钟琳亦斋，自镇夏至邓尉，道经石公，登来鹤亭望缥缈、莫厘诸名胜，并访云梯。大字题名，小憩漱石居，饮茗而去。"秦敏树《石公八咏》石刻，包括石公、归云洞、云梯、剑楼、来鹤亭、联云幛、一线天、夕光洞等八首及跋："右诗余庚戌秋游石公所作，弹指三十七年矣，徐婿禹东索书摩崖，重拂其意，勉

林屋居士道隱園記

林屋洞山之，南麓土沃以饒奇石附之以錯峙，南面太湖遠山翼翼而環之，蓋湖山之極觀也，草萊蓁蓁林木未有過而問者無礙居士嘗散策以游迤邐工費助道家而圍之其西則蒼壁數仞洞穴呀然南向一者曰丙洞自洞之其西北蹟攀而上有石室窈以深者曰陽谷緣山而東亂石如群犀象牛羊趣伏蹲卧平左右曰曲出巖居士思晚而明齊不齋以致曲而未能也巖前後者曰齊物觀又其東有大石中通小徑曲而又曲觀之前大梅十數本中為亭曰駕浮可以曠望將凌空日曲山巖居士思晚而明齋不齋以致曲而未能也巖觀之前大梅十數本中為亭曰駕浮可以曠望將凌空而蹟盧也會一圍之中萬篁茅棱奇秀殖嘉茂貿來岡隱然南指結庵以居曰無礙室曰易老居士少為儒言遂而行蹟而去於老蓋隱於道者非也釋而永於老蓋隱於道者非
居士姓彌大名也紹興壬子十一...

西洞庭山游赏岭摩崖石刻

志鸿爪。时光绪丙戌（1886）重九，蔡子冶伯为钩勒上石，林屋散老秦敏树并识。"山上诗刻还有："石公山畔此勾留，水国春寒尚似秋。天外有天初泛艇，客中为客怕登楼。烟波浩荡连千里，风物凄清拟十洲。细雨梅花正愁绝，笛声何处起渔讴。光绪丁亥（1887）仲春庚辰，雨中游石公山，易顺鼎实父。""吾闻昔人言，众生堕八难。惟有一念在，能呼观世音。今此河沙国，堕难千万亿。一人呼一声，乃至无量数。随声所呼处，佛无不赴救。谓有千手目，遍满虚空界。则是所救者，八万四千人。其数亦有尽，云何称广在。盖因所呼者，此念即大悲。现前观世音，人人悉身具。吾愿一切众，同发大悲心。不烦观世音，终日低眉坐。观音作是观，观人先观我。若观观音像，面目无似处。大悲观音颂，侗少作。""丙辰春日，况夔叔疏赞喜而书之，长洲悔庵尤侗。右颂于天王寺，得之因摹刻石公归云洞观世音座前，以示永其传。光绪丙戌，距书时二百有六年矣，滑台暴式昭书并记。""一石插湖湖水裂，峭壁万仞铸生铁……归寺冷卧伴古佛，诘朝策杖攀嵂崒，石公山禅院题壁。宝廷。"宝廷，即爱新觉罗宝廷。

西洞庭山还有："麝景泉。嘉庆二年（1797），西岩题。""读圣贤书，行仁义事。鹿饮泉。严焜书。""缥缈峰，根源。""金铎山，李根源。""海火池，唐白居易题有诗。民国己巳（1929）夏，李根源来游书。""屯山墩。民国十八年（1929）前国务总理、农商总长腾冲李根源书。""游赏岭，民国十八年（1929）李根源。""甪头寨，民国十八年李根源书。""醉月砰。""玄阳洞。""观音岩。""南无阿弥陀佛。""惠泉。""玉椒。""云霄峰。""寿。"

【华山石刻群】"万历乙未（1595）太仓赵氏家山奉祀。""华山鸟道。""重云关。""凌风栈。""莲子峰。""云（梯石）。"（"梯石"二字被凿平，改刻清高宗弘历《华山作》诗："问山何以分高下，宜在引入诗兴者。遥瞻濯濯清芙蓉，南嶂犹平堪跂马。登峰造极览全吴，却步鸟道寻兰若。左右泉声上下云，间以疏梅秀而野。历险即夷小憩留，别室数宇致潇洒。琅玕千个绿云丛，笙筑百道银雪泻。我游名山亦已多，谓当无过田盘也。此间松石逊怪奇，梅竹彼应让都雅。两山何用费较量，梦寐他时总心写。《华山作》御笔。"）"登峰问莲子，古路出僧家。石榻留云供，空池长佛华。朱鹭。""正德庚午（1510）六月，偶搜去土，得此真景。因自谓水石比人以识喜，遂勒纪之。""岩屏晚树噪寒鸦，岚翠楼台释子家。池面镜光功德水，金波影里石莲花。""华山陆拾赛鹅言，谁人识得祖师机。晓得里头玄妙诀，元来便是上天梯。""礼佛坪，朱白民。""向上大接引佛。""皆大欢喜，吴丹青书。""陈（支）公洞，正德己巳（1509）。""凿险通幽，王虬吟题。""正德戊辰，得此华山广址作祠。""百步潺湲。""西空。""山种。""隔凡。""出尘关。""吞石。""龙颔。""渴龟。""坠宿。""花山仙界。""舒息坡。""布袋。""夜叉头。""地雷泉。""洗心泉。""盂关。""三转坡。""风。""石床。""古人居。""卧狮。""菩萨面。""人面石。""邀月台。""且坐坐。""跳蛙。""仙人座。""子母石。""磐砣。""巨瞻。""水石佳处。""仙。""铁壁关。""透关者经过。""穿云栈。""福地。""踞虎关。""神能。""普陀岩。""普门石梁。""乳海。""寿星石。""云雾弥漫。""莲峰在望。""莲花洞。""青莲。""观音洞。""穿云栈。""上法界。""隔凡。"

【寒山石刻群】"看云起。""千尺雪。""夗延壑。""阳阿。""芙蓉。""寒山。""云根泉。""丹井。""凌波栈。""紫蜺涧。""飞鱼峡。""贮月瓢。""蹑青冥。""蝴蝶寝。""瑶席。""支硎一带连寒山，山下出泉为寒泉。淙淙幽幽赴溪壑，跳珠溅玉多来源。土人区分称各别，岂能一一征名诠。兰

寒山摩崖石刻

椒策马寻幽胜，山水与我果有缘。就中宧光好事者，引泉千尺注之渊。泉飞千尺雪千尺，小篆三字铭云峦。名山子孙真不绝，安在舍宅资福田。槃陀坐对清万虑，得来曾有诗亦然。雪香在梅色在水，其声乃在虚无间。（明赵宧光父赵含元《拂水岩》）""大隐空山避俗缘，新开别墅写壶天。飞流巧借匡庐瀑，峭壁遥分华岳莲。桃李成蹊临碧涧，松萝绕磴入苍烟。漫因泉石贪奇赏，试扣岩扉一问禅。（明申时行《访赵凡夫寒山别业》）""奔泉静注千寻壑，飞瀑晴回万仞峰。（明王穉登）""飞鱼亦此峡，漫讶岂其然。地借宁家地，天犹浪水天。一空能外物，万有总真仙。而我原无涉，惟求济世贤。（清高宗弘历《飞鱼峡叠旧前韵》）""泉出寒山寒，秀分支硎支。昔游曾未到，名则常闻之。烟峦欣始遇，林壑诚幽奇。应接乃不暇，而尽澄神思。庭前古干梅，春华三两枝。孰谓宧光往，斯人宁非斯？（《寒山别墅》）""九叠垂云绅，一泓注石髓。卉物太昌妍，藉兹足淘洗。（《对瀑》）"《对瀑三叠前韵》《出阊门游寒山即景二首》《飞鱼峡》《飞鱼峡三叠前韵》《芙蓉泉》《戏题空谷》《幽人留旧址》《题寒山千尺雪长句》《千尺雪即景杂咏（五首）》等。

寒山支脉观音山有："苍公遗蜕。民国丙寅（1926）秋，吴荫培题刊。""南来堂，李根源书。""南来彻大师，讳读彻，字苍雪，云南呈贡人，复兴中峰寺者也。著《南来堂集》，钱谦益为撰塔铭。民国十五年（1926）四月，乡后学李根源题志。"

洄溪摩崖石刻

寒山白马涧有："云山不了处。""寿星岩，赵宧光。""洗心泉。"

【洄溪草堂石刻群】在吴中区越溪街道张桥行政村西塘自然村北部，七子山支脉吴山岭之西。清乾隆二十六年（1761），徐人椿在此筑洄溪草堂隐居，京中显宦、各方名流前来探望，留下摩崖石刻30来条，现存石刻如下："古画眉泉，洄溪道人""不信在人间，洄溪徐大椿。""仙境，袁枚。""可以濯我心，许王猷为洄溪道人书。""满饮上池。为洄溪先生题，果亲王。""妙境依空，僧西斋。""别有天，僧西斋。""云霞泡影，僧皈己。""吴江徐燨，开山建亭。嘉庆元年（1796）三月书，时年六十有五。""迹留千古。题为榆村二长兄，华亭王昶。""涤烦，潘奕隽为榆村先生题。""小匡庐。榆村二兄正，勿庵王以衔题。""栖迟空谷，赵咸宁题。""活泼泼地，漪园陈绍昌。""环翠，晓岚祁元福。""波撼云泉，孙国铨题。""面壁忘机，榆村徐燨题。""云壑，钱大昕题。""人地相宜，钱天植为二兄题。""翠滴春山。为榆村老先生，王葆元书。""人静泉清，题赠榆村主人，汲林阿桂。""悬崖滴乳，芥圃徐铨题。""我爱其清，春江郑邦柱题。""枕流，二雅金学诗题。""甲申上巳，洞庭姜恒庆种树，虹桥何堂品泉。""幽栖。""云根，徐燨题。""梦游处，洄溪道人。"

【穹窿山石刻群】御道有："膝潭。""凤眼泉。""聚灵胜境。""太乙天都。""双膝孝迹。"

百丈泉有："乾隆庚戌（1790）九月，潘奕隽题。"

玩月台有："孤峰皓月。嘉庆八年（1803），潘奕隽题。""菩提石，石如法师坐禅处。民国丙寅（1926），李根源书。""南无阿弥陀佛。民国十七年

穹窿山摩崖石刻

"(1928),李根源敬书。""韩蕲王玩月台。民国十七年(1928),于右任书。""彼岸。民国二十二年(1933),章炳麟题。""莲台,吴荫培。""避秦。民国廿五年(1936)九月立,□□荣敬题。""天趣,李学诗。""石隐。"

孙武苑有:"读书台。汉会稽太守朱公读书之处,正德己巳(1509),都穆题。""民国十五年(1926)仲夏五月,梅州李维源题字。""民国十六年(1927)九月,于右任游。""吴县穹窿寺得浦东贾时氏云贞夫人捐金万圆,修建大雄宝殿、壮哉楼。今夫人于民国二十二年(1933)五月廿五日逝世,特刊石纪之。夫人夫贾云山,子伯薰、伯勋,斋年,李根源书。""法雨泉,孙光庭。"

大茅峰有:"德韶洞,国师德韶坐禅于此。民国十五年(1926),李根源。"

【阳山石刻群】大阳山有:"常云峰,明顾元庆题。""文殊泉,根源。""箭阙,李根源。"

观山有:"仙人洞。嘉靖壬寅(1542)夏,中州苏胡书。""来鹤峰。嘉靖壬寅(1542)夏,□□□□沈弘华书。""积翠峰,沈弘彝题。""管山胜迹。道光二十七年(1847),华亭张祥河书题。"

大石山有:"仙砰。明崇祯十六载(1643)三月,河南王铎书,袁枢题。""夕照岩,柳川沈弘彝题。""见湖峰,钱天锡。""大块文章。吴县吴荫

大阳山摩崖石刻　　　　　　　　　大石山摩崖石刻

培题,腾冲李根源书。""宜晚屏,京口三山童杨。""仙桥。""集仙岩。""一线天。""毓秀岩,明顾元庆题。"

【光福石刻群】 蟠螭山石壁坞有:"癸酉仲春既望,探梅邓尉,遂至具区之滨石壁下。春来风雨如晦,是日乍晴,登台纵目,湖光山色,扑人眉宇,心胸豁然。同游者贵阳陈夔龙,长乐林开暮,镇江倪思宏,仁和姚景瀛,吴县金惟宝,泾县朱荣溥、朱荣光,南昌徐德华,闽侯陈明庆也。夔龙识,思宏书。""刚正,李根源书。""蟠螭,根源。""尊生泉,根源。""憨山胜迹。丙寅(1926)夏,李根源、黄葆戊游题。"

蟠螭山石壁憨山台有:"梅村泉,根源。""吐纳乾坤大,苍茫日月低。渔舟轻似叶,目断洞庭西。呈印泉吾兄赐正,弟谷钟秀。""曹溪礼公塔,石壁登公台。台以公名重,人从鳌背来。安禅狎猿鹤,洗钵伏鼋能。七二峰相续,浮云取次开。丁卯(1927)十月,登憨山台作,腾冲李学诗。""憨山

米堆山摩崖石刻

虞山摩崖石刻

台,明憨山大师结茅处。丙寅(1926)三月,李根源题。""蟠螭精英。丁卯(1927)十月游题,孙光庭。""印泉,朱锡梁。"

石嵝万峰台有:"古万峰台。""天留神护。"

玄墓山真假山有:"海涌门。""螺髻峰。""寿洞。丁巳(1917)闰二月五日,康有为。""万历乙未(1595)大显来求文墓事,瑩王乃蹑芙容口捐锡。"

米堆山有:"云半间。""五云洞。民国十五年(1926),李根源书。"

西碛山有:"黄茅石壁。""西碛,根源。"

【虞山石刻群】虞山剑门有:"剑门。明嘉靖丙申(1536)岁秋八月望日,陈州柳川沈弘彝书。""去思石。大明万历甲辰年(1604),为邑侯谭公勒。公名昌言,号樊同,嘉兴人。""青云得路。辛未(1691)三月,龙溪孙云鸿书。""烟岚高旷,御笔。题赐翰林臣沈崇敬,宸翰恩褒之荣,愧弗克当。康熙戊子(1708)小春,得此一峰……以垂不朽。(外加边框,内刻双龙图案和"康熙御览之宝"印)"

"心白钱公寿域，同室许氏，大清雍正二年（1724）八月九日榖旦。""光绪庚寅（1890）秋八月……陵至和吴子扉揖而进曰……山水佳处，能消受此福，爰……关而应曰：山水之乐乐然……子欲游，吾与子游吴……其叔养畲同往寻幽……席帽迤逦北郭行深……寺竹径禅……救虎之……游清……留不忍去而莫……而归。既归，吴子作游山记，……丐书于方修。吴子者葳雯也。""仰止，云鸿。"

桃源涧有："奇石。""飞寒，汉阳守雪居孙克弘书。""观止，城南范小谷题。""三台石，赐进士第知常熟县事陈州柳川沈弘彝书。""桃源涧，光绪乙未（1895）陶浚宣题。""大悲观音洞。民国戊子（1948），无相募建，逸溪敬题。"

虞山东麓有："庚戌（1850）春，余守苏州，来视白茆河工还，登览三峰、维摩诸胜。时偕行者为常熟令容县黄印山、昭文令山阴章子元也。忆丁酉（1837）游此，摩崖作记。今天朗气清，莺飞草长。仰视飞泉如缕，与昔之雨后观瀑，其景象致不同也。岭南王梦龄重题。""山辉川媚。康熙庚子（1720），吾邑绅士公置刘氏题雪堂山居，建造书院。□今乾隆丁酉（1777）夏，□□又公修井及辛峰亭，与适□□役，因题额勒石，邑人言如泗记。""松风水月，素园。""两湖如镜，万树连云。文学仰止，遗爱唯殷。石亭铭，言如泗笔。""昨夜飞来，瞿启甲。""初平石，昔传黄初平尝履此石也。光绪乙未（1895）九月稷山居士题。""寿富康德考，味石主人题。壬申秋日，东野书。""石梅，锡山顾文耀题。""通泉，邵正题。""盆池。伊叟属，高式奇。""小剑门，庞北海书。""流云壑，子若。""桃源。丁卯仲冬，禹声集《张迁碑》字。""天放池，吴葳雯。""寿，乙酉。""适可。""磊壁。""乐乎。""叠翠。""眈眈"。

石屋涧有："瑞石，嘉靖戊戌（1538）四明全政书。""破壁飞去，乾隆甲辰（1784）仲夏素园言如泗。""凌家山，明凌太守墓。乾隆丁酉（1777）七月立。""云际幽月。""石顽不顽，非屋而屋。天辟奇境，人受遐福。伯仲皆隐，巢由饮犊。把酒看云，烹茶燃竹。泉清若斯，慎勿濯足。邑子曾陈华铭，阳湖吴树芬书，时光绪庚子（1900）十月十一日也。""老石洞。光绪乙巳（1905）春正月廿三日，邓子城、季子陶重来、方伯寅、季通甫同游，陶翁题记，根福磨墨。""廉泉，光绪辛丑（1901）僧福培浚。""盘空石□□寒泉，石曲华旸照夕烟。□鸟啼□三月雨，满山花落枕琴眠。罗浮道人。""应如是住，七十二甲戌秋，邑人俞忏生祖嘱，逸溪书。""万松林，逸溪。""山光，丁卯仲秋密林题。""鏒泉。丁卯仲秋，密林题。""卷云，刳神胎，出灵氛。一舒一卷，为天下云。丙子（1936）六月，燕谷老人题。""云山子法海大震超地禅师墓。一瓢归故里，容我老空山。""三峰，李根源书。""联珠洞。民国廿三年（1934），李根源来游题。""即见如来。""龙头石。""望湖岩。""福慧桥。""一掌桥。""竺仙泉。""钵盂泉。"

青龙冈："巫相冈"，最大字径高1.9米，宽1.5米，钟鼎文体，用双勾法镌刻。崖石西端阴刻"龙门"两字，隶书，每字宽2.7米，高1.9米，与下方"巫相冈"遥相对应。2000年6月，石

天平山摩崖石刻

刻被常熟、苏州两级博物馆联合考古队发现，考为宋代遗迹，与巫咸墓有关。

【铜官山石刻群】"戊午天中，余与丁子叙明、高子碎民、邬子醉如、何子骈玉、戴子天鸣、徐子明照、龚子芝禄、吴子筱虹等游此□焉。视前人所题七律一首，字迹湮灭殆半，不能卒读，于是除荆棘，扫苔藓，摩挲久之，始得全豹，惟作者姓氏湮没，终不能得，殊深感慨。重九日复至斯，乃镌而新之乎。既竣，爰志其颠末如此，毛厚志。""闻道岩阿有石船，登临始信不虚传。帆凭老树风前挂，缆藉闲藤雨后牵。亘古未经江□浪，至今犹宿岭头烟。缘何不泛桃花渡，停泊山谿几百年。洞庭汪□题，戊辰孟春。"

【天平山石刻群】"三陟阪。""龙门。""飞来。""宴坐。""雨华。""双桃。""叠翠。""一叶舟。""揽胜。""望湖台。""白云泉。""兼山。""石蒲团。""剑削崖。""白云晶舍。""茶灶。""喝月坪。""印石。""斗鸭步。""云

仰天山摩崖石刻

中塔。""莲华洞。""石屋。""一砚泉。""青峰。""佛。""龙门。""白云洞。雍正元年（1723）八月穀旦，茂苑朱载飏书。""登山如登桥，步步走上白云霄。抬头四望落日外，此去西方一直到。承兴游人到此间，也须快念弥陀好。道光十七年（1837）四月初八日，白云僧慧安敬勒。""石钟，同治庚午（1870），会稽陆懋棠题。""中白云。丁亥（1947）九秋，徐穆如篆。""鱼乐，光绪丁亥（1887）陈家照题。""一峰复一峰，峰峰作笏立。石舆入穹然，万古并崖岌。光绪丁亥王绶章次宣题。""云上。光绪岁戊申（1908）秋七月既望，长白达桂题。""穿云洞，云中守范瑶题。""飞来石。壬辰（1952）暮春，吴门沈治印题。""石林。丙寅（1926）三月，李根源大游题字。"

仰天山无隐庵有："汇丰。""水晶宫。""凌石台。""金莲池。""鱼乐。""无隐庵界。""无隐，石韫玉书。""瓢丰泉，王之佐。""缘玄圆，涵虚书。""鹿野苑。咸丰丙辰（1856）冬，鹿苑老和上（尚）寿，宝华敏通书。""入清净界，民国己巳（1929）□月昭三题□□书。""空山无人，水流华开。梅花居士拈苏文忠语奉题。""泻雪涧，□道人书。"

仰天山大休墓有："干净地。""大休在，止矣休哉。""大休和尚前于包山

灵岩山摩崖石刻

营生圹，特题'大休息处'四字。今和尚爱无隐之胜，移锡来住，重营圹基于寺之右，属余书此。大休，四川仁寿人，披剃峨眉，能诗善画工琴。腾冲李根源识。""人弃则我取。人取则我弃。人我两俱空，百事皆如意。大休书。甲戌（1934）夏四月，杭州佛弟子王□□礼。"

【灵岩山石刻群】"朱家山，宋先贤乐圃朱先生之墓。（相传米芾所题）""琴台，王鏊题。""吴中胜迹。正德壬申（1512），少傅王鏊题。""清布政慕天颜赎山，禁采石。""户部马捐俸赎山，禁采石。""奋乎百世。民国十五年（1926）四月，恭谒韩蕲王墓，腾冲李根源敬题书。""韩蕲王墓。十七年（1928）八月，与印泉来谒，因题，于右任。""常随佛学。民国二十五年（1936），吴淞袁希濂敬题，上海佛学书局刻。""灵源泉，印光题。""望佛来。""佛海泉。""佛日岩。""披云台。""望月台。""瑞石。""妙高寂定。"

【天池山石刻群】天池有："天池。丙午（1906）仲夏，平湖丁济美。""水底烟云。丁丑（1937）春，李芷谷题书。""宛若桃源。癸巳仲秋，郭诵梅题。""天池山寂鉴寺，民国二十二年（1933）李根源书。""天池芙蕖，高青邱诗中字也。民国丙寅（1926）三月七日，李根源来游书。""钵盂泉，了吾济道人书。""诸行无常，是生减法，生减减已，寂减为乐。""地雷泉水，供佛给僧，清心明道，广种善根。""天池第一泉，新安江肇周题。""南无阿弥陀佛。""天池。""真彼岸。""守山。""危崖夕照。""夕照泉。"

北竺坞有："仙掌峰……沧浪亭……张墨岑……雅集……康熙己亥（1719）……陈炳记王淮书。""苍玉洞，孙光庭。""钵盂泉，凌寅题。"

贺九岭有："庙石。""高真别宇，毛绍美题。""志载吴王登此贺重九，故以名岭云。""鲤乘，蔡雍涂。""天池，元逊涂。""拱辰台，李根源书。""洞天石扉。民国二十年（1931）十月，道人蔡雍属，李根源书。"

【七子山石刻群】上方山有："空翠，丁卯（1927）崔望。""太平，赵正平。""曲石别业。民国十三年（1924），雪生。""茶磨，李根源书。""楞伽，李根源。""郊台。壬戌（1922）春，李根源。""旷观，李学诗。"

玉峰山桃源洞摩崖石刻

尧峰山有："奉宪永禁采石。"

吴山岭有："澄湾，雪生。""吴山岭，李根源。"

【东山石刻群】"揽胜石。""海眼，王鏊。""雄黄矶，王鏊。""眠云榻，桐城叶松题。""青天半入石嶙岣，云里风和三月春。满径桃花自天地，狂吟时有谪仙人。张本题诗。""吟风冈。张本五湖题，大明嘉靖三十三年（1554）甲寅三月。大清乾隆三十三年（1768）戊子九月，七世孙沈永舒又重刊。""伏虎泉。民国癸酉（1933），朱琛。""碧螺春晓。民国十八年（1929），灵源寺僧宏度属腾冲李根源书。""玉笋峰。民国十八年（1929）来游，李根源题。""奇石参天，怪石峥嵘。兵圣借以演阵习法，乃成旷代巨典，令人仰止。腾冲李根源识。""湖心积翠，苏子美诗字，民国己巳（1929），郑伟业。""旷观，张一麐。""云涛极望。辛酉春，吴江金天羽。""仙砾浮空。""小云台。"

【玉峰山石刻群】"桃源洞。万历癸巳（1593）孟冬丁月，吉旦沙门。"

古坠星石

惠荫园摩崖石刻

"山路逶迤石洞幽（王臣），一时冠盖此遨游（杨子器）。翠禽亦解吾侪意（王成宪），啼破孤云未肯休（王臣）。弘治己酉（1489）孟夏，桃源洞联句。""隔凡。""云根。"

【零星摩崖石刻】廉石，上部镌刻樊祉所题"廉石"二大字；下部镌刻"弘治九年（1496）岁在丙辰夏六月吉旦，赐进士第文林郎巡按直隶苏松等地监察御史河南朐城樊祉立。"三国东吴时，郁林郡（今属广西）太守陆绩为官清正廉洁，任满返乡时搬取该石作为镇舟之物。回苏州后，置石于宅院前，后称郁林石。明弘治九年（1496），巡按监察御史樊祉觉得此石有教育意义，移此石置于北察院门前（今观前街西段）并建亭保护，题名"廉石"。1990年，又移至人民路苏州文庙明伦堂前。

"古坠星石"石刻，大石头巷相传古有流星坠落而名。此石刻为此事标志石。花岗石质，长宽均为0.6米。其右镌刻"大石之二里名因之"，左侧镌刻"大明崇祯壬午（1642），地主骠骑将军施英口记"。现在大石头巷警所大门东侧绿地内。

金庭镇秦家堡有芥舟园，其花园西边石垒琴桌前立有一灵芝状太湖石。石上镌刻联句："洞庭波静泛秋水，楚甸林稀见远山。"落款"丙戌夏日"。

"洗心泉。道光十九年（1839）二月住持通颠，云艇慎宗源书。"在狮子山。

"瑞石。""齐太子洗马何求何点葬此，民国十八年（1929）李根源题。"在何山。

"吴氏茶地。"在五峰山。

"悬崖伫月。"篆书。在惠荫园（一初中）湖石假山立峰。

留园摩崖石刻

"维共和第一壬申（1932）夏，苏州振华女学校二弋级为母校西园甃圜墙穿心曲径，并建茅亭三匝，摩岩勒铭，其词曰：蚕凫蜀，褒余筑。旁皋麓，缭而曲。因树屋，真且朴。藏修足，聊寓目。冯远怀撰文，齐季庄书石。"在十中。

"听松。"篆书，在怡园小沧浪西南湖石立峰。"慈云。"篆书，在怡园慈云洞上方。"承露茎。"篆书，在怡园锁绿轩前洞门外湖石立峰。"东安中峰，苍谷题名。"行书，在怡园拜石轩前庭笑字峰。

"一梯云。"在留园明瑟楼南一云峰。"箬帽峰。""蓉峰题。"在留园冠云峰东侧箬帽峰。"簏霞峰。""蓉峰题。"在留园中部西侧土山池塘边峰石。"日华峰。""蓉峰题。"在留园"东园一角"东北处峰石。

"槃涧。""待潮。"在网师园引静桥旁岩石上。相传"槃涧"两字刻于宋代。"涵碧泉。"篆书，在网师园殿春簃庭院西南角泉水洞穴上方。

"邃谷。"隶书，在耦园东花园黄石假山峡谷中。"留云岫。"隶书，在耦园

 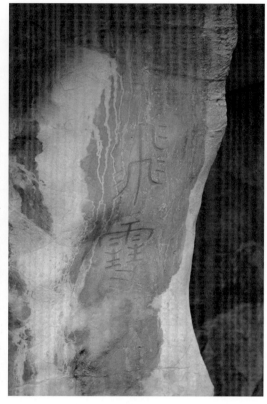

网师园摩崖石刻　　　　　　　　　环秀山庄摩崖石刻

东花园黄石假山石室东侧。"受月池。"隶书，在耦园东花园黄石假山东绝壁临水处。"桃屿。"隶书，在耦园东花园黄石假山西面次山东壁，位于谷口。"自业。""古月。"隶书，在耦园"无俗韵轩"院内一方湖石的正反两面。

"云坞。"隶书，在拙政园"十八曼陀罗花馆"东侧假山北的方形石块上。

"飞雪。"篆书，在环秀山庄花园西北隅太湖石假山石上。

"流玉。"篆书，清俞樾题，在沧浪亭水池北侧大石上。

"掌云。"在鹤园水池东岸湖石峰上。

"光绪丙申（1896），筑石室为静坐处，故友庄亦耕经营之。越六年，曾之撰补记。""日长山静，水流花开。""妙有。""石室。""余营虚霩园，倚虞山为胜筑，尝有意致奇石，乃落成而是石适至，非所谓运自然之妙有者耶？即以'妙有'二字题其颠。石高丈许，绉瘦透三者咸备。光绪二十年（1894）十月初三日，曾之撰拜记，男朴书。"在常熟曾园。

"引胜。""燕谷。"在常熟燕园。前者镌刻在黄石上，后者镌刻在假山山洞口。

十 井栏

苏州是典型的江南水乡,古城外湖荡星罗棋布,古城内水巷纵横交错,街巷宅院内水井数以万计。清代古城区有2万口水井,20世纪50年代初有0.9万口水井,2015年版『苏州市区古构筑物名录』记载639口古井。天库前『源源泉』,自1924年疏通深挖后沿用至今。古井同时也是有一定历史价值和艺术价值的古建筑文物,苏州井栏材质主要为武康石、青石和花岗石,井栏上往往刻有始建朝代年号,还有题名题字及多种图案花纹。本书记载有刻字或刻图案的古井(栏)一百余口,其中年代最早的是宋元丰五年(1082)太仓官亭前井栏,其一侧镌刻8行56字铭文。宋元古井(栏)还有顾廷龙捐予苏州博物馆的绍定三年(1230)复泉、宋代书法家吕升卿所题的虎丘憨憨泉和元大德六年(1302)的常熟贺舍井井栏等。苏州明清古井较多,著名的有柳毅井、太仓张衡义井、状元陆润庠宅古井、周王庙井、乾隆官井、周急局官井、自治局官井。北半园有武康石井栏的虎乳泉等。

西栅外官亭前井栏

复泉

【西栅外官亭前井栏】八角形井栏，高0.43米，最大直径0.70米，口径0.30米。井圈一侧镌刻8行56字铭文："大宋苏州昆山县惠严禅院僧重古募缘于本邑西栅外官亭前，建净井一口。集兹殊善，保国利民，功资含识。元丰五年岁次壬戌二月十日谨志。"宋元丰五年，即1082年。现藏太仓博物馆。

【坎泉】三眼水井，在史家巷、书院弄口。1935年，东吴绸厂老板陶耕荪为其母朱太夫人七旬寿辰而建井。井南壁嵌有《坎泉记》碑，亢惟恭记并书，孙仲渊刻石。井栏两面镌刻："坎泉""岁次乙亥"，乙亥年即1935年。2007年被偷走一井栏后，从平江路金属工艺厂原祠堂移来青石八角形井栏替代。移来的井栏为宋代遗物，其三面分别镌刻："义井""府境顾氏一力开建""时嘉定十二年二月日题"，嘉定十二年，即1219年。

【复泉】1917年，顾廷龙祖父顾祖庆购得原严衙前清代布政使朱之榛旧宅后，在庭院瓦砾杂草中发现一青石八角形井栏。辨认出是宋代古井复泉，也就是金石学家叶昌炽在《语石》中与"亨泉"相提并论的苏州最著名的二古井栏之一。叶昌炽自述曾"彳亍荒榛瓦砾中，竟不可得"。并断言古井栏"确知其已佚"。顾祖庆将井栏移至东书房，为书房题额"复泉山馆"。顾廷龙拓下井栏所刻文字，装裱成册页，其父顾元昌在册页跋中对复泉考证颇详。册页由容庚题端，吴湖帆作画，张一麐、叶恭绰等赋长歌，章太炎、钱玄同、胡适题写款识，还有张元济、唐兰、钱锺书、郭绍虞、潘景郑等50人题咏。1981年底，顾廷龙将复泉井栏捐予苏州博物馆。井栏高0.54米，外壁每面宽0.26米。其中一面镌刻宋人7行小字题记，内容为：绍定三年十二月，沈某妻王二娘二十岁难产身亡，特造义井普施十方。井栏另外四面为明顾宗孟所题："顾衙复泉义井""崇祯七年四月立"。绍定三年，即 1230 年；崇祯七年，即 1634 年。现藏苏州博物馆。

【憨憨泉】在虎丘拥翠山庄东侧山路旁，二山门北。相传为梁代天监中神僧尊者所凿。尊者，也称憨憨尊者，故泉名憨憨。青石六角形井栏，井栏和井后壁都镌刻"憨憨泉"三字，井名为宋代书法家吕升卿所书。另有题刻："康熙四十四年（1705）六月，上海县信士杨天玑同男麟选、孙和郎喜助吉旦。"

【贺舍井】在常熟市支塘镇贺舍村。青石八角形井栏，井栏镌刻"义泉""大德壬寅年"。大德壬寅年，即元大德六年（1302）。

【隆庆古井】在清洲观前 22 号。青石六角形井栏，镌刻"隆庆四年□祝祺舍"等字，其余刻字漫漶不清。明隆庆四年，即 1570 年。

【乡约义井】在东山镇陆巷蒋湾村南。青石六角形井栏，井栏阳刻"乡约义井"四字。井旁有《乡约义井记》碑记，落款"明正德戊辰仲夏举人庄铖撰"。明正德戊辰，即正德三年（1508）。

【柳毅井】原在东山镇启园南侧东山国宾馆入口。1994 年扩建环山公路，井栏和井碑迁入启园。今启园柳毅井仍用原青石八角形井栏，井旁青石碑中间镌刻"柳毅井"三字，隶书；左侧镌刻"正德五年四月六日"，右刻"少傅王鏊题"。

【玉带泉】在东山镇陆巷村。青石六角形井栏，井栏镌刻"玉带泉""正德九年吉旦，王鏊舟置""嘉庆二十三年季冬，孝廉公祠立"。嘉庆二十三年即 1544 年。

【纯德堂古井】在东山镇杨湾村张巷纯德堂。青石六角形井栏，井栏镌刻"大明嘉靖三十八年（1559）仲春吉旦，奉旨准立。"

【通海泉】相传此井通海而常年不竭，故名。在太仓市城厢镇弇山园。四眼井，皆为青石六角形井栏。

【万历古井】在东山镇陆巷村。青石六角形井栏，井栏镌刻"万历三十□□"。

【工部张衙重建义井井栏】青石八角形井栏，镌刻"工部张衙重建义井。天启二年孟冬吉日"。"工部张衙"即明南京工部尚书张辅之宅第。天启二年即 1622 年。现藏太仓市张溥故居。

【怡泉】在花山翠岩寺大雄宝殿前。花岗石八角形井栏，镌刻"怡泉"两字。相传井为东晋高僧支遁所凿。

【陆润庠宅古井】在阊门内下塘清代状元陆润庠宅。青石圆形井栏，刻四枚古钱与祥云纹饰。

【信士井】在天平山范文正公祠。青石六角形井栏，

工部张衢重建义井

从穹窿山皇驾坞拈花寺移来。井栏镌刻："信士相有源喜舍拈花常住惟祈家门清吉人眷安和，康熙丙辰年立"，清康熙丙辰年，即康熙十五年（1676）。

【周王庙井】在周王庙弄周王庙。青石六角形井栏，镌刻"康熙卅二年（1693）"等字。

【乾隆十年官井】在东花桥巷与金刀桥巷口。青石六角形井栏，镌刻"官井""乾隆乙丑"。乾隆乙丑，即清乾隆十年（1745）。

【乾隆三十二年官井】在古吴路14号内。青石六角形井栏，镌刻"官井，乾隆三十二年（1767）桂月"。2005年6月，古吴路乾隆官井列入苏州市"古城十大名井"。

【乾隆官井】在姑苏区大柳枝巷河畔。青石圆形井栏，镌刻"乾隆""官井"。其他字已漫漶。

【元和县古井】在城隍庙后雍熙寺弄内。青石六角形井栏，镌刻"元和县呈""乾隆□□□"等字。

【甘泉】在养育巷西侧庙堂巷与余天灯巷巷口。青石八角形井栏，三面分别镌刻"义井""甘泉""乾隆□□□□"。

【舜过泉】在虞山山麓石屋涧与兴福寺之间。泉四周垒以山石，呈方形，边长约一米。石壁镌刻清乾隆四十九年（1784）徐成所书"舜过泉"三字。

【绿野公井】在东山镇潦里村。青石六角形井栏，镌刻"绿野公井""乾隆四十九年（1784）四月，里人重建"。

【义井】在张香桥下塘7号门前，张香桥南堍。圆形井栏，大部分已没于

地面下，井栏出露处可见大字"义井"，小字"嘉庆""月记"。

【天眼井】在沧浪亭玉延亭前庭院内。花岗石六角形井栏，井栏镌刻"天眼""潘奕隽书"，隶书。

【杨舍东街井】在张家港杨舍镇东街湾士岸一村。花岗石六角形井栏，镌刻"道光丙午同人合办"。道光丙午即1846年。

【太平义井】在常熟市西仓前上塘。青石八角形井栏，隶刻"太平义井""道光二十八年（1848）"等字。

【大弄堂义井】在北寺塔大弄堂。青石八角形井栏，镌刻"义井"等字。

【运木古井】原在玄妙观雷神殿，后移至三清殿西边。花岗石八角形井栏，井栏三面分别镌刻"运木古井"

绿野公井

运木古井

三字，还刻有"咸丰庚申"年款。咸丰庚申即咸丰十年（1860）。

【怀德泉】在玄妙观东脚门。花岗石六角形双井栏，南面井栏竖刻"怀德泉"三字，北面井栏镌刻："同治五年丙寅嘉平月，吴郡亢旱不雨，倡浚此泉以便汲水。吴县潘仪凤建。"同治五年，即1866年。同治《苏州府志》记载：潘仪凤曾浚察院场东"怀德泉"、来远桥东"蓬莱泉"、甫桥西街东"怀义泉"、玄妙观东脚门"望雨泉"、宫巷永福桥"永福泉"。2005年，怀德泉列入苏州市"古城十大名井"。

【浚井】在姑苏区蒋庙前21号原蒋侯庙前。青石八角形井栏，镌刻"正堂程浚"字。相传清同治七年（1868）苏州府正堂程兆选募捐挖多口水井。

【浚井】在姑苏区迎晓里巷北。青石八角形井栏，镌刻"正堂程浚"。

【浚井】在徐鲤鱼桥北侧。青石六角形井栏，镌刻"正堂□浚"。

【官井】在姑苏区东花桥巷。花岗石圆锥形井栏，井栏镌刻"吴县程"小字与"浚"大字。

怀德泉

【金仲禹故居井】在同里镇松石悟园楼房东北角。青石八角形井栏，从章家浜老屋移来，井栏镌刻"同治"二字和图案。

【让水泉】在官宰弄。花岗石六角形井栏，井栏镌刻"让""光绪二年""善后工程局"。光绪二年，即1876年。

【梅泉】在常熟市赵园。青石正方形井圈。井圈镌刻"梅园""光绪甲申冬日"。光绪甲申即1884年。

【元邑新官井】在白塔东路32号门前。花岗石圆形井栏，镌刻"光绪戊子年，周急局①经浚，元邑新官井，中由吉巷"。光绪戊子年，即光绪十四年（1888）。

【元邑新官井】在东北街和田玉艺术馆院内。花岗石圆形井栏，镌刻："光绪戊子年（1888），周急局经浚，元邑新官井，仓街兴隆巷。"

【元邑官井】在传芳巷8号门前。花岗石圆形井栏，镌刻"光绪戊子年（1888）""周急局□元邑官井"。

【承天寺公井】在承天寺前32号旁。花岗石圆形井栏，井栏镌刻"吴县马，戊子年（1888）""公井，民国十三年（1924），城西公社"。

【神仙庙官井】在阊门内下塘13-1号前。井栏镌刻"光绪戊子年（1888），

---

① 周急局是苏州在清道光年间创设的民办慈善机构。光绪十四年（1888），周急局在苏州城区开凿一批公用水井。井栏外壁镌刻"官井"或泉名，镌刻小字"光绪戊子年周急局经浚"，并镌刻所在地属县"吴邑"（吴县）、"长邑"（长洲县）、"元邑"（元和县）。

挹注泉

周急局浚"。

【吴邑官井】在阊门内下塘132号神仙庙门前。花岗石圆形井栏，镌刻"吴县马，戊子年（1888）""吴邑官井，神仙庙"。

【寿宁弄官井】寿宁弄东接朱家园，西至吉庆街。花岗石圆形井栏，镌刻"吴县马，戊子年（1888）"。苏州多处同时期官井，均由吴县县令马海曙主持开凿。

【仝人公井】在东山镇陆巷村惠和堂花园。青石八角形井栏，井栏镌刻"六井栏□□于□□年□好，真谓作之好事，延年益寿，以后永远不准□去，仝人公启""启者吾里公井，□□井栏□，分被不□□□□□□□□秋泉送。光绪念玖年"。光绪念玖年即1903年。

【如饴泉】在南园宾馆蒋纬国故居丽夕阁东北角。花岗石八角形井栏，井栏五面分刻"光绪戊申年""自治局①官井""如""饴""泉"。光绪戊申年，即清光绪三十四年（1908）。

【挹注泉】在十梓街观音弄口。花岗石八角形双井栏，井栏五面分刻"光绪戊申年""自治局官井""挹""注""泉"。

【延龄泉】在干将西路过云楼顾文彬故居。花岗石八角形井栏，井栏五面分刻："光绪戊申年""自治局官井""延""龄""泉"。

---

① 自治局是苏州在清光绪三十三年（1907）成立的自治性组织。翌年，自治局在城区浚治一批公用水井。井栏一面统一纵刻"光绪戊申年自治局官井"，另三面逐字镌刻泉名。

惠民泉

益寿泉

【万斛泉】在平江路228号门前。花岗石八角形井栏，井栏五面分刻"光绪戊申年""自治局官井""万""斛""泉"。

【博济泉】在古吴路35号巷口。花岗石八角形井栏，井栏五面分刻"光绪戊申年""自治局官井""博""济""泉"。

【玉书泉】在养育巷。养育巷拓宽时，井被填没，井栏移至后石子街罗宅井上。花岗石八角形井栏，井栏五面分刻"光绪戊申年""自治局官井""玉""书""泉"。

【康济泉】在古吴路申庄前南巷口。花岗石六角形双井栏，两井栏五面均分刻"光绪戊申年""自治局官井""康""济""泉"。

【如意泉】在丁香巷中部财神弄。花岗石六角形井栏，井栏五面分刻"光绪戊申年""自治局官井""如""意""泉"。

【惠民泉】在姑苏区小曹家巷4号门前。花岗石八角形井栏，井栏五面分刻"长洲自治局""光绪戊申""惠""民""泉"。

【丰乐泉】在桃花坞大街135号门前。花岗石八角形井栏，从唐寅祠移此。井栏五面分刻"光绪戊申""自治局官井""丰""乐""泉"。

【养源泉】在姑苏区南潭子里。花岗石八角形井栏，井栏五面分刻"自治局官井""光绪戊申年""养""源""泉"。

【益寿泉】在史家巷书院弄。花岗石八角形井栏，井栏五面分刻"自治局官井""光绪戊申年""益""寿""泉"。

【洙泗泉】在仓街与邾长巷东口。花岗石六角形井栏，井栏五面分刻

"光绪戊申""自治局官井""洙""泗""泉"。

【两宜泉】 在桃花坞老虹村。花岗石八角形井栏，井栏五面分刻"光绪戊申年""自治局官井""两""宜""泉"。

【涵虚泉】 在姑苏区富郎中巷。花岗石八角形井栏，井栏五面镌刻"光绪戊申年""自治局官井""涵""虚""泉"。

两宜泉

【延益泉】 在姑苏区周五郎巷袁宅，花岗石六角形井栏，井栏四面分刻"光绪戊申""延""益""泉"。

【饮和泉】 在甪直镇作文博物馆内院。花岗石八角形井栏，镌刻"光绪戊申年""自治局官井""饮""和""泉"。井栏是别处移来的。

【仁孝道义之泉井栏】 原在平江路西迎晓里，现藏罗汉院双塔。清代青石井栏，井栏镌刻"仁孝道义之泉""甲申小春潘积余题"。

【太平井】 在中张家巷中段路北。花岗石六角形井栏，镌刻"太平"二字。

【玉蟹泉】 在虞山西北麓老石洞前、秦坡涧旁石城峰上。民国丁祖荫《重修常昭合志》记载："此泉系虞山第一名泉……大水不溢，遇旱不涸。昔有二潭，以有泡沫常泛自水底，相传下有玉蟹，因而名之……今泉畔尚存清光绪间邑人王庆芝、宗嘉树、杨同升等所书立游程碑及'玉蟹泉'篆额碑各一通。"

【言子墨井】 又名言公井、圣井。唐陆广微《吴地记》记载："常熟县北一百九十步有孔子弟子言偃宅，中有圣井。"在常熟城区东言子巷言子故居第三进后院。井栏用天然湖石，井旁竖一座湖石山子，上镌"墨井"二字，隶书。言子墨井和言子故居一起被列为常熟市文物保护单位。

【墨泉官井】 在光福镇下街后巷内。花岗石六角形双井栏，井栏四面分别镌刻"墨""泉""官""井"四字。

【查家义井】 在东山镇三山岛乐善堂东。清代古井，青石八角形井栏，井栏镌刻"义井"二字。

【颜家巷古井】 在临顿路颜家巷11号。花岗石六角形井栏，井栏镌刻精

颜家巷古井

公益官井

美浮雕，六面寓意或内容分别为平升三级、必定如意、如意祥云、花开富贵、福寿双全和狮子滚绣球。

【顾地流泉】在石板街南口，晚清时顾氏开凿。花岗石圆坛形井栏，镌刻"顾地流泉"四字。2005年入选苏州市"古城十大名井"。

【市民公社公井】在观前山门巷。花岗石八角形井栏，井栏镌刻"市民公社公井""宣统元年十月浚"。宣统元年即1909年。

【公益官井】在留园管理处门口。青石六角形井栏，井栏镌刻"公益官井""宣统元年正月"。

【周王庙济急会井】在周王庙弄22号前。花岗石外方内圆形井栏，纵刻"周王庙济急会"，其旁墙角立"周王庙济急会界"界碑。2005年，周王庙济急会井被列入苏州市"古城十大名井"。

【三家村公井】在光福镇光福寺桥西北。花岗石六角形井栏，井栏五面分别镌刻"三""家""村""公井""癸丑年立"。癸丑年，即1913年。

【两宜泉】在光福镇大街南侧。花岗石圆锥形井栏，镌刻"两宜泉"三字，篆书，落款"秋□□""光福□□□"。

【随意泉】在瓣莲巷55号。青石八角形井栏，镌刻"义井""随意泉"等字。

【茜泾严家井】在太仓市茜泾村香花弄西侧严宅。青石八角形井栏，镌刻图案和文字，文字已漫漶难辨。现属太仓市文物保护单位。

【九保泉】在十全街李根源故居，因李根源出生云南腾冲九保乡而名。青石六角形井栏，井栏两面分别镌刻"九保泉""民国十年（1921）李根源书"。

【复兴泉】在山塘街北部木耳场。花岗石八角形井栏，井栏镌刻"癸亥年""复兴泉""上山塘公社自井"。癸亥年，即1923年。

随意泉

复兴泉

松寿泉

【松寿泉】在海红坊海宏寺大殿正南面。花岗石长方体双眼井栏，井栏镌刻"松寿泉""癸亥仲夏凿"。2005年，松寿泉被列入苏州市"古城十大名井"。

【源源泉】在天库前西街口。1924年，金门市民公社出资将品字形三眼井栏改成花岗石四眼井栏，镌刻："甲子年重浚""源源泉""金门市民公社"，甲子年即1924年。2005年，源源泉被列入苏州市"古城十大名井"。

【仁德泉】原在濂溪坊。改建干将路时井栏移至建新巷32号门口井上。青石八角形井栏，五面分别镌刻："仁""德""泉""临南公社""中华民国十三年（1924）秋月"。

【道养市民公社公井】在西支家巷。花岗石长方形双孔井栏，镌刻"民

仲英泉

国乙丑年孟冬建立",乙丑年,即1925年。

【公井】在东山镇人民街莫厘中学门前。花岗石六角形双井栏,两井栏均镌刻:"民国丙寅年柒月建"和"公井"二字。丙寅年即1926年。

【仲英泉】在天宫寺弄菉葭巷北。花岗石六角形井栏,镌刻"仲""英""泉""为纪念前社长陆仲英而凿""中华民国十五年(1926)十月""临平市民公社副社长戈日焕题"等。

【培元公所卅年纪念义井】在盛泽镇牧童湾。1926年秋开凿,原立"培元公所卅年纪念井"碑,唐驼书。

【越公井】又名吴王井,在上方山治平寺前、拜郊台下。宋范成大《吴郡志》记载:井栏"上有刻字,多不可辨。"今井栏为民国时张一麐重置,青石八角形井栏,井栏镌刻:"越公井""隋开皇十年越国公杨素凿""李根源题""民国十六年(1927)张一麐补书"。

【公义井】在东山镇西新街。花岗石长方形井栏,顶开双圆孔。井栏镌刻"公义井""许季□""丁卯□乡□□",丁卯即1927年。

【罔极泉】在穹窿山东南支脉小王山阙茔村舍院前。花岗石六角形井栏,井栏镌刻:"民国十九年(1930)庚午三月初九日""罔极泉""李根源、根沄敬谨凿"。

【阳桥公井】在东山镇人民街。花岗石内圆外六角形双井栏,两井栏都镌刻"阳""桥""公""井"四字,并分别镌刻"庚午□"和"吴□□"。

【金泉双井】在阊邱坊巷。1932年为纪念救火献身的史金奎而建。花岗石六角形双井栏,镌刻"金泉""壬申秋九月下浣",隶书。壬申年,即1932年。

【灵源泉】在灵岩山寺西北隅,1932年修建凿池时,水涌成泉,灵源泉水东注,汇成灵源井。泉旁假山石镌刻印光大师所题"灵源泉"三字,隶书。

【百龄泉】在仓街109号与小新桥巷巷口、通济桥北堍,1933年由振亚织物公司创办人之一的陆季皋与娄仲明捐资开凿。花岗石长方形双井栏。镌刻"百龄泉""民国二十二年(1933)仲秋""陆季皋、娄仲明敬立"。

【长寿泉】有五龙堂和羊王庙两处，均为青石长方体双眼井栏。井栏镌刻"长寿泉""民国二十三年（1934）八月建"。

【福寿泉】在仓街69号。花岗石长方体双井栏，镌刻"福寿泉""民国二十三年孟秋朱鼎彝置"。2005年，福寿泉被列入苏州市"古城十大古井"。

【小日晖桥留韵义井】在胥门外小日晖桥弄，青石八角形双井栏，镌刻"民国二十三年""留韵""义""井"①。

平阳义泉

【禾家弄留韵义井】在禾家弄中段。井口已被水泥封住，并围在花坛中，井栏有"留韵"等题刻。

【洪元弄留韵义井】在祥符寺巷洪元弄。青石八角形双井栏，井栏镌刻"民国二十三年""义""井"。

【专诸巷留韵义井】在专诸巷与石塔头巷口，青石八角形井栏，井栏镌刻"民国二十三年""留韵""义""井"。

【平阳义泉】在五爱巷38号前。花岗石六角形井栏，井栏三面镌刻"平阳义泉""平阳衍庆堂特建""民国廿三年（1934）□□"。

【义井】在古吴路乘马坡直巷10号门外。花岗石六角形井栏，一面刻"里人公建"，另两面刻"义井"二字。

【东村义井】在金庭镇东村西上52号西。青石八角形井栏，井栏镌刻"义井"两字。

【丹阳码头义井】在丹阳码头一弄9号。青石六角形井栏，镌刻"陈宅喜助"。

【混堂弄义井】在五峰园弄。青石八角形井栏，所刻文字漫漶。

【由义井】在东山镇东新街。花岗石长方形井栏，双圆孔。井栏镌刻"由义井"三字。

---

① 保大钱庄老板沈惺叔1934年老来得子，遂出资挖凿18口义井以示感恩。因生的双胞胎，故大多挖成双井，仅专诸巷义井是单眼井。井栏刻有"民国二十三年""沈惺叔"等字。今禾家弄、小日晖桥弄、洪元弄和专诸巷等处井栏仍为原物。

东村义井

丹阳码头义井

【天泉】在拙政园东部元代大弘寺遗址。青石八角形井栏，刻"天泉"二字。

【雅潘双井】在雅园里9号门前。一井为花岗石六角形井栏，另一井为青石六角形井栏。青石井栏两面分刻"雅""潘"二字。

【苏州电汽厂第三公井】在东美巷与大石头巷交界处。四眼井，花岗石六角形井栏。镌刻："苏州电汽厂第三公井""民国廿五年（1936）""四月□□"。

【陆源兴井】在山塘街西叶家弄与前小邾弄路口。花岗石圆桶形井栏，井栏镌刻"陆源兴""民国二十六年（1937）二月"。

【胡橘泉古井】在甪直镇东市下塘街民宅。青石外方内圆形井栏，井栏镌刻"己卯年胡橘泉□"。

【法雨泉】在穹窿山朱买臣读书台下，井名"法雨泉"由明姚广孝题，民国孙光庭书。

【七宝泉】在光福镇邓尉山妙高峰下，其旁井碑镌刻"七宝泉"三字。

【龙泉】在光福镇潭山石嵝庵前。民国时吴中保墓会会长吴荫培立碑："龙泉，邑人吴荫培题。"

【虎乳泉】在白塔东路北半园假山旁。武康石八角形井栏，井栏五面刻"虎""乳""泉""民国□□□""□□堂凿"。

【怡泉亭井】参见《怡泉亭》。

【直塘亭井】参见《直塘井亭》。

【泉水亭井】参见《泉水亭》。

十一 石桥

苏州是著名水乡泽国，河网密布，船多桥多。城内是"东西南北桥相望""小桥流水人家""红栏三百九十桥"，古镇大多一河两街或河街呈"井"字形布局，广大乡村则是"小桥流水人家"。宋《平江图》绘有三百五十九座桥，《宋平江城坊考》记载三百九十八桥。苏州古桥造型优美，注重装饰，除了桥名石（栏板或石边梁外侧），还专门安装明柱刻字，在桥面千斤石雕刻精美图案，甚至建桥亭、立建桥碑等。全国文物保护单位唐始建的宝带桥有五十三桥孔，桥旁建有碑亭，立有宋塔和石狮。全国文物保护单位七都镇东庙桥，为武康石三跨梁式桥，主跨桥梁石上镌刻宋代年号『绍定』二字。太仓金鸡桥、州桥、周泾桥、皋桥和井亭桥均建于元代，桥石上有文字题刻和图案雕刻，五桥都是全国文物保护单位。元大觉寺桥、光福寺桥、明代西泾村永安桥、七都镇广福桥、洪恩桥、梅李月河桥、鹿苑弘济桥、清代江村桥、花桥集善桥、大姚村香花桥、玉山玉龙桥、枫桥、吴门桥、行春桥等都是江苏省文物保护单位。苏州市文物保护单位七都镇双塔桥，桥顶望柱雕刻四石狮，桥上明柱镌刻四副楹联。盛泽白龙桥为三孔拱形桥，桥上明柱镌刻四副楹联，桥面石和拱券龙门石雕刻笔（必）锭（定）如意、瓶（平）笙（升）三戟（级）和云龙、太极等图案。甪直寿仁桥，桥上明柱镌刻四副楹联，桥两侧望柱雕刻莲花瓣，桥心石雕刻螺旋纹，拱券顶端雕刻双龙戏珠图案，拱券内还有三块记事碑。

【宝带桥】在京杭大运河吴中区段西侧。唐元和十一年（816）至十四年（819），苏州刺史王仲舒捐宝带助资在运河澹台湖东口建长桥衔接纤道，故名。南宋绍定五年（1232）重建，明正统七年（1442）至十一年（1446），巡抚周忱重建为53孔连拱石桥。清康熙九年（1670）、道光十一年（1831）、咸丰十年（1860）三次修建。1956年修复，1981年至1992年间又四次修缮，2002年国家文物局拨款全面维修。桥南北走向，扼澹台湖东口，与大运河平行。全长317米，53孔薄墩连拱。现桥体用料以花岗石为主，间杂青石和武康石。桥北堍有座清同治十一年（1872）建造的花岗石碑亭，单檐歇山式，仿木结构，方形，边长4.32米，通高6.13米。亭畔与桥中间刚性墩西侧各有一座宋代石塔，桥南有一对青石狮，桥北存一只青石狮。宝带桥与河北赵州安济桥、北京卢沟桥等被合称为"中国十大名桥"。2001年被列为全国重点文物保护单位。

【大觉寺桥】在甪直镇车坊社区大姚村大觉寺遗址前。宋庆历七年（1047）建造，元至正十一年（1351）重建。单跨梁式桥，武康石、青石混构。桥面以6根长5.1米略呈拱势的武康石长梁组成。桥梁石东侧中间雕刻二龙戏珠，两端雕刻夜叉腾云。西侧以宝珠为中心，两边对雕蝙蝠、玄鸟、天马等图案。长系石上雕饰背倚须弥山手捧大钵的金刚力士。桥孔北壁嵌砌方碑，记述大觉寺桥创建和重建年代。1995年被列为江苏省文物保护单位。

【寿星桥】在十梓街望星桥北。东西走向，跨古城第四直河（官太尉河段）。宋淳熙五年（1178）建造，明、清两代修建，为武康石单孔拱形桥。1965年移百狮子桥3块武康石桥栏置于寿星桥北侧，内外两面各有16头浮雕舞狮。原寿星桥残存3块桥栏集中置于南侧，两面各有16只梅花鹿，鹿已风化剥蚀。桥额镌刻"重建寿星桥"五字。1982年被列为苏州市文物保护单位。

【行春桥】在石湖。东西走向，跨石湖北渚。始建无考，南宋淳熙十六年（1189）重修，南宋淳祐和明洪武、成化、崇祯年间再修，清代重建。1953年、1957年又修。2011年被列为江苏省文物保护单位。为半圆拱薄墩九孔连拱花岗石桥，长系石为武康石，端部所雕兽面为宋代原物。条石栏板的望柱头雕蹲狮，桥主拱顶上桥栏石外侧镌刻"行春桥"三字。

【嘉泰桥】在吴江区黎里镇芦北村，跨武陵溪。宋嘉泰年间建造，宋景定年间和明清期间多次重建。单孔拱形桥，拱券石、长系石多青石，金刚墙多花岗石，桥心石为武康石。拱券顶部南北两侧青石横额镌刻宋代年号"嘉泰"二字。东南侧桥柱镌刻"虹腰环水南连市"，西南侧镌刻"雁齿排云北顾村"。西北侧镌刻"光绪十七年（1891）十二月十二日"，东北侧镌刻"里人募众善信捐助重建"。拱券内有明成化二十三年（1487）《北顾里重建嘉泰桥题名记》等7块石碑，东北拱顶有清顺治乙未年（1655）石碑。1994年被列为吴江市文物控制保护单位。

【东庙桥】在吴江区七都镇东庙桥村横沽塘。东西走向，跨东庙桥港。南宋绍定年间建造，武康石三跨梁式桥，仅花岗石桥栏和望柱为民国年间增置。桥面由6块条石组成，主跨桥梁石上有双线钩勒的宋代年号"绍定"二字，桥次孔石梁两端分别刻有四组形状各异的如意云。桥梁石下横系石上有4个直径18厘米的半月形凹槽，为当初建桥时安置托木所凿。2013年被列为全国重点文物保护单位。

【底定桥】又名石桥，在东山镇后山石桥村。南宋绍定五年（1232）跨村前山涧建震泽桥。明成化二十一年（1485）、清乾隆五十二年（1787）两次修建。单跨梁式桥，花岗石与青石混构。桥上建有砖木结构桥亭，桥北有明成化乙巳年（1485）所立《重建震泽底定桥记》碑，桥南民居墙中嵌砌清乾隆五十二年《重铺坪磬官路记》碑，碑文记述两次整修底定桥经过。

【光福寺桥】在光福镇光福寺前，一称大寺桥。南北走向，跨福溪河。宋代始建，元明清时期三次修葺。单跨梁式桥，桥面由3块条石组成，栏杆、锁口石、压顶石均为武康石。桥东侧武康石石梁正中镌刻"光福寺桥"四字，西侧桥梁石雕有腾龙、万字纹图案和双龙戏珠。1995年光福寺桥与光福寺一起被列为江苏省文物保护单位。2013年，桥面两侧边梁换成混凝土结构梁，武康石石梁换下存光福寺。

【众缘桥】又称六步桥，在浒墅关镇青灯村新乐自然村东端。南北走向，跨十图巷港。宋代始建，明清时多次修缮。武康石单跨梁式桥，桥面由整块武康石凿成，微弓形，长4.48米，宽0.9米。桥台由花岗石条石和部分青石垒砌而成。桥面石两侧镌刻"众缘桥"三字，两头雕饰忍冬纹。2009年被列为苏州市文物保护单位。

【金鸡桥】在太仓市城厢新丰村。南北走向，跨朱里泾。元至治二年

重建震泽底定桥记碑

（1322）建造，青石单孔拱形桥。龙门石上镌刻："至治二年八月□日，南广寺宣授慈光普照大师孤山重建。"上刻荷叶浮雕相领，下雕莲花浮雕相托。桥檐口石外侧两头雕饰如意云纹。2006年被列为全国重点文物保护单位。

【州桥】又名安福桥、三洞桥。在太仓市府南街南端，跨致和塘。建于元天历二年（1329），青石三孔拱形桥。中孔仰天石侧面刻有"安福"二字，两端刻有圭角。长系石出头处镌刻如意琬花，桥面千斤石上镌刻一组同心圆。中孔拱券石上镌刻"平江路昆山州太仓""安福石桥""时大元天历二年（1329）岁次己巳十月……崇福寺僧""太仓州守千户乔，奉议大夫昆山州知州卢"等字。2006年被列为全国重点文物保护单位。

【周泾桥】又名海门第一桥、南周泾桥，在太仓市东门街边濠弄口。南北走向，跨致和塘。元至顺元年（1330）建造，青石三孔拱形桥，中孔2块龙门石为武康石。桥上4块条石和两侧石栏板上雕刻多种图案。仰天石外侧正中镌刻"海门第一桥"五大字，两端刻有圭角。桥面千斤石为花岗石，上刻轮回图。桥面中央大龙门石长3米，刻有八卦图案。中孔内券石上有一题记，上雕荷叶，下饰云纹，中刻"至顺元年十一月吉日鼎建""时次至顺庚午仲冬"和资助修桥人名单。2006年被列为全国重点文物保护单位。

【皋桥】又名兴福桥、高桥，在太仓市城厢西门街张家弄口。南北走向，跨致和塘。元元统二年（1334）建造，青石单孔拱形桥。仰天石外侧中央镌刻"兴福"两字，并雕刻莲花万字纹饰。金刚墙西南石柱镌刻"南隅朱氏妙亭助柱四条增崇福寺延长者"，桥孔内券石上镌刻"劝缘金……岁次甲戌元统二年月日建"。2006年被列为全国重点文物保护单位。

【井亭桥】又名众安桥，在太仓市城厢新丰村。南北走向，跨张冈河。元元统二年（1334）建造，青石三孔拱形桥。中孔仰天石外侧镌刻"广寿众安桥"五字。中孔券石中央镌刻《重建众安桥记》："南广寺提点佛心通智大师如理，一力重建众安三环洞桥。功德庄严先师祖一长老尊灵超登上品，更异袈裟坚固，福寿尊崇，吉祥如意。元统二年三月□日，住持圆智广慈大师行满题，洞庭绳墨张应雷刊。"铭文上有荷叶浮雕相领，下有莲花浮雕相托。2006年被列为全国重点文物保护单位。

【吴兴桥】又称观音桥，在吴中区横泾街道上林村。南北走向，跨连通太湖的林渡港。桥始建无考，民国年间和1982年两次重建。武康石三跨梁式桥，桥梁石外侧镌刻"吴兴桥"三字。排柱式桥墩全部由武康石筑成，南起第二桥墩上有民国时期重建的题刻。桥两端长系石亦为武康石，长系石西端图案精美完整。

【庵弄桥】又名市桥，在太仓市浮桥镇时思庵弄村。青石单孔拱形桥，桥梁石上花纹和字迹漫漶。庵弄桥北约700米处有朱家桥，1962年冬疏浚西太河拆除朱家桥时在附近发现一碑。碑文为："平江路常熟州三十五都甘草市中心朱家桥，年深损坏，不通往来，仰募众鼎建。伏承施主舍钱，具名于后……岁次庚辰至元六年孟夏吉日灌订，甘草巡检司莫存忠立"，至元六年即1340年。1986年，庵弄桥被列为太仓县文物保护单位。

【聚福桥】又称富赢桥，在昆山市花桥镇天福庵集镇北市梢。东西走向，跨厚泽塘。元至正八年（1348）建桥，青石单孔拱形桥。桥南立面正中顶部嵌砌一青石，上刻"富赢"两大字。桥洞东立面正中刻有莲花宝盖图案和"大元至正八年岁在戊子十二月辛卯吉辰，建谨题，募捐人周文明、朱允成"等字。1997年被列为昆山市文物保护单位。

【回龙桥】因桥南堍原有回龙庙而名，又名孔家桥。在松陵镇八坼练聚村。三跨梁式桥。武康石、花岗石混构，六根桥柱石中，五根为武康石，一根为花岗石。桥额镌刻桥名，仅一"回"字可辨。根据桥石材质该桥应初建于宋元间，重修于清代或民国。

【普安桥】又名读书桥、小东溪桥。在同里镇东北端后港注入同里湖主要水道出口处。明洪武二年（1369）建造，弘治中和正德元年（1506）两次重建，清道光三十年（1850）修葺。花岗石单孔拱形桥，桥北侧有明弘治年间石碑，龙门石上雕刻轮回图案。桥东侧石柱镌刻："古塔摇红迎旭彩，罗星晕碧锁溪光。"西侧镌刻："一泓月色含规影，两岸书声接榜歌。"1994年被列为吴江市文物控制单位。

【天水桥】又名北观音桥。在昆山市锦溪镇北天水街西端。南北走向，跨天水塘。明永乐五年（1407）建造，清代两次重修。单孔拱形桥，除桥拱为青石外，其余均由花岗石构筑。桥身两侧石柱镌刻："万恶淫为首，百善孝为先。""愿天常生好人，愿人常做好事。"2004年被列为昆山市文物保护单位。

【宋泾桥】在元和街道十泉街南面。始建无考，明清时期三次重建。花岗石单孔拱形桥，桥顶中央武康石上雕刻着太极图。桥北侧花岗石栏杆上镌刻：

普安桥石栏题刻

府署桥石栏

"前碑没，明永乐二十一年（1423）钱义东募众重建，明成化十三年（1477）白莲寺募众重建，大清光绪五年（1879）长洲县吴政科募众重建。"

【府署桥】跨道前河，南连东善长巷，北接道前街。明宣德五年（1430）建造，嘉靖元年（1522）重修。1985年重建时，将宋建百狮子桥部分武康石桥栏移建于府署桥。单跨梁式桥，两侧武康石边梁上浮雕水浪、旭日、海马，武康石栏板上浮雕24头狮子。

【永安桥】在工业园区独墅湖高教区土地庙前，原属斜塘镇旺墓村西泾自然村。始建无考，明正统八年（1443）重建，1997年重修。南北走向，跨西泾。三孔梁式桥，桥面为武康石。桥梁石两端浮雕灵芝图案，正中阳刻"永安桥"三字。桥孔北侧明柱镌刻"大明癸亥正统八年季春重建"。2002年永安桥与桥堍斜塘土地庙一起被列为江苏省文物保护单位。

【广福桥】在七都镇隐读社区薛埠村和湖州市织里镇胡溇村交界处，桥属七都镇。元至正十四年（1354）始建，明正统十四年（1449）重修，嘉靖十六年（1537）重建。明天启元年（1621），吴江县和浙江乌程县（今湖州）合建。单孔拱形桥，武康石、青石和少许花岗石混构。武康石桥额石上镌刻"广福"二字。桥上有8处题刻，其中有95人捐银99两4钱建桥的记载，还刻有莲花等图案。2011年被列为江苏省文物保护单位。

【仁寿桥】又名王店桥，在工业园区唯亭老街西市梢、水沉港南端口。东西走向，跨娄江支流仁寿港。明成化元年（1465）建造，嘉靖七年（1528）重修并改今名。花岗石单孔拱形桥，北面明柱镌刻："入市人逢江月泛，放舟客过海潮来。"南面明柱镌刻："人登寿域书彭佺，里有仁风是怀菖。"

【洪恩桥】在七都镇望湖村染店浜村。明成化六年（1470）建造。单孔拱形桥，桥面和石级为花岗石，其余为青石。桥两侧桥额双线勾勒"洪恩"二字，桥拱券题刻"明成化六年"。拱券内雕刻多瓣莲花座，长系石两端雕刻形象怪异的吸水兽。2011年被列为江苏省文物保护单位。

【南将桥】又称总德桥，在浒墅关镇青灯村。南北走向，跨庙河。元末始建，明成化七年（1471）重建。花岗石单孔拱形桥，桥墩北首石碑镌刻："时大明成化七年岁存辛卯二月吉日，重建总德桥。"还刻有重建时所捐银两数和人名。

【来远桥】又名驿桥，在学士街与百花洲相连处，东出吉庆街，跨古城第一直河。南宋绍兴十五年（1145）建造，明成化十四年（1478）重建，清代重修，1923年改建。1998年重修并南移至寿宁弄西口，径对古胥门。单孔拱形桥，花岗石、青石混构。东堍桥台南壁嵌砌的青石碑镌刻"成化戊戌夏四月吉日，苏州知府刘瑀吴县知县□□重建"等字，成化戊戌即明成化十四年。桥联石镌刻"民国十二年（1923）十月重修"。

洪恩桥吸水兽

【大通桥】又名西美桥、猛将桥，在甪直古镇区西端。南北走向，跨西市河。明成化十九年（1483）建桥，清康熙年间重修。花岗石单孔拱形桥，东侧明柱镌刻："名区毓秀看题柱，高士流芳认钓矶。"西侧明柱镌刻："甫里千家联雁齿，吴淞一碧映虹堤。"拱券内记事碑镌刻："前明成化十九年癸卯春三月，里人募捐始建"，"大清□□三十三年，凝德堂严乐翰重修"。

【具区风月桥】又名渡水桥，在东山镇渡桥村，跨渡水港。元至正年间建造，明清时三次重建。花岗石三孔拱形桥，中孔东侧拱券板上镌刻："明弘治九年（1496），吴氏八世祖天祜公独办。道光十九年（1839），合族捐修，十八世孙球培经办""宣统三年（1911）春，二十二世孙吴伧鉴重建"。1986年被列为吴县文物保护单位。

【月河桥】在常熟市梅李镇南街，跨月河。宋代建造，明弘治九年（1496）重建并更名为紫微桥。单孔拱形桥，桥墩基和部分桥面用武康石砌筑，其余为花岗石。拱券底南端镌刻"紫微桥"三字，并雕刻荷叶图案。拱券底北端嵌砌石碑，镌刻"典史徐让、仪官吕唐监工、石工高永吉，大明弘治九年拾贰月重建"等字。2019年被列为江苏省文物保护单位。

【里尺桥】又名荣富桥、里党桥，在吴中区临湖镇灵湖村黄墅。东西走向，跨横泾港。明弘治十一年（1498）建造，清乾隆五十五年（1790）修缮。青石单孔拱形桥，桥额镌刻"荣富桥"三字，桥名旁镌刻"大清乾隆庚戌岁次"，清乾隆庚戌，即清乾隆五十五年；拱券西面镌刻"大明弘治十一年岁戊午八月吉日立"。2009年被列为苏州市文物保护单位。

【平墅桥】又名雷尊殿桥，在常熟市张桥镇平墅东平村与杨园镇王泾村交界处。东西走向，跨张潮河。单孔拱形桥，桥基、桥拱由青石砌成，桥面为花岗石。南北两侧桥额镌刻"平墅桥"三字。从桥体到拱券端部嵌有7石，分别镌刻"明嘉靖元年（1522）八月重建""明天启元年（1621）七月重建，里人朱勋等捐银重造""明崇祯十七年（1644）三月重建""清康熙四十三年（1704）八月，里人李秀芳、平叔文、平顺甫、陈文庆、周岐等捐银重建"等，明柱上楹联文字漫漶。2009年被列为常熟市文物保护单位。

【阜安桥】在相城区阳澄湖镇泄泾老街。明嘉靖三年（1524）建造，花岗石单跨梁式桥。南桥堍东、西两侧各有一对石狮子。桥墩西面竖有一石，上刻"南眺虎阜，北望虞山"。

【北新桥】因桥栏上两尊石雕龙兽如蛟龙盘踞，又名环龙

里尺桥拱券题刻

桥。在张家港市杨舍泗港西新村。东西走向,跨蔡港。始建无考,明宣德年间建为青石单孔拱形桥。南面桥额两侧雕刻龙头和狮头,桥东侧明柱镌刻"大明嘉靖拾年(1531)二月吉旦,民国乙亥(1935)二月吉旦""章卿赵用同室许氏造"。

【白溪御龙桥】旧称白溪桥,在吴江区桃源镇青云社区天亮浜。东西走向,跨御龙河。明嘉靖二十七年(1548)建造,1922年重修。花岗石单孔拱形桥,金刚墙有部分青石。明柱镌刻两副对联,南向桥联:"冰鉴一奁秋水影,渔歌两岸夕阳村。"北向桥联:"北望洞庭,山浓如翠;东连笠泽,水到渠成。"2014年被列为苏州市控制保护建筑。

【永福桥】又名启秀

平墅桥拱券题刻

桥、北大桥,在昆山市千灯镇北大街。东西走向,跨尚书浦(千灯浦)。明天启年间建造,崇祯元年(1628)重建,清乾隆五十二年(1787)修建。花岗石单孔拱形桥,桥南北两侧镌刻对联,南侧为:"一曲长虹,欣看气象聿新,南浦辟推儒者冠;半钩皎月,静溯潮流依旧,北风时系古人思。"北侧为:

"虹彩耀文明，团团生聚万家，塔影山峰左右袓；龙梁蟠巩固，滚滚源游千载，淞风淀水古今流。"2004年被列为昆山市文物保护单位。

【安民桥】又称北渡桥，在平望镇北前街。东西走向，跨京杭大运河。明嘉靖三十四年（1555）建造，崇祯二年（1629）重建。单孔拱形桥，桥心石为武康石，金刚墙为青石，其余由花岗石砌筑。桥栏和券石雕刻多种图案和"信士捐银造桥"题刻，金刚墙嵌砌青石石刻。2013年，安民桥作为京杭大运河附属文物点被列为全国重点文物保护单位。

【朴泽桥】又名王家桥，在松陵镇八坼社区直港村，东西走向。明嘉靖三十四年（1555）建造，清康熙三年（1664）重修，1994年大修。青石单孔拱形桥，拱券正中嵌砌建桥碑记，上镌"明嘉靖乙卯五月""吴江县正堂"，明嘉靖乙卯即嘉靖三十四年。1997年被列为吴江市文物保护单位。

【太平桥】又名环龙桥，在昆山市蓬朗老镇区北市梢。东西走向，跨瓦浦河。明万历二十九年（1601）建造，单孔拱形桥，构件以花岗石为主，有少量青石。桥额镌刻双钩"太平桥"三字，右边镌刻"万历辛丑年新建"，万历辛丑即万历二十九年。拱券内石板上镌刻捐助者姓名。2009年被列为昆山市文物保护单位。

【萧家桥】又名通福桥，在张家港市塘桥镇李王村。东西走向，跨三丈浦。明万历三十七年（1609）建造，清光绪年间修建。单孔拱形桥，用材以花岗石为主，桥墩为青石。桥面正中石板上有独轮车磨出的车轮痕迹。桥拱券正中嵌砌一碑，碑中间镌刻"通福桥"三字，上款"甲戌科进士萧应宫建"，下款"万历己酉岁孟秋吉旦"，万历己酉即万历三十七年。桥面南侧枕石上镌刻："萧家桥，光绪十年（1894）冬月众姓重修"等字。1998年被列为张家港市文物保护单位。

【中巷桥】又名娄湾桥，在巴城镇后村头自然村。单孔拱形桥，东西走向，跨娄湾。明万历四十五年（1617）建造，1918年重修时改为青石和花岗石混构。南侧桥额镌刻"中巷桥""万历四十五年建造"，桥名之间镌刻"风调雨顺""国泰民安"。桥拱内有多处造桥捐助题刻。西堍南侧金刚墙嵌砌青石碑，镌刻"民国七年（1918）戊午，里人重修"。

【孔家塘桥】又名东庄桥，在临湖镇塘桥村。始建无考，明天启四年（1624）重建，单孔拱形桥。桥拱两侧桥柱有桥联，左侧镌刻："流通笠泽槎

中巷桥题刻

银汉,彩溢村塘驾玉虹。"右侧镌刻:"九曲波流从北锁,群峰灵秀自西来。"

【弘济桥】 为纪念弘济和尚而建,又称鹿苑大桥。在张家港市塘桥镇鹿苑东街。东西走向,跨三丈浦。明天启五年(1625)造桥。三孔拱形桥,用材以花岗石为主,桥南侧栏杆为青石。桥梁石北侧镌刻"弘济桥"三字,明钱谦益书。南北两侧明柱镌刻"南无阿弥陀佛"。2011年被列为江苏省文物保护单位。

【新桥】 原名利济桥。在沙溪镇西市街北弄东侧,跨老七浦塘。始建无考,明崇祯七年(1634)重建,清乾隆后多次修建。单孔拱形桥,西面桥栏下部横石镌刻"利济桥"三字。桥拱两边明柱镌刻桥联,西面桥联为:"何处传书,想黄石赤松□□;有谁题柱,乘高车驷马而来。"东面桥联为:"印水回环,看此地钟声古寺;娄江映带,问何时潮接唯亭。"1981年被列为太仓县文物保护单位。

【渡船桥】 又名西津桥,在同里镇西北部。始建无考,明崇祯年间修建。花岗石单孔拱形桥,桥拱两侧明柱镌刻桥联,南侧为:"一线晴光通越水,半帆寒影带吴云。"北侧为:"春入船唇流水绿,秋归渡口夕阳红。"桥南堍有渡船亭，东侧有渡船庵。

【普安桥】在东山镇金家湖村湖湾路二号桥北。元代中期始建，清康熙十六年（1677）重建。青石单孔拱形桥，南北走向，跨金牛岭北坡长涧。桥面石东侧中间镌刻"重建普安桥记"六字，南面镌刻"新丰里人刘菱奚重修"，北侧镌刻"康熙丁巳年六月吉日"等小字，康熙丁巳即康熙十六年。

【凤凰桥】在相城区太平街道旺巷村。南北走向，跨旺巷港。宋代建造，明代西移重建，清乾隆四十三年（1778）重修。单跨梁式桥，花岗石、武康石混构。武康石石梁两端雕有卷草纹饰，西面花岗石上镌刻"太原王氏近溪策立"，东面石梁镌刻"末岁建凤凰桥"。桥南北长系石各有一排半圆形卯榫孔，为建桥时搁护梁木之用。2001年被列为苏州市文物保护单位。

【东林桥】在平望镇溪港集镇。东西走向，跨韭溪。始建无考，明嘉靖年间、清顺治三年（1646）两度重建，嘉庆三年（1798）重修。花岗石单孔拱形桥，明柱镌刻对联，南侧为："浩渺波光涵笠泽，参差帆影接莺湖。"北侧剩半联："会看风晨集估帆。"东堍有刘猛将军庙。东林桥和刘猛将军庙均为吴江市文物控制单位。

【聚福桥】俗称观音桥，在张浦镇尚明甸村。东西走向，跨西宿浦。明代始建，清顺治十年（1653）重建，乾隆十年（1715）修建。单孔拱形桥，花岗石、青石混构。桥南侧明柱镌刻："津接松南俊秀，虹凝淀北祯祥。"北侧明柱镌刻："今人为继前人志，异日当思今日心。"桥侧清《示禁旗佃积弊碑》记载官府镇压农民抗租史实，现藏南京博物院。2013年，聚福桥被列为苏州市文物保护单位。

【五龙桥】又名五泓桥，在长桥街道。东西走向，跨大龙港。宋淳熙年间建造，明清时期多次重建修建。花岗石五孔拱形桥，中孔南侧立柱镌刻："锁钥镇三吴，下饮长虹规半月；支条钟五水，远通飞骑扼全湖。"北侧镌刻"建初在赵淳熙中岁""议复于皇清同治十年（1871）"，中孔拱券上端阳刻"重建五龙桥"五字。1997年被列为苏州市文物保护单位。

【安德桥】又名平望桥，在平望集镇。南北走向，跨颊塘。唐大历间建造，宋庆元三年（1197）重建，明清时又多次重建。花岗石单孔拱形桥，桥额镌刻"安德桥"，明柱镌刻"同治十一年（1872）仲冬""水利工程总局重建"。1986年被列为苏州市文物保护单位。

【善度桥】在昆山市淀山湖镇度城村。南北走向，跨塘港。清康熙初年建造，嘉庆二十三年（1818）和2008年两次重修。单孔拱形桥，青石、花岗石混构。青石上镌刻"善度桥"，桥名两侧镌刻清康熙和嘉庆年款。桥西侧镌刻桥联："津接吴淞笼晓日，虹凝薛淀数归帆。"东侧镌刻："潭涵明月规今古，驿认官程渡去来。"2009年被列为昆山市文物保护单位。

【里仁桥】又名德庆桥。在黎里镇莘塔老街中市。东西走向，跨市河。明代始建，清康熙四年（1665）、乾隆二十年（1755）重建，民国时两次重修。花岗石单跨梁式桥，桥孔南面镌刻："春见一江芳草色，秋闻万户桔槔声。"北面镌刻："舟行南北千金获，人饩东西五谷登。"1994年被列为吴江市文物控制保护单位。

【西山庙桥】又名元庆桥，在山塘街席场弄西侧，跨山塘

东林桥联

河。清康熙九年（1670）建造，咸丰二年（1852）、1992年重修。花岗石单孔拱形桥，桥东明柱镌刻："跨水虹梁新结构，合流虎阜抱漾洄。"西侧明柱镌刻："咸丰贰年岁次壬子季春穀旦，诚正堂司董里人曹承成重建。"

【万安桥】又称稍西桥，在张浦镇新龙村稍里自然村。东西走向，跨小直江与张万泾江交汇处。清顺治十六年（1659）建造，清代三次重建。花岗石

三孔拱形桥，中孔南北明柱均镌刻"南无阿弥陀佛"，两侧小孔明柱南北均镌刻"愿人长行好事，愿天长生好人"。2004年被列为昆山市文物保护单位。

【聚龙桥】又称永隆桥。在松陵镇南厍村南厍港东侧。明万历五年（1577）建造，清康熙二十八年（1689）、嘉庆二十四年（1819）重建。单孔拱形桥，青石与花岗石混构。桥东西两侧镌刻桥联，东面为："文澜高壮银河色，虹势遥迎玉殿光。"西面为："安梁累世朝金阙，凝秀千年映彩霞。"现为吴江区文物控制单位。

【官太尉桥】在干将东路南石匠弄唐家巷西口。东西走向，跨古城第四直河（官太尉河段）。始建无考，南宋《吴郡志》记载此桥。清康熙三十五年（1696）、光绪四年（1878）重修。武康石单跨梁式桥，东西桥台各立武康石排柱5根，下为武康石水盘石，上架武康石长系石，有成排凹槽及一根托木。桥面由5条花岗石梁组成，栏板亦为花岗石。桥梁石侧面镌刻"官太尉桥"，桥名两侧镌刻"光绪四年六月日立""里人募捐重建"。1998年被列为苏州市文物保护单位。

【寿康桥】在甪直镇南栅厂滩头附近。东西走向，跨南市河。原为木梁板桥，清康熙三十七年（1698）改建成花岗石单跨梁式桥，2009年重修。桥梁石两侧阳刻"寿康桥"三字，南侧明柱阳刻："安流北注分缓道，通市南来第二桥。"北侧阳刻："利济通衢安且固，征祥合境寿而康。"

【寿昌桥】又名南大桥，在甪直古镇区最南端。东西走向，跨南市河。明万历年间建造，清康熙三十七年（1698）重建。花岗石单孔拱形桥，南侧明柱阳刻："遥山黛影分江路，夹岸钟声过客船。"北侧阳刻："波静清江环竹院，日临晓市集云帆。"望柱柱头雕刻莲花瓣，桥东堍有"重修寿昌桥"碑。

【植里桥】又名永丰桥。在金庭镇植里古村环山公路北段，跨植里港。宋代始建，清康熙四十一年（1702）重建。花岗石单孔拱形桥，东侧北端桥耳石下方嵌砌一青石，上刻"康熙四十一年重建"等字。北侧桥拱拱券上镌刻"大清康熙四十一年……大圣堂头陀慧闻募缘……"2001年被列为苏州市文物保护单位。

【百禄桥】又名汤家桥，在巴城镇正仪宅西村小港北岸。清康熙四十二年（1703）始建，近年重修。花岗石三跨梁式桥，桥面由5块条石组成。桥上镌刻"鼎建百禄桥"。桥上镌刻两幅桥联，南面是："星潭流衍娄江秀，西鹿源从天堑来。"北面为："马鞍文笔朝真义，震泽回澜润宅西。"

【富民桥】 又名清水塘桥。在凤凰镇港口办事处清水村。东西走向，跨曲塘泾。明弘治元年（1488）建造，清康熙四十三年（1704）重修。单孔拱形桥，桥墩用青石砌筑，桥面和拱券均用花岗石。桥心石雕刻"云日图"，北侧桥额镌刻"富民桥"三字。桥拱北侧明柱镌刻："南无阿弥陀佛"，西侧金刚墙嵌砌清康熙四十三年助银碑记。1998年被列为张家港市文物保护单位。

【江村桥】 在寒山寺前。东西走向，跨枫桥河，东联寒山寺，西接枫桥北街。唐代始建，清康熙四十五年（1706）重建，同治六年（1867）修建。单孔拱形桥，材质以花岗石为主，间杂少量青石。桥额镌刻"重建江村桥"五字，桥栏望柱镌刻"同治六年六月重修""仁济堂安仁局董事经办"。1982年被列为江苏省文物保护单位。

【景福桥】 原名中心桥、中津桥，在巴城镇正仪老街中段。东西走向，跨渭塘河。始建无考，清康熙四十六年（1707）改建为花岗石单孔拱形桥。桥额阳刻"鼎建景福桥"五字，南北两侧明柱镌刻桥联："万年安寿□圣世，千秋景福□□天。""济人方寸水源长。"另有半联已遮掩墙缝中。2009年被列为昆山市文物保护单位。

【普济桥】 在山塘街西段。南北走向，跨山塘河。清康熙四十九年（1710）建造。乾隆五十八年（1793）、道光二十一年（1841）、1925年重修。花岗石三孔拱形桥，桥拱券内壁刻有捐款人姓氏。明柱有桥联，桥东为："东望鸿城，水绕山塘连七里；西瞻虎阜，云藏塔影立孤峰。"桥西为："北发塘桥，水驿往来通陆墓；南临路轨，云车咫尺到梁溪。"1982年被列为苏州市文物保护单位。

【明月桥】 在盛泽镇坛丘集镇。南北走向，跨明月港。清末建造单孔拱形桥，1963年改建为花岗石单跨梁式桥时，移来旧构件，其上有年款"大清康熙甲午年重建穀旦立"，康熙甲午即康熙五十三年（1714）。桥联为："东酬台畔清风韵，西掬亭心泉水杳。""肩摩踵接人居密，□□□□□□。"2019年被列为苏州市控制保护建筑。

【永济桥】 在常熟城区南门外下塘街。东西走向，跨元和塘。清康熙五十九年（1720）建造。花岗石三孔拱形桥，两侧桥额镌刻桥名，栏板镌刻捐资修桥者姓氏和助银明细。桥南面刻："愿天常生好人，愿人常行好事。"北面

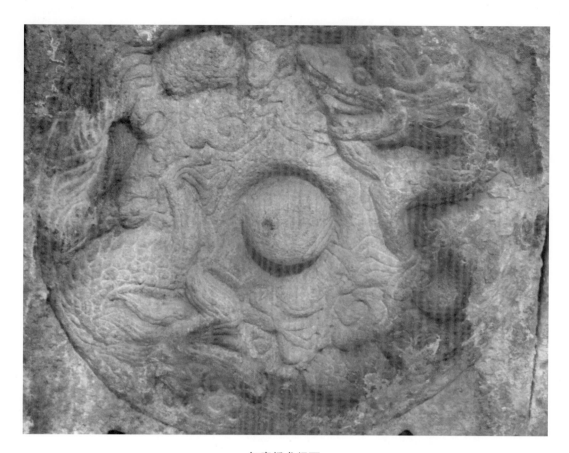

如意桥龙门石

刻:"风调雨顺,国泰民安。"桥底龙门石雕刻"双龙戏珠"图案。为常熟市文物保护单位。

【如意桥】在盛泽镇盛虹村。清雍正十一年(1733)建成,花岗石单孔拱形桥。桥拱两侧明柱镌刻:"天际霓虹千岁古,望中烟火万家新。""虹垂野岸祥光合,烟锁江村佳气浮。"龙门石雕刻双龙戏珠图案。

【尚书桥】又名陶家桥,在千灯镇陶家桥村。东西走向,跨尚书浦(千灯浦)。始建无考,明万历年间重建。清康熙年间重建为单孔拱形桥,花岗石和青石混构。两侧桥额镌刻"尚书桥"三字。明柱刻有对联,南面镌刻:"雁阵排连,北接吴淞而源远;彩虹环卧,南通薛淀之津长。"北面镌刻:"上下橹摇,两岸波平涵半月;往来人渡,万家鳞密领千波。"2004年被列为昆山市文物保护单位。

【吴家桥】在千灯镇吴家桥村北。东西走向,跨千灯浦。始建无考,明万历三十八年(1610)改建为石拱桥,清康熙年间重建并立碑,1926年又重建。花岗石单孔拱形桥，刻："创建在前，明利济功归吴沈氏；重建仍旧，贯交通惠及万千人。""南无阿弥陀佛。"2004年被列为昆山市文物保护单位。

【永宁桥】 在甪直镇。南北走向，跨西汇河西段。明崇祯十七年（1644）建造，清康熙年间重建。1979年被拆，1997年西移20余米建造花岗石单跨梁式桥。桥梁石两侧阳刻"永宁桥"三字。明柱镌刻桥联，东侧镌刻："永庆升平跻盛世，宁馨富丽甲中吴。"桥联嵌有"永宁"两字。西侧镌刻："茶灶笔床鲁望隐，莼羹菰菜季鹰回。"

【义兴桥】 又称曾家桥。在沙溪镇东市街高真堂弄南端，跨老七浦塘。明嘉靖三年（1524）建造，清康熙年间重建为单孔石拱桥。桥孔西面石柱镌刻："南无阿弥陀佛"，东面镌刻桥联："象若七曲文星，锁住江湖气脉；恰似半弦新月，贯通天地精华。"桥面中央雕刻圆形石灵芝，四根望柱有莲花雕塑。1981年被列为太仓县文物保护单位。

【清风桥】 在盛泽镇坛丘市镇。南北走向，跨清风港。始建无考，清雍正元年（1723）、光绪二年（1876）两次重建。1969年重修。花岗石单跨梁式桥，桥柱刻有桥联："北带连云双驾鹊，西联明月并垂虹。""划水漾边□□□，花园堤畔白龙眠。"2019年被列为苏州市控制保护建筑。

【普庆桥】 又名圣堂桥，在周庄镇澄虚道院前，跨中市河。清雍正四年（1726）建造，花岗石单孔拱形桥。桥两侧明柱镌刻："起墟一巷登彼岸，鞭石诸仙锁洞宫。"2005年被列为昆山市控制保护建筑。

【双塔桥】 在七都镇李家港村。桥南侧是稽五漾，桥北侧是倪家漾。明洪武年间，在水洲东西各建一座拱形三孔桥，名双石桥。后在两桥堍建石塔，故名双塔桥。明万历七年（1579）、清雍正七年（1729）、光绪二十七年（1901）三次重修重建。东侧仍为三孔拱形桥，西侧改作单跨梁式桥，20世纪60年代拆除两塔。桥主要构件为花岗石，桥面和两桥台有武康石和青石。桥顶上四根望柱雕有四头石狮，桥额镌刻："双塔桥"三字。两侧明柱镌刻桥联，南向主拱楹联为："是吴中第一津梁，揽太湖三万六千顷；问劫后重修岁月，维光绪二十有七年。"副拱楹联为："惟上上田，农桑兴大利；活泼泼地，兰若宛中央。"北向主拱楹联为："水从天目来源，导江入湖皆夏禹王力；塔跨桥头分峙，齐云曜日昉明洪武时。"副拱楹联为："遥对莫厘峰，别饶胜境；濒临稽五漾，时听渔歌。"1997年被列为吴江市文物保护单位。

锦溪普庆桥年款题刻

【伍象桥】在望亭镇迎湖村与项路村交界处。桥南北走向，跨南河港。三跨梁式桥，武康石与花岗石混构。桥面由三块石板组成，桥梁石侧面镌刻"伍象桥""雍正辛亥年□□□重建""道光乙酉年初冬""咸丰戊午杏月日立"。雍正辛亥即清雍正九年（1731），道光乙酉即道光五年（1825），咸丰戊午即咸丰八年（1858）。2019年被列为苏州市控制保护建筑。

【升明桥】又名五聚桥，在盛泽镇东白漾口。明崇祯十四年（1641）建造，清雍正九年（1731）重建。三孔拱形桥，南北走向。金刚墙和桥栏为青石，拱券为武康石，余为花岗石。东侧明柱镌刻："祥开震巽彩虹高，千秋壮丽；喜溢乾坤新月满，万户盈宁。"西侧明柱镌刻："雁齿衔堤，近练白漾流五聚；龙腰亘渡，遥通沧海窦三环。"2012年被列为苏州市文物保护单位。

【普庆桥】又称俞家桥，在锦溪镇中心市河南端，靠近菱荡湾口。北宋始建，清雍正十一年（1733）和乾隆四年（1739）两次重修。单孔拱形桥，桥身为武康石，桥栏由花岗石和青砖镶砌。桥额镌刻"重建普庆桥"，桥墩嵌砌青石桥记碑，字迹已漫漶。桥两侧明柱镌刻："两岸烟飞通海市，一溪浪涌接澄湖。"2005年被列为昆山市控制性保护建筑。

【登云桥】一称大溪桥、长溪桥，在盛泽镇茅塔村南，南北走向，跨麻溪。始建无考，清雍正十三年（1735）改建，同治六年（1867）重修，宣统二年（1910）重建。花岗石三孔拱形桥，桥额镌刻"登云桥"。桥拱两侧明柱镌刻桥联："姐妹三条联远影，桑麻四野便行程。""从此登云题柱，谁为司马？泂彼流水凌虚，影照垂虹。""遥听隔岸绫梭，弥思物力；最喜结邻村社，永赖神庥。""白水盟心期共济，青云有路快同登。"1994年被列为吴江市文物控制单位。

【南昌桥】又名牌楼桥，在甪直镇王家浜南20米处。东西走向，跨南市河，桥东堍与永福桥北堍相连，构成"双桥"景观。清雍正十四年（1736）建桥，花岗石单跨梁式桥。桥梁石两侧阳刻"重建南昌桥"五字和如意图案，立柱镌刻桥联，南侧阳刻："中流三度环金钥，夹岸双桥映彩虹。"北侧阳刻："津梁层叠浴环玉，砥柱萦洄接寿康。"桥两侧望柱柱头上雕刻莲花瓣，拱券顶端雕刻"双龙戏珠"图案。

【万年桥】在胥门路中段。东西走向，跨胥门外城河。清乾隆五年（1740）建桥，清代和民国时六次改建修建。1952年重建为三孔钢筋混凝土梁式桥，2004年改建成三孔拱形桥。桥南面两侧明柱镌刻："大清乾隆五年庚申十月吉旦""佳气纲缊近汉渚，恩波浩荡达江湖。"南面中间明柱镌刻："佳景入诗，望郭外青峰岸边碧树；玉环涵影，伴楼头明月江上胥涛。"北面两侧明柱镌刻："画鹢排空秋水净，苍龙卧稳夜潮平。"北面中间明柱镌刻："物华四序，流入艺苑成双绝；名动三吴，陟登胥关第一桥。"

【泰来桥】在同里景区南入口。明崇祯十三年（1640）建木桥，清乾隆十一年（1746）重建为石桥，道光十一年（1831）重修。单跨梁式桥，桥墩内侧镌刻"乾隆丙寅春贞徐焕章氏建"，乾隆丙寅即乾隆十一年。柱石镌刻两副对联，东面镌刻："垂天蟠蛛通兰鹢，夹岸楼台护玉龙。"西面镌刻："题柱客从云表度，涉川人向镜中来。"桥上还有"道光庚子"等题刻。2014年被列为苏州市控保建筑。

【太平桥】在同里镇长庆桥西、吉利桥西北。南北走向，跨西市河。北宋始建，清代三次重建重修。花岗石单跨梁式桥，东向石柱上阳刻楹联："永济太平南北路，落成嘉庆廿三年（1818）。"桥石上还镌刻"里人重修""光绪二十有八年（1902）至秋之日"等字。1994年被列为吴江市文物控制单位。

青龙桥龙头雕刻

【仁寿桥】古称凝秀桥，俗称北环桥，在昆山市张浦镇。东西走向，跨市河北端。清乾隆十二年（1747）建造，姚雪轩为桥题写"淞南凝秀"四字。花岗石单孔拱形桥，桥上镌刻"道光二十三年（1843）仁寿桥五月修建"，南侧镌刻："虹腰遥映淞月波，雁齿高连玉岫云。"北侧镌刻："富贵若浮云，须仁慈处世；兴衰自由取，毋刻薄成家。"2013年被列为昆山市文物保护单位。

【中元桥】在同里镇东埭。始建无考，清乾隆十六年（1751）重建为花岗石三跨梁式桥。桥中孔排柱东侧镌刻"奉宪永禁捕鱼"，西侧镌刻"放生官河"。南侧镌刻桥联："中流锁钥通津渡，元气潆洄积庆祥。"1994年被列为吴江市文物控制单位。

【青龙桥】旧名际恩桥，一名相家桥。在黎里镇东栅横市河口，南北走向，跨市河东段。明成化十八年（1482）始建，清乾隆十八年（1753）、道光二十九年（1849）两次重建。单孔拱形桥，拱券、龙头、桥耳均为武康石，其余主要为青石。青石望柱上雕刻着覆莲。桥额镌刻："青龙桥""道光己酉年，众姓公建"。明柱镌刻桥联，东侧为："长虹高挂千门月，巨锁遥连万顷云。"西侧为："物华天宝日，人杰地灵时。"2005年被列为吴江市文物保护单位。

【竹林桥】在松陵镇横扇社区四都村，东西走向，跨直大港。清乾隆二十一年（1756）建造，乾隆四十六年（1781）重修。单孔拱形桥，青石、花岗石混构，桥额为武康石，刻有桥名。桥南面两侧镌刻："泽通南北安澜古，梁跨东西利涉新。"北面镌刻："槎浮莫阻乡关去，龙卧疑从震泽来。"现为苏州市控制保护建筑。

【太平桥】在锦溪镇西，化纤低弹厂西侧。南北走向，跨西村港。北宋太平元年（976）始建，明嘉靖三十一年（1552）、清乾隆二十四年（1759）两次重修重建。单孔拱形桥，桥身与拱券由青石构成，桥面和两侧桥耳、石柱为花岗石。桥额镌刻"太平桥"三字，桥名旁镌刻："大清乾隆己卯年重建"，乾隆己卯，即清乾隆二十四年。明柱有桥联，东侧镌刻："东迎薛淀金波远，西接陈湖玉浪平。"西侧镌刻："数叠渔歌传鹊驾，一弯锦水达龙门。"金刚墙嵌砌《捐助桥记》碑，碑上镌刻200余名捐赠者姓名及所捐银两数。

【永兴桥】在常熟市张桥镇张家桥村，俗称西桥。清康熙四十四年（1705）建造，乾隆二十五年（1760）重建，20世纪60年代用水泥梁加宽桥面。花岗石三跨梁式桥，桥梁石两侧镌刻"建造永兴桥"。东侧排柱荷叶框内镌刻"张修邻、翁命申全发心捐此建造""南无阿弥陀佛"。西侧排柱荷叶框内镌刻"南无阿弥陀佛""康熙肆拾肆年叁月仲春"。排柱上镌刻"履庆堂邹辅庚重建，乾隆念五年季春月旦"。桥板两端刻有卷草纹饰。

【万寿桥】在花桥镇天福庵集镇北市梢，聚福桥东侧。南北走向，跨支昌塘。清乾隆三十二年（1767）建造，道光、同治、光绪年间重修重建，1935年又修建。花岗石单跨梁式桥，桥梁石侧面阳刻"万寿桥"三字，桥名两旁镌刻"大清乾隆年三十二年杏月""信人何公仁敬立"；桥石上还有"大清□□三十□年敬修""道光二十七年（1847）杏月，众信重建""民国廿四年（1935）八月□造"等年款。万寿桥构件中有附近保生桥被拆后的部分桥石，其中西栏杆两石柱刻有："玉峰西峙，瓦浦东流。"

【带福桥】旧称塔北桥，在盛泽镇东港。东西走向，跨东港河。明天启四年（1624）建造，清乾隆三十二年（1767）重建，同治十年（1871）重修，花岗石单孔拱形桥。桥额镌刻"重建带福桥"。南侧明柱镌刻："规模上应天星瑞，清明平分水月光。"北侧明柱镌刻："彩虹遥落文澜起，乌鹊高飞旺气生。"2014年被列为苏州市文物保护单位。

【泰生桥】又称观音桥，在黎里镇芦墟北栅。跨市河北口，始建无考，清乾隆三十五年（1770）重建。花岗石单孔拱形桥，桥额镌刻"泰生桥"，拱券石上有捐资题刻"信人顾惟清助银肆两"。桥联石镌刻"南无阿弥陀佛"。桥上四望柱雕刻石狮，东北角石狮因损毁置换过。2015年被列为苏州市文物控制保护建筑。

【方桥】在张家港市塘桥镇滩里村。东西走向，跨古黄泗浦。始建无考，清康熙十六年（1677）重建为三跨梁式桥，乾隆三十六年（1771）改建成单跨梁式桥。桥梁石两侧镌刻"重建方桥"四字，西桥墩北侧嵌砌《重建方桥碑记》《重建方桥助银人员碑》。1998年被列为张家港市文物保护单位。

【全功桥】又称北栅桥。在周庄镇北市河口，濒临市河与急水港交汇处。明末始建，清顺治三年（1646）修建，乾隆三十六年（1771）重建。花岗石单孔拱形桥，桥拱两侧明柱镌刻："江上渔歌和月听，日边帆影带云归。""北濒急水泉源活，西控遥山地脉灵。"2004年被列为昆山市文物保护单位。

【聚福桥】在常熟城区水北门大街。东西走向，跨福山塘口。明代建木桥，清康熙四十二年（1703）改建成石墩木桥，乾隆三十七年（1772）重建。花岗石单孔拱形桥，两侧明柱镌刻楹联，南联为："商楫往来皆倍利，农耕万物永丰登。"北联为："四海清宁庆大有，万方和泰乐升平。"南侧金刚墙嵌砌清乾隆间所立建桥碑记。1999年聚福桥被列为常熟市文物保护单位。

【寿仁桥】又名寿亭桥、庄家桥，在甪直镇西市街玄坛庙口。南北走向，跨西市河。明末建桥，清康熙十一年（1672）、乾隆三十八年（1773）、同治十年（1871）三次重建重修。花岗石单孔拱形桥，东侧明柱阳刻："寿宇从今，拾级同臻大孝；仁骈溯昔，希踪敢绍前修。"西侧明柱阳刻："紫气征祥，合度犹龙高躅；绿波映彩，宜题司马雄辞。"桥两侧望柱柱头雕刻莲花瓣，桥心石雕刻螺旋纹，拱券顶端雕刻双龙戏珠图案。拱券内有三块记事碑。

【梯云桥】又名唐桥，在黎里镇。南北走向，跨市河中段。始建无考，清乾隆三十八年（1773）、清光绪二十年（1894）和1921年多次重建。花岗石梁式桥，桥梁石侧面镌刻："重建梯云桥""乾隆癸巳年重建""光绪甲午年重建""民国拾年五月，里人重建"，乾隆癸巳即乾隆三十八年，光绪甲午即光绪二十年。2005年被列为吴江市文物保护单位。

【广嗣桥】又名退戍戊桥，俗称退媳妇桥，在常熟市东南五老峰。南北走向，跨莲墩浜。始建无考，清乾隆三十九年（1774）重建，1919年、1988年大修。花岗石单孔拱形桥，桥额镌刻"广嗣桥"三字。明柱镌刻楹联，东面为："百尺长虹横雪浪，半轮皎月锁寒烟。"西面为："西挹吴山朝气爽，东延沧海暮澜回。"桥北埭东壁嵌砌《重修广嗣桥记碑》。桥为常熟市文物保护单位。

【永清桥】俗名南新桥，在盛泽镇。清康熙三十九年（1700）建造木桥，乾隆二十年（1755）易石重建为单孔拱形桥。桥拱两侧明柱镌刻："万福攸同，沔彼流水；四方有羕，示我周行。""西北环溪，源通白漾；东南高跨，瑞映青龙。"

【顺民桥】又名李家桥，在常熟市北郊。东西走向，跨福山塘。明弘治年间建造，清乾隆三十七年（1772）重建。花岗石单孔拱形桥，东西拱券枕石上有两条题刻，东埠镌刻"大清乾隆岁次壬辰，哑僧实明募建"，乾隆壬辰即乾隆三十七年。西埠镌刻"壬辰年重建造，哑僧实明募建"。1982年被列为常熟市文物保护单位。

【大陵桥】又名庙桥，在黎里镇，跨市河西段。始建无考，明成化十三年（1477）和清乾隆四十年（1775）两次重建，嘉庆二十年（1815）和光绪八年（1882）两次重修，1920年再次重建。2014年，重建为三跨梁式桥。桥梁石侧面镌刻："民国庚申年（1920）重建""重建大陵桥，冬月吉立。"东侧桥柱镌刻桥联："河干已遁陵丘影，圩畔犹闻钟鼓声。"西侧镌刻："近观南北双庙峙，遥望东西众虹垂。"

【万缘桥】在盛泽镇大东村苏家埭自然村。花岗石单孔拱形桥，桥额镌刻："鼎建万缘桥"。桥名旁镌刻小字："大清乾隆四十一年（1776）"。明柱镌刻桥联："南连两浙恩波远，北接三吴福泽长。""帆带仁风苏埭泽，舟随利涉济川功。"

【长春桥】在盛泽镇慰塘村。清乾隆四十三年（1778）建造，花岗石三跨梁式桥。桥柱镌刻："虹映桥梁，堪耀南来荡塍；霞临泮岸，可辉北去溪流。""桥跨东西，骑步欣歌千古；溪流南北，往来喜颂万年。"

【虹桥】在震泽镇藕河街虹桥弄西。东西走向，跨通泰河。始建无考，清乾隆四十五年（1780）重建，光绪十八年（1892）重修。1935年开凿频塘转道河时，将虹桥从震泽公园附近移至思古墩现址。花岗石单孔拱形桥，龙门石雕刻轮回图案，桥栏望柱雕有两对石狮。两侧桥额镌刻"虹桥"桥名。桥身两侧镌刻楹联，南侧为："波平柳岸长虹卧，水绕渔村半月悬。"西侧为："鸭头新涨湖光远，雁齿斜连塔影横。"2014年被列为苏州市文物保护单位。

【永安桥】又名后堡桥，在金庭镇林屋村后堡北侧。南北走向，跨后堡港。始建无考，清乾隆四十五年（1780）重建，单孔拱形桥。桥额镌刻"永安桥""后堡古渡"。桥西两侧镌刻桥联："锦浪曲洄三径秀，玉虹深锁七贤云。"桥东侧有清乾隆年间建桥年月和"本里蒋门沈氏命男承诏、承诰、承训重建"等题刻。

虹桥

【吉利桥】在同里镇太平、长庆两桥之间。始建无考,清乾隆十一年（1746）重修,乾隆四十八年（1783）重建。20世纪70年代初拆除,1988年用老桥构件重建。花岗石单孔拱形桥,桥身南侧明柱镌刻："浅渚波光云影,小桥流水江村。"北侧明柱镌刻："吉利桥横形半月,太平梁峙映双虹。"

【禹迹桥】在震泽镇宝塔街东端慈云禅寺前。南北走向,跨顿塘市河。清康熙五十四年（1715）建造,乾隆四十九年（1784）重建。单孔拱形桥,花岗石、青石混构。桥面石和拱券龙门石分别镌刻着"轮回"和"云龙"图案。桥身东、西两侧明柱镌刻楹联,东面为："善政惟因,不易大名仍禹迹；隆时特起,重恢古制值尧巡。"西面为："市近湖漘,骈肩无俟临流唤；地当浙委,绣壤应多题柱才。"1986年被列为吴江县文物保护单位。

【富乡桥】在桃源镇富乡村。东西走向,跨钟家坝港。始建无考,清乾隆四十九年（1784）重建。三跨梁式桥,武康石、青石、花岗石混构,三根排柱和两根龙头石为武康石。桥石镌刻"乾隆甲辰年季春重建",乾隆甲辰即乾隆四十九年。2019年被列为苏州市文物保护单位。

【四安桥】又名虹桥,在昆山张浦镇南港渡头村南。东西走向,跨渡头村河。清乾隆五十一年（1786）建造,后又改建为花岗石单孔拱桥,桥名石嵌砌在桥西埭。桥南侧桥联为："水蓊淞支萦古渡，潮回海角溯徐湄。"北联为："玉蛛东连高士颂，银梁掩映朝川图。"

集善桥太平天国石刻

【集善桥】俗称赵家桥，在花桥镇西赵家村。南北走向，跨旧鸡鸣塘。清乾隆五十二年（1787）建造。花岗石三跨梁式桥，桥梁石侧面阳刻"集善桥"三字。清咸丰十年（1860）至同治二年（1863）期间，太平军两次驻扎赵家村，在集善桥中孔南端桥面阴刻"太平天国"四字，后被百姓用油灰涂没。1976年，桥面上"太平天国"四字被发现。1982年，集善桥被列为江苏省文物保护单位。

【通贵桥】又名瑞云桥，在东杨安浜北，山塘桥西。东西走向，跨山塘河。明弘治初年始建，崇祯十三年（1640）修建，清乾隆五十三年（1788）重建，光绪六年（1880）重修。花岗石单跨拱形桥，桥额镌刻桥名。望柱镌刻"里人吴三复重建通贵桥""光绪陆年九月吉旦""虎邱清节堂昌善局募资重修"。桥侧有青石碑。

【北新桥】又名永安桥、万丰桥，在沙家浜镇唐市北市梢河西村，跨尤泾。清乾隆十五年（1750）建造木桥，乾隆五十五年（1790）改建为石桥，嘉庆五年（1800）、道光十八年（1838）重建。三孔拱形桥，青石基础，花岗石桥身。桥栏板上镌刻"信士刘福观、张氏、陆丹明、彭钱氏、瞿永南、陶管成等助金建造之"。2011年被列为江苏省文物保护单位。

【报恩桥】又称南栅桥，在周庄镇。始建无考，清康熙五十年（1711）改建为花岗石单孔拱形桥，乾隆五十六年（1791）重修。桥拱两侧明柱镌刻："长虹直吸东垞界，半月湾坏南浦滨。"

【万隆桥】一名史家石桥，在黎里镇黎阳村黎泾港，为江浙两省跨界桥。始建无考，清乾隆间重建，嘉庆十年（1805）重修。三跨梁式桥，桥梁石镌刻"民国二十四年（1935）清和之月，里人凌毓璜重建"。桥柱镌刻："水流直达黎兼盛，界划始分浙与苏。""越角吴根弓横跨，左萦右带水交流。"桥南金刚墙上嵌砌《特授江南苏州府吴江县正堂碑》。2005年，万隆桥被列为吴江市文物保护单位。

【**福昌桥**】在元和街道漾泾村浅头郎。东西走向，跨内塘河。始建无考，清嘉庆元年（1796）、光绪三十一年（1905）两次重建。花岗石单跨梁式桥，桥北侧为武康石板。桥梁石南侧镌刻："嘉庆丙辰、光绪乙巳，重建福昌桥"。嘉庆丙辰即清嘉庆元年，光绪乙巳即清光绪三十一年。2019年被列为苏州市文物保护单位。

【**登云桥**】在芦墟镇西南街，跨市河南口。清康熙中建，乾隆四十六年（1781）拆桥筑坝，嘉庆二年（1797）开坝建桥。花岗石单孔拱形桥，两侧桥额镌刻"登云桥"三字。桥身两侧镌刻楹联，南面为："气凌霄汉山河壮，路贯杭闽烟树浓。"北面为："龙光远映千门色，虹影高涵万户春。"西北侧金刚墙长系石旁有青石题刻："吴席珍、陈克修、陈建安、陈峙雷、陈封定、胡家昭、陈明潜，嘉庆二年荷月榖旦募修。"桥心石中间雕刻"回转轮"，四角分别雕刻"笔锭如意""犀角双胜"图案。1994年被列为吴江市文物控保单位。

【**通济桥**】又名新造桥、仓桥，在仓街大新桥巷东端，跨大新桥巷河。明万历间建桥，清嘉庆二年（1797）重建为单孔拱形桥。1918年改建为梁式桥。

登云桥联

桥栏板为武康石，栏板两侧镌刻"通济桥"三字。桥上题刻还有："戊午秋该桥行将倾圮，本社鸠工重修并改良形式以便行旅。"

【塔影桥】在虎丘山东南麓，南连山塘街，跨山塘河支河。清嘉庆三年（1798）建造，青石单孔拱形桥。桥额镌刻"塔影桥"三字。桥柱顶端有一对石狮。桥两旁镌刻楹联，桥东为："横波留塔影，跨岸接山光。"桥西为："路入香山社，人维春水舟。"

【迎祥桥】一名汝家桥，在黎里镇。南北走向，跨市河东段。明正统六年（1441）始建，清嘉庆四年（1799）重建为石桥，2015 年改建为花岗石三跨梁式桥。桥梁石侧面镌刻："重建迎祥桥，己未冬月里人公建。"西侧桥柱镌刻桥联："东西递接川流水，南北常通行旅人。"东侧镌刻："日色照临迎百福，风光会合集千祥。"

【万寿桥】在张浦镇大直村北，跨卢列浦。始建无考，清嘉庆四年（1799）重建。花岗石单孔拱形桥，桥额镌刻"万寿桥"，桥名两旁镌刻"嘉庆四年里人重建"。南侧明柱镌刻桥联："遥锁玉山浮半壁，近连松水架双桥。"北侧明柱镌刻："水绕新塘苔绿细，波回旧苑浪花香。"桥墩有花岗石缆船石。

【集福桥】又称集福东泗桥，在昆山市陆家镇集福村。南北走向，跨下浦河上游。清嘉庆七年（1802）建造，花岗石单跨梁式桥。桥梁石两侧镌刻"集福东泗桥""嘉庆壬戌年八月吉旦，里人公建。"嘉庆壬戌年即清嘉庆七年。明柱镌刻："卧波重建新铁锁，里中仍转旧时光。"

【思婆桥】宋《平江图》称寺东桥。在大郎桥巷东端，东西走向，跨平江河。唐代始建，清嘉庆十年（1805）重建为单跨梁式桥。桥面由四块花岗石条石组成，桥台为武康石排柱。桥梁石侧面镌刻"重建思婆桥"，旁刻小字"嘉庆乙丑四月里人同建"，嘉庆乙丑即嘉庆十年。西北金刚墙嵌砌青石碑，武康石质长系石两端雕有灵芝和宝莲。

【福禄桥】在陆家镇小市河与千灯镇交界处。清嘉庆十年（1805）建造，花岗石单孔拱形桥。桥墩柱石镌刻："善者福能永益，执者乃寿增长。" 8 块花岗石桥栏上雕刻 4 条龙，其中 2 条已坠落河中。

【拂水桥】原名福庆桥，又名三条桥。在常熟城区西门外。明代始建，清嘉庆十二年（1807）重建。单孔拱形桥，青石与花岗石混构。桥额镌刻"福庆桥"三字。桥东南侧金刚墙嵌砌石碑，上刻："大清嘉庆十二年九月，本邑世德堂、燕喜堂、环秀堂蒋重建。"

【香花桥】在甪直镇车坊社区大姚村大觉寺桥东60米处。东西走向，跨大姚港。宋代始建，清嘉庆十三年（1808）重建。单跨梁式桥，为武康石、青石与花岗石混构。桥面由四块花岗石条石组成，两侧武康石桥栏浮雕缠枝牡丹。东面桥墩内侧有块花岗石碑，镌刻："重建香花桥，大清嘉庆戊辰年（1808）十月□姓重建，张天林。"1995年，该桥与大觉寺桥同被列为江苏省文物保护单位。

【徐公桥】在花桥镇东南徐公桥集镇中部。东西走向，跨徐公浦。始建无考，清嘉庆十四年（1809）重建。单孔拱形桥，花岗石、青石混砌。桥额阳刻"徐公桥"三大字，旁刻小字"嘉庆己巳春王穀旦""众信捐资重建"。嘉庆己巳，即嘉庆十四年。桥洞两边青石质桥柱上镌刻桥联，南联为："直接吴淞通碧海，遥连娄水映文峰。"北联为："横排白洼凌霄汉，雄居青龙镇海潮。"2004年被列为昆山市文物保护单位。

【洪福桥】又名廊带桥，在震泽镇八都龙联桥村，连接贺家浜与廊家港。始建无考，清嘉庆十六年（1811）、宣统元年（1909）两次重建。三跨梁式桥，青石、花岗石混构。中孔桥梁石两侧镌刻"洪福桥"三字。桥柱南侧镌刻："北望洞庭，湖山隐约；东联震泽，带水还环。"北侧镌刻："雁归齐排，旋登彼岸；鸭头同泡，利涉安来。"

【升龙桥】一称兴隆桥，原在新学前长元县学门前，1994年移建至干将东路。南北走向，跨城内第二横河。始建无考，南宋《中吴纪闻》记为万寿寺前桥。单孔拱形桥，花岗石为主，间杂青石。桥额镌刻"重建升龙桥"，西北侧金刚墙上嵌有三方石碑，其中一方青石碑镌刻："嘉庆十七年（1812）三月，里人重建记事碑。"

【南星桥】在盛泽镇茅塔村。清乾隆四十年（1775）建造，嘉庆十八年（1813）、咸丰五年（1855）两次重建。单跨梁式桥，两桥台各有一个长方形泄水孔。桥柱镌刻："文物振名区，北望舜湖民俗盛；山川钟秀气，南分天目水源长。""欹枕绿杨中，此日银鞍欣可解；放船明月里，从今铁锁愿常开。"

【乌金桥】在同里镇北垾西端。明天顺元年（1457）始建，清康熙五十五年（1716）、乾隆三十三年（1768）和嘉庆十六年（1811）三度修建。桥心石镌刻"马上报喜"图案。桥原在镇西北九里村，1990年迁至古镇区现址。1994年被列为吴江市文物控保单位。

【富观桥】初名庆荣桥，在同里镇仓场弄北部。元至正十三年（1353）建造庆荣桥，明成化二年（1466）重建，清康熙五年（1666）修建并易名富观桥，嘉庆十八年（1813）重建。单孔拱形桥，武康石、青石和花岗石混构。桥额镌刻"富观桥"三字，桥南块西侧有花岗石题刻："大清嘉庆十有八年岁次癸酉，里人募捐重建。"桥北块东侧有青石题刻，桥石上还雕刻鲤鱼跳龙门图案。2014年被列为吴江市文物保护单位。

【通利桥】在菉葭巷东端。东西走向，跨平江河。唐乾符年间始建，清嘉庆十九年（1814）重建，1985年重修。单跨梁式桥，主体为花岗石构筑，两块桥面石为武康石。桥栏中间镌刻"通利桥""嘉庆十九年，同人公建"。桥墩有揽船石。

【江家桥】俗称环龙桥，在张浦镇。跨张浦集镇市河支流横塘江，与仙树桥构成双桥。明万历二十九年（1601）始建，清嘉庆二十一年（1816）重建。桥北块西侧有题刻"奉宪放生官河""嘉庆丙子年重建"。嘉庆丙子即嘉庆二十一年。

【甸桥】又名头条桥，在常熟城区西门外。南北走向，跨山前塘。始建无考，清嘉庆二十二年（1817）修建。花岗石单孔拱形桥，桥额镌刻桥名，两侧明柱镌刻"南无阿弥陀佛"。枕石间青石碑记镌刻"民国八年（1919）重修"六字。1982年被列为常熟县文物保护单位。

【程家桥】又名二条桥。在虞山南麓，跨山前塘。明代始建，嘉庆二十二年（1817）重修。单孔拱形桥，以花岗石为主，桥基为青石。北侧明柱镌刻："愿天常生好人，愿人常行好事。"南侧镌刻："南无阿弥陀佛。"东北侧金刚墙嵌砌清嘉庆二十二年修桥碑记。桥为常熟市文物保护单位。

【保盛桥】在盛泽镇。清乾隆五十二年（1787）建造木桥，嘉庆二十三年（1818）易石重建，光绪二十一年（1895）重修。花岗石单孔梁式桥，桥墩石柱镌刻："五聚潆洄资保障，六桥锁钥庆安澜。""拾级联升盘石稳，登高利涉大川平。"

【思范桥】在震泽镇太平街西栅。南北走向，跨颓塘市河。始建无考，元至正二十三年（1363）重建，明嘉靖十一年（1532）修建，清嘉庆二十四年

思范桥联

（1819）和清同治五年（1866）又重建。花岗石单孔拱形桥，桥额阳刻"思范桥"。桥身两侧明柱均有楹联，东面镌刻："禹迹媲宏模，望里东西双月影；蠡村怀古宅，泛来南北五湖船。"西面镌刻："苕水源来，阅尽兰桡桂楫；荻塘波泛，平分越尾吴头。"1997年被列为吴江市文物保护单位。

【种福桥】又名西庄桥、南大桥。在千灯镇南端。东西走向，跨尚书浦。明代始建，清道光元年（1821）重建。花岗石单孔拱形桥，两侧明柱镌刻楹联，南侧为："虹彩亘长空，柳市南头，夜半钟声梅隐近；龙梁凭远眺，江流东去，日斜帆影淀湖遥。"北侧为："壤地接凝薰，叠锁重关，风水固万家生聚；人天同证善，博施济众，川涂巩百载津梁。"2004年被列为昆山市文物保护单位。

【协茂桥】在震泽镇八都廊家港。清道光元年（1821）建造。花岗石三跨梁式桥，金刚墙有部分青石。桥梁石侧面镌刻"重建协茂桥，道光元年冬月"。桥北侧排柱侧面镌刻桥联："雁齿平排遥接漾，虹腰横卧上峻霄。"桥南侧桥联为："南亩人归歌利济，西村社鼓庆安澜。"1994年被列为吴江市文物控保单位。

【中和桥】在盛泽镇王家庄街。东西走向，跨吴家湾。始建无考，清道光四年（1824）重建。花岗石单跨梁式桥，两边桥台各有一个拱形泄水孔，上有楣额，南侧阳刻"月波""川媚"，北侧阳刻"挹秀""梯云"。桥栏镌刻："道光四年""重建中和桥""里人重建"。排柱镌刻"公议不许灌桥"。桥身两侧桥柱均有楹联，北侧阳刻："金波遥映红梨渡，玉带长垂绿晓庄。"南侧阳刻："北胜跨虹融水德，中和位育贯文风。"1986年被列为吴江县文物保护单位。

【玉龙桥】 在玉山镇东门外，跨娄江。梁代建造，清顺治十二年（1655）修建，道光八年（1828）重建。花岗石三孔拱形桥，一侧桥栏端镌刻"寿"字，桥心石雕刻八卦风火浮雕图案，中孔顶部雕刻二龙戏珠。东侧桥联："门对宾曦，水汇三江成锁钥；场连选佛，路通八达便舟车。"桥在昆山东门外，东门名"宾曦"；桥南原有古寺，名"选佛场"。西侧桥联："旧主是玉山，三自雁齿重排，一片岚光相映带；名区推娄邑，认虹腰三折，千年地脉自绵长。"2011年被列为江苏省文物保护单位。

【后塘桥】 在香山街道水桥头后塘桥自然村。南北走向，跨南宫塘。始建无考，清道光九年（1829）和1929年两次重建。花岗石单孔拱形桥，桥东侧镌刻："愿天常生好人，愿人常行好事。"西侧镌刻："道光己丑，合山众姓重建。"道光己丑即道光九年。1986年被列为吴县文物保护单位。

【政安桥】 俗称张湾桥，在震泽镇东顿塘北岸。花岗石单孔拱形桥，东西走向。始建无考，明洪武年间，清道光十年（1830）、宣统三年（1911）三次重建，1965年改建为花岗石单孔拱形桥。桥上题刻"宣统三年""里人重建"。明柱镌刻："鸠工修踵浮图后，鼍驾成逢赛会年。""西往东来，径通梅堰；水回岸曲，断接荻塘。""塔望慈云图入画，墩瞻分水柱留题。""石渡塘凹，高瞻一塔。"

【太平桥】 在桃源镇铜罗贤胡村。始建无考，清道光十年（1830）重建，花岗石三孔梁式桥。桥柱镌刻："当年肇锡嘉名，太平永祝；此日民无病涉，欢乐兴歌。""岁次庚寅，梁成十月；源来苕霅，秀集千家。"

【须茂桥】 在长桥街道，跨蠡墅港西端。清道光十三年（1833）建造，花岗石单孔拱形桥。横额镌刻"须茂桥""道光十三年九月吉旦"。桥东侧明柱镌刻："南北要津通巷陌，东西关键合源流。"西侧镌刻："一镇生新虹焕彩，八方占瑞月重轮。"1997年被列为吴县市文物保护单位。

【下斜桥】 又名照山桥，在常熟城区西南朱泾村。东西走向，跨元和塘下斜泾。明崇祯十年（1637）建造，清道光十五年（1835）重建。花岗石单孔拱形桥，两侧明柱均镌刻"愿天常生好人，愿人常行好事"。拱券上有两块清道光十五年钱廷锦、庞联奎、姚名正等同众姓重建碑。

须茂桥联

【迎阳桥】在常熟市王庄东市梢。南北走向，跨市河。清道光十七年（1837）建造。花岗石单孔拱形桥，桥心石雕刻云龙太极图图案。桥额镌刻"迎阳桥"三字。桥东侧明柱镌刻"南无阿弥陀佛"，西侧明柱镌刻楹联："远吞湖色浑如镜，近挹山光尚带香。"还有助资者名单和"道光十七年（1837）九月□□□日示"等题刻。南侧桥堍有清道光十七年造桥记碑。1982年被列为常熟县文物保护单位。

【胜秀桥】在黎里镇北厍大胜村。始建无考，清乾隆八年（1743）、道光二十二年（1842）重建。花岗石单孔拱形桥，两侧明柱镌刻桥联："鱼虾足游钓，风月细平章。""古佛池边，众生普渡；太平庄上，君子攸行。"

【环璧桥】又名永昌桥、高家桥，在甪直镇金安桥西侧。南北走向，跨西市河，北桥堍与金安桥西桥堍相接，构成"钥匙"桥。明万历四十八年（1620）建桥，清道光末重建。20世纪80年代初，修建为花岗石单跨梁式桥。桥梁石两侧阳刻"环璧桥"三字。东面明柱镌刻："湍流到此仍环转，皎日涌空壁壁圆。"嵌入桥名"环璧"。西向刻："祝嘏值成梁，年皆并永；拾资营利涉，后必有昌。"嵌进原桥名"永昌"。

【天后宫桥】跨北街河，南连皮市街，北接西北街。天后，系妈祖庙神。苏州在南朝梁代时建造中路桥，宋代建天后宫。清道光、同治年间，中路桥更名天后宫桥。1957年、1966年两次修建。1997年，将石板平桥改建为钢筋混凝土平桥时，发现桥西侧一块桥面石为元大德元年造桥原构件，石上图案清晰。现桥上为镂空桥栏，8根望柱都刻有图案，桥西侧最边上望柱刻有桥名。

【太平桥】在横泾街道后巷村。东西走向，跨后巷港。桥始建无考，清道光年间重建。花岗石单孔拱形桥，桥额镌刻"后巷太平桥"，桥心石雕刻图案。南北明柱镌刻桥联："半环映水成圆月，两岸平浪落彩虹。""十里洄湍通木渎，一泓澄澈浸尧峰。"

【白龙桥】在盛泽镇坛丘社区龙桥村。南北走向，跨白龙港。清康熙初年建造，同治三年（1864）移址重建为梁式桥，宣统三年（1911）在康熙老桥原址重建花岗石三孔拱形桥。桥两侧明柱各有两副楹联，东侧镌刻"风送万机声，莫道众擎犹易举；晴翻千尺浪，好似饮水更思源。""题柱人来，谁为司马？小庵邻近，应为卧龙。"西侧镌刻："式廓旧规模，有客来游歌利涉；蔚成新气象，行轮无阻便通商。""鼓棹远来，船真天上；临流俯瞰，人在镜中。"千斤石和拱券龙门石上分别刻有笔（必）锭（定）如意、瓶（平）笙（升）三戟（级）和云龙、太极等图案。1986年被列为吴江县文物保护单位。

【青龙桥】在盛泽镇南麻社区七庄村。清同治三年（1864）建造，光绪三十二年（1906）重建，三跨梁式桥。桥柱镌刻："雁翅重排，雅慕题桥胜概；鸭头新涨，宜承破浪豪情。""西接顿塘，永渡人民熙攘；东通麻水，长觇世界澄清。"

【上津桥】在阊门外枫桥路东首，下津桥东。南北走向，跨上塘河。始建无考，可能重建于清同治五年（1866），花岗石单孔拱形桥。桥身西南侧金刚墙上镌刻"丙寅年河道会重建""上津桥□北□公毕"等字，东侧桥额阳刻"重修上津桥"五字。桥西南堍碑亭立有清光绪间吴县知县李超琼所书《故明郝将军卖药处碑》。1982年，上津桥被列为苏州市文物保护单位。

【南马路桥】又名齐福桥、朝天桥。东西走向，跨齐溪河，东连齐门外大街。始建无考，明正统八年（1443）重建，清同治六年（1867）修建，2011年按原结构重修。花岗石单孔拱形桥，桥中间望柱分别镌刻"东汇仁济局"

白龙桥千斤石

"同治六年三月重修",桥额镌刻"齐福桥"。

【枫桥】古名封桥,在寒山寺旁,跨大运河支流。始建于隋代,明崇祯末年(1644)重建,清康熙四十五年(1706)、乾隆三十五年(1770)、同治六年(1867)多次重修重建。花岗石单孔拱形桥,桥额镌刻"枫桥"两字,南面明柱镌刻"仁济堂安仁局董事经办""同治六年丁卯八月重建"。桥北面镌刻:"凶人语恶作恶行恶,三年天必降之祸;吉人语善视善行善,三年天必降之福。"桥顶望柱镌刻:"诸恶莫作,众善奉行。""万恶淫为首,百善孝为先。"1982年被列为江苏省文物保护单位。

【越城桥】在石湖北,与行春桥相连接。东西走向,跨越来溪。南宋淳熙年间建造,清同治八年(1869)重建。花岗石单孔拱形桥,桥拱两旁明柱刻有楹联,北面为:"碧草平湖,青山一画;波光万顷,月色千秋。"南面为:"十里荷花香连水,一堤杨柳影接行。"1982年被列为苏州市文物保护单位。

【广济桥】在七都镇长桥村。始建无考,清同治九年(1870)重建,花岗石单孔拱形桥。桥柱镌刻桥联:"广矣急思排雁齿,济之端赖有虹腰。""水归南北径湖海,涂出东西界亩阡。"

【钓渚渡桥】又名云庆桥。在常熟市辛庄镇卫浜村,地处嘉菱塘、宛山荡羊尖塘交汇处,辛庄镇和无锡市甘露镇交界处。始建无考,明崇祯间重建,清康熙、嘉庆年间和同治十年(1871)又修建,现移建沙家浜风景区。三孔拱形桥,南北走向,青石、花岗石混构。桥额镌刻"重建云庆桥",桥栏石镌刻"钓渚渡桥"。东侧桥柱镌刻:"钓渚依然,一水安流通古渡;卿云犹是,半峰佳气俯平湖。"西侧桥柱镌刻:"路达梁溪,百里湖山气象新;地名钓渚,千秋人物毓英灵。"桥拱券上方枕石镌刻"重建云庆桥,同治十年八月十三日立"。桥上还刻有清康熙间修桥题记。1982年被列为常熟县文物保护单位。

【吴门桥】在盘门外,跨护城河。北宋元丰七年(1084)建造,南宋绍定中重建,明正统年间再建,弘治十一年(1498),清顺治三年(1646)、雍正十二年(1734)重修,同治十一年(1872)重建。以花岗石为主,间杂少量武康石。桥长66.3米,中宽4.8米,跨径16米,矢高9.85米,为苏州古城区最高单孔拱形桥。桥额镌刻桥名,明柱镌刻"苏省水利工程总局重修""同治十一年壬申夏四月"。吴门桥与邻近的瑞光塔、水陆盘门合称"盘门三景"。2006年被列为江苏省文物保护单位。

【香花桥】在黄埭镇黄埭大街西首。南北走向,跨黄埭市河。三国东吴赤乌年间始建,宋代和清同治十一年(1872)重建重修。单跨梁式桥,武康石、花岗石混构,桥面石、

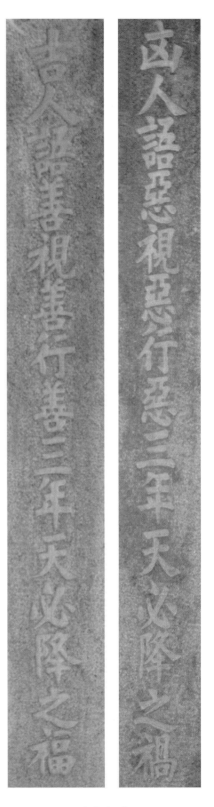

枫桥桥联

桥柱、桥栏等大型构件以武康石为主，余为花岗石。桥栏阳刻"香花桥"三字，阴刻"同治十一年清和月立，里人重建""重建香花桥"。2009年被列为相城区文物控保单位。

【水关桥】在盘门外吴门桥北堍东侧，跨古城第一直河入外城河口处，东南接吴门桥。始建无考，清同治十一年（1872）重建，1954年、1985年修建。花岗石单跨梁式桥，桥梁石侧面正中镌刻"水关桥"，两旁为小字题刻"同治十一年嘉平月""水利工程总局重建"。

【长庆桥】又名谢家桥、广利桥，与太平桥、吉利桥合称同里"三桥"。始建无考，明成化中改建，清康熙三十九年（1700）重建，同治十二年（1873）再建，1988年整修。花岗石单孔拱形桥，桥额阳刻"一名谢家桥"，西向明柱镌刻："共解囊金成利济，好留柱石待标题。"东向明柱镌刻"同治十二年桂月吉立""里人公捐重立"。龙门石雕刻"鲤鱼跳龙门"图案。2008年被列为吴江市文物保护单位。

【吕浦桥】在光福镇吕山和沙潭两村之间，南北走向，跨南宫塘西口。始建于明代，清同治十二年（1873）重建。花岗石单孔拱形桥。拱券中央龙门石镌刻"双龙戏珠"图案。桥东侧镌刻桥联："十里波光迎画鹢，四围山色锁长虹。"西侧镌刻"同治十二年善济堂募捐重建"。

【西津桥】又名永平桥。在木渎镇西街谢村路西侧。南北走向，跨胥江。明万历年间始建，清同治十三年（1874）重建。花岗石单孔拱形桥，桥顶镌刻佛教图案，桥洞上端浅雕坐龙图案。桥柱镌刻桥联："立马望苏台，山翠万重拱虎阜；扬帆来震泽，风涛千古泣鸥夷。"1986年被列为吴县文物保护单位。

【联源桥】在松陵镇八坼社区。南北走向，跨南港。始建无考，清同治十三年（1874）重建。单跨梁式桥，青石、花岗石混构。桥柱镌刻："共庆梁成，时维四月；群欣国寿，号合千秋。""势挟河山，人文毓秀。"1994年被列为吴江市文物控保单位。

【鸳鸯桥】在香山街道郁舍村郁家桥旁，跨南宫塘。始建无考，清咸丰三年（1853）重建。花岗石单孔拱形桥，南侧阳刻："一水澄清通舟楫，万年福禄兆鸳鸯。"北侧阳刻"咸丰三年重建"。

【亭子桥】桥北原有凉亭，故名。在桃源镇前窑村后头埭，南北走向，跨紫荇塘支流。始建无考，清咸丰四年（1854）重建，花岗石五跨梁式桥。桥梁石侧镌刻"亭子桥咸丰四年里人重建"。东侧镌刻桥联:"南接武林分秀水,北迎洞庭有奇峰。"西侧镌刻:"各方住逮兴隆地,银烛善庆永平安。"

【永丰桥】俗称南桥,在桃源镇铜罗高路村。始建无考,清咸丰九年(1859)重建,花岗石三跨梁式桥。桥柱镌刻:"宛转彩虹浮卧影,飞扬画鹢乐通津。""蟠蛛玉腰雄跨,下临无地;鲸鲵金背环流,宛在中央。"

【三元桥】又名三官桥,在甪直镇中市上塘街三官弄口。东西走向,跨中市河。明万历四十二年(1614)始建,清咸丰十年(1860)重建。花岗石单跨梁式桥。桥南侧镌刻:"东溯眠牛浮绿水,西邻斗鸭挹清风。"北侧镌刻:"四境频来新瑞气,三元重建著名桥。"桥两侧望柱柱头雕刻莲花瓣图案。

【进登桥】又名夏家桥,在黎里镇。南北走向,跨市河中段。始建无考,明嘉靖七年(1528)修建,清乾隆、光绪时期三次重建,单跨梁式桥。桥墩两侧各有一泄水孔,桥梁石侧面镌刻"重建进登桥""光绪乙未年(1895)二月里人重建"。

【泰安桥】在吴中区郭巷街道西段。南北走向,跨郭巷街河。清道光年间始建,光绪二年(1876)重建。花岗石单孔拱形桥,桥面石雕刻"双龙戏珠"图案,桥额刻"泰安桥"。明柱镌刻楹联,东联为:"东接尹湖,渔人网集;西连笠泽,估客船来。"西联为:"物阜民康,受之以泰;山清水秀,静而能安。"嵌入桥名"泰安"。金刚墙嵌砌《重建泰安桥碑记》《里人捐资名衔列记》两碑,碑上镌刻"大清光绪贰年闰五月"等字。1997年被列为吴县市文物保护单位。

【北张桥】在七都镇丰田村。始建无考,清光绪二年(1876)重建,花岗石单孔拱形桥。明柱镌刻桥联:"万里山河分月影,七都风土带花香。""山光遥接涛归北,虹势凌虚路大张。"

【太平桥】一称杨家桥,在盛泽镇龙桥村。始建无考,清光绪三年(1877)重建。花岗石三跨梁式桥,桥柱镌刻楹联:"绿水环流长路渺,彩虹联影白龙垂。""示我周行安且吉,沔彼流水发其祥。"

【广福桥】俗称香花桥。在张浦镇赵陵村。南北走向,跨三泾江。明洪武年间建造,清光绪五年(1879)重建,花岗石单孔拱形桥。东面明柱镌刻:"梵宇琳宫相辉映,波光山色正平分。"西面明柱镌刻:"虹腰恰锁吴淞水,雁齿高连玉岫云。"

泰安桥联

【永寿桥】又称栅桥。在同里镇栅桥村。始建无考，清光绪五年（1879）重建，花岗石单孔拱形桥。拱券顶龙门石刻有"鱼水和谐"图案，桥上雕刻"荷花"图案，桥额镌刻"重建永寿桥"五字。桥墩两侧有桥联和建桥年代题刻，东南面镌刻："南连叶泽渔歌晚，西接庞湖塔影浮。"西北面镌刻："光绪五年岁次己卯荷月旦，同里保婴局募捐重建。"1994年被列为吴江市控制保护建筑。

【清风桥】在黎里老街北栅。东西走向，跨市河北段。始建无考，明嘉靖十六年（1537）重建，清光绪十一年（1885）重修，1932年又重建。三跨梁式桥，桥梁石侧镌刻"重建新丰桥"，桥南侧镌刻桥联："庚午重逢悦新盛，仲秋载造乐丰盈。"北侧桥联嵌入桥名："清秀一川恩可望，风高千古月分明。"

【三里桥】在松陵镇北门外。东西走向，跨京杭运河。元泰定元年（1324）建造，清光绪十一年（1885）重建。花岗石单孔拱形桥，桥东、西两侧镌刻"光绪十有一年二月，江苏省水利总局督同吴江震泽两县官民重建"等字。东桥台拱脚内设立纤道石与纤道连接，背纤者可从桥拱下通过。1986年被列为吴江县文物保护单位。

【含秀桥】在元和街道渌泾村。东西走向，跨柴米港。始建无考，清光绪十五年（1889）重建。单孔拱形桥，青石、花岗石混建。桥南侧石柱镌刻："鼓棹南来港名柴米，扬帆东去河号洋澄。"2009年被列为相城区文物控保单位。

【观桥】一名通仙桥，在阳澄湖镇观桥村。南北走向，跨济民塘湘城段市河。宋咸淳二年（1266）建造，明、清多次修建，清光绪十六年（1890）重建。单孔拱形桥，以花岗石为主，有部分青石。西侧明柱镌刻："紫阳旧迹照千古，再鏊新模庆八方。"东侧明柱镌刻："□□鹤林□相水，□□□□□渔沙。"1997年被列为吴县文物保护单位。

【邑宁桥】又名施相公庙桥，在松陵镇横扇社区四都庙前村。南北走向，跨庙前港。始建无考，清光绪十六年（1890）重建。花岗石单孔拱形桥，桥额镌刻"邑宁桥"，桥名两边有小字题刻。桥上明柱镌刻对联，东面为："放鸭栏开春涨软，卖鱼网晒夕阳明。"西面为："成梁正遇神仙诞，题柱还期经济才。"2008年被列为吴江市文物保护单位。

【北回桥】在七都镇桥下村。东西走向，跨江浙两省界河，桥东堍为湖州南浔地界。始建无考，清光绪十八年（1892）重建。2008年由吴江与湖州市集资修缮，为花岗石三孔拱形桥。桥南北两侧镌刻楹联各两副，南向主拱为："遥峰对岸，古寺临流，此地别饶风景；浔水南来，太湖北去，当年几费疏排。"北向主拱为："叠石障奔流，浔水南来资锁钥；曳筇寻胜境，洞庭北望似屏栏。"南向副拱为："地近湖滨，南北于今成孔道；源从苕水，萦洄自昔庆安澜。"北向副拱为："壤接拜三庄，桑麻蔽野；水经稽五漾，江浙分疆。"桥顶四角望柱头上各有一头石狮。北回桥是吴江区文物控制保护单位，也是湖州市文物保护单位。

【香花桥】在虞山锦峰拂水岩上，藏海寺山门前。明代建造，清光绪年间修建。单孔拱形桥，花岗石青石混构。桥额镌刻桥名，落款："光绪丁酉年孟春穀旦"，光绪丁酉即光绪二十三年（1897）。东面桥柱镌刻："弓形腾空，流通万壑；花名独表，香透重门。"西面桥柱镌刻："雁齿横排，云烟出没；虹腰高卧，泉石夻腾。"1982年被列为常熟县文物保护单位。

【寿星桥】在越溪街道越来溪西张宅浜口，南北走向。石桥西侧镌刻桥联："北引越溪资利涉，西通震泽庆安澜。"东侧镌刻："安节养牲局募资重建，光绪十八年（1892）六月吉日立。"

【泰安桥】在松陵镇盛家库老街区，南北走向，跨新开河。明嘉靖二十五年（1546）始建，清光绪十八年（1892）重建，花岗石单孔拱形桥。桥面龙门石雕有莲花图案，桥额镌刻"泰安桥"三字。桥身两侧镌刻楹联，东向为："近傍城隅通笠泽，远连淞水隔垂虹。"西向为："雉堞重新开泰宇，鲈乡□□□□□。"桥西南侧嵌砌一石，刻有"原吴江知……光绪十……"等字。1986年被列为吴江县文物保护单位。

【利民桥】在太平街道。跨济民塘，南北走向。始建无考，南宋嘉泰三年（1203）、清光绪十九年（1893）重建。花岗石单孔拱形桥，1968年和2001年两次拆建，改建为单孔混凝土梁式平桥。桥堍两侧桥联石刻有："桨打平湖望两岸，烟波北达湘城泾。""荻水西连盛泽塘，区生两界通往来。"

【长寿桥】在虞山西岭藏海寺山门右前侧，拂水岩之上。明嘉靖十七年（1538）建造，清光绪十九年（1893）重修。花岗石单跨梁式桥，南面桥梁石侧镌刻"长寿桥"，旁刻"明严文靖公建，光绪癸巳重修"12个小字，光绪癸巳即光绪十九年。桥梁石镌刻"嘉靖戊戌年"，嘉靖戊戌年即嘉靖十七年。1982年被列为常熟县文物保护单位。

【南浦桥】又名南环桥，在张浦镇。东西走向，跨张浦镇市河南端。清代中期建造，光绪十九年（1893）重建。花岗石单孔拱形桥，有少量武康石构件。北侧有桥名题刻，明柱刻有桥联，南联为："行时时之方便，作种种之阴功。"上刻横批"中流砥柱"。北联为："双虹遥接昆岗秀，满月交辉淞水清。"

【太平桥】在杨舍镇泗港办事处白鹿村。东西走向，跨蔡港，桥西堍是江阴市华西村。清光绪二十年（1894）建造，1919年重建。花岗石三跨梁式桥。中孔桥梁石侧面镌刻"太平桥"三字，下方刻有"民国八年（1919）十月里人重建"。南侧明柱镌刻："人杰地灵慈善业，年丰民乐太平时。"北侧明柱镌刻："潮分南北楫舟兴，路转东西客去来。"1998年被列为张家港市文物保护单位。

【万福桥】又名乌梢桥，在震泽镇八都陶家浜东。清光绪二十一年（1895）建造。花岗石三跨梁式桥，有少量青石。桥梁石两侧镌刻"万福桥""光绪乙未年（1895），里人重建"等字。2012年被列为苏州市文物保护单位。

【大善桥】在桃源镇宅里桥村阳桥港。东西走向，跨阳和桥港。始建无考，清光绪二十一年（1895）重建。花岗石五跨梁式桥，中孔排柱有"清光绪二十一年里人重建""里人募资公姓公助""王万国助排柱一根"等题刻。两侧有楹联，南面镌刻："杨柳岸通津，远达双溪迎鹤舫；桃花流入港，平分两省驾鱼梁。"北面镌刻："乌戍接稠墟，落日清径渔笛远；浔镇连绣壤，晓风长扇客帆多。"2014年被列为苏州市控制保护建筑。

【开阳桥】在桃源镇铜罗开阳村。南北走向，跨南扇浜。始建无考，清光绪二十五年（1899）重建。三跨梁式桥，金刚墙以青石为主，南侧桥台排柱为武康石，桥面等为花岗石。桥卜镌刻"开阳桥""南无阿弥陀佛"，东侧镌刻桥联："前通严市，后达麻庄，地拓康衢□南北；近汇烂溪，遥源苕雪，派襟吴会界西东。"西侧镌刻："本水八丈四尺，向兼壬丙三分。光绪廿有五年，岁在己亥六月。"2014年被列为苏州市控制保护建筑。

【福寿桥】在虞山镇莫城东青村东湖木杓湾。清乾隆四十五年（1780）建造木头梁式桥，嘉庆十三年（1808）、光绪二十五年（1899）等年份重建。花岗石单跨梁式桥，20世纪50年代改建为水泥梁式桥。桥墩青石碑镌刻"重建福寿桥""光绪二十三年（1897）四月"。桥上福寿桥重修碑记载："东北道昆城大湖汪洋，西南接龙潭而曲折……乾隆四十五年夏月……于嘉庆十三年由钱文澜、钱御重修，光绪二十五年四月重建。"2008年被列为常熟市第三次全国文物普查新发现文物点。

【安富桥】在桃源镇陶墩村。始建无考，清光绪二十五年（1899）重建。花岗石三跨梁

大善桥联

式桥。桥柱镌刻："笠泽东来,诸家迪吉;苕溪西接,万户咸宁。""困易农庄,丰衣足食;假作工商,利益盈增。"

【梅家桥】在震泽镇兴华村。南北走向,跨梅家港。清光绪二十六年（1900）建造,花岗石三跨梁式桥。中孔桥梁石两侧镌刻桥名。桥身两侧有楹联,东侧镌刻："梅孔高卧,以还水达两浙;家村美盛,而后恩逮西方。"西侧镌刻："西浔东泽,从此连逵而过;方壶圆峤,如是仿佛相观。"1994年被列为吴江市文物控制单位。

【永宁塘桥】又名姜池桥。在桃源镇铜罗永宁村。南北走向,跨蒿草路港支流。始建无考,清光绪二十六年（1900）重建。三跨梁式桥,金刚墙砌有青石,其余构件为花岗石。桥中跨两侧有楹联,东面镌刻："恃农力之勤劳,徒矼便涉;盼村庄兮远近,市语遥闻。"西面镌刻："帆影西来,落向姜芽池畔;水流东去,派分蒿草路中。"1994年被列为吴江市文物控制单位。

【里仁桥】在盛泽镇圣塘村。始建无考,清光绪二十七年（1901）重建,花岗石三孔梁式桥。桥柱镌刻："衢达东西,相界松陵笠泽;流分南北,常通秀水麻湖。""攘往熙来,何患临流无楫;脂车秣马,奚烦过畔问津？"

【南桥】原名太平桥。在元和街道陆慕老街南端。东西走向,跨元和塘。始建无考,清光绪二十八年（1902）重建。单孔拱形桥,花岗石与青石混构。南侧明柱镌刻："光绪壬寅孟春涓吉,藩宪拨款同人集资。"北侧明柱镌刻："重建中桥南桥两座,开浚全镇官河支河。"桥洞东侧拱券镌刻"放生官河",西侧镌刻"禁止捕捉"。桥心石刻有如意、葫芦等图案。2009年被列为苏州市文物保护单位。

【太平桥】在盛泽镇龙桥村。始建无考,清光绪二十八年（1902）重建。花岗石三跨梁式桥,桥柱镌刻："春到风光行处好,时和景物望中新。""富与日新咸大有,庆从天赐永康宁。"

【博士桥】在七都镇吴越村双荡兜。东西走向,跨双荡港。始建无考,清光绪二十九年（1903）重建。花岗石单跨梁式桥,唯金刚墙为青石,两端金刚墙下方各有一方形泄水孔。桥身两侧有楹联,南面镌刻："叠石为梁,咸占利涉;回波作镜,共庆清流。"北面镌刻："原溯五湖穷北达,水经双荡绕南行。"金刚墙嵌碑,刻："奉宪禁止捕鱼扒螺,特示告白。"2008年被列为吴江市文物保护单位。

【东亭子桥】在太仓市娄东街道农场村。南北走向,跨半泾河。清道光年间建造,光绪三十年(1904)改建为花岗石三跨梁式桥。桥西侧排柱镌刻沈兰征撰联:"顾兔东亭,载酒人迎双岸月;垂虹南浦,移舟客趁半泾潮。"桥东侧排柱镌刻:"浩劫阅沧桑,夕汐朝潮,何处是古亭旧址;中流重砥柱,熙来攘往,斯地为首邑通衢。"1986年被列为太仓县文物保护单位。

【外倚桥】又名怀后桥,在震泽镇外倚村。始建无考,清光绪三十一年(1905)重建,花岗石三跨梁式桥。桥柱镌刻:"普渡迷津,行人怀德;高擎砥柱,垂裕后来。""书纪徒杠,功资略彴;易占利涉,路达康庄。"

【下津桥】旧名通津桥。在阊门外枫桥路上津桥西。南北走向,跨上塘河。明成化十八年(1482)始建,清康熙四年(1665)、道光二年(1822)和光绪三十二年(1906)三次重修。单孔拱形桥,青石、花岗石混构,青石长系石端部雕花卉。两侧桥额阳刻"下津桥"三字,桥西北部望柱镌刻"金阊永善堂重修""光绪三十二年秋立"。

【通政桥】俗称庙桥,在平望镇梅堰社区龙耀村。始建无考,清光绪三十

博士桥金刚墙碑

下津桥望柱题刻

二年（1906）重建。花岗石单孔拱形桥，明柱镌刻桥联："南北原通径，东西任去留。""便行重万载，通水利千秋。"

【北盛桥】在七都镇庙港合群村南盛港。清光绪三十二年（1906）建造，单孔拱形桥。两侧明柱镌刻桥联："丙祚万年迎渡友，午潮千顷挹湖光。"

【九里桥】在桃源镇九里桥村横港口，为烂溪运河西岸纤道桥，东临大运河，与浙江乌镇隔河相望。南北走向，跨横港。始建无考，桥上题刻为："九里桥，宣统元年（1909）孟春重建。"单孔拱形桥，青石、武康石、花岗石混构。西向桥联："九曲水流溪潋滟，两傍道路跨康庄。""南通浙江省，西接紫云溪。"东向桥联："此地容或逢黄石，前途无处不青云。""东连秀水界，北达松江府。"桥西南方向有驿亭一座。九里桥2014年被列为苏州市文物保护单位。

【石家桥】又名石桥。在相城区北桥街道石桥村。南北走向，跨石家河。始建无考，清宣统元年（1909）重建，花岗石单孔拱形桥。桥西侧明柱镌刻："雁齿云平虹霁水映，驴骑月冷马印霜骄。"东侧明柱镌刻："红板夕阳，不数题诗客过；苍葭秋水，尽携策杖人来。"桥上还有"石家桥宣统元年午月里人集资重建""奉宪禁止捕捉"等题刻。1997年被列为吴县市文物保护单位。

【张墓桥】原在尚湖镇冶塘平湖村与虞山镇泄水村交界处。南北走向，跨张墓塘。明嘉靖年间建造，明清时期多次重建重修，2009年移建至尚湖风景区拂水山庄后门。花岗石三跨梁式桥，北桥墩排柱镌刻："宣统元年四月，里人顾钟麟、顾仲锡、吴体润等八人募捐重建。"宣统元年，即1909年。桥两侧明柱镌刻楹联，东侧为："滚滚风涛，东通琴水；招招舟子，西达锡山。"西侧为："张墓门前，与人利济；尚湖堤畔，示我周行。"

【长春塘桥】又名少年桥，在震泽镇八都贯桥村杨家浜。始建无考，清宣统三年（1911）重建。三跨梁式桥，花岗石和青石混构。中孔桥面石两侧镌刻桥名。中跨排柱南侧镌刻："伯老同居，乐创衍梁济普渡；少年共处，坚修油道广方行。"北侧镌刻："长庚妇埭，南来笠泽决泓水；春布虹腰，北去洞庭耸岿峰。"1994年被列为吴江市文物控制单位。

【甫里桥】又名陆港桥，在七都镇庙港陆港村。始建无考，清宣统三年（1911）重建。单跨梁式桥，金刚墙基本用青石，其余构件用花岗石。桥身南侧镌刻楹联："万顷具区留禹迹，陆家甫里忆唐贤。"1994年被列为吴江市文物控制单位。

【黄家新桥】 在凤凰镇魏庄村。东西走向，跨鹜山塘。建于清末，花岗石三跨梁式桥。桥梁石南北两侧镌刻"独立重建新桥"，桥联文字漫漶。2009年被列为张家港市文物保护单位。

【儒林塘桥】 在七都镇庙港陆港村五界亭。宋嘉泰二年（1202）建造，明宣德十年（1435）、明嘉靖三十年（1551）、1946年重建，花岗石单跨梁式桥。桥柱镌刻："儒林东西分限界，笠泽南北砥中流。"

【归泾桥】 跨胥江与康履桥河交汇处，连接枣市街中段。明代始建，清代重建，2008年修建。花岗石单孔拱形桥，桥北侧镌刻："横连南北占途坦，市接东西庆物丰。"

【广福桥】 在金庭镇庭山村中桥头，建于清代。单孔拱形桥，东西走向。桥柱镌刻桥联："曲引鸥波滋绣陌，齐排雁齿接康衢。"

【纪长桥】 在盛泽镇圣塘村。始建无考，五跨梁式桥，桥柱镌刻："君子来游，徜徉于坦道；仁人利溥，遝迹到欢声。""淡泳深舟，虹垂咸利济；北吴南越，龙卧共钟灵。"

【濮河桥】 在辛庄镇吕舍老街西桥头。东西走向，跨濮河。始建

甫里桥联

无考，1913年重建。花岗石单跨梁式桥，东侧桥墩条石上刻有"重建濮河桥"五个大字和"岁资癸丑""仲冬吉日"两行小字。桥孔两侧排柱侧面镌刻楹联："市兴吕舍，百年利涉便行人；迹溯濮河，十月成梁擎众力。"2009年被列为常熟市控制保护建筑。

【大兴桥】又称大杠桥，在同里镇栅桥村。始建无考，1913年重建。单孔拱形桥，除金刚墙用少量青石外，其余均由花岗石构筑。拱券顶中部龙门石雕刻双龙戏珠图案，桥面石雕刻圆形莲花图案。两侧桥额均镌刻"重建大兴桥"五字，桥墩东西两侧镌刻"吴江沈敦本、敦震、敦厚捐建""中华民国二年（1913）冬十月日立"。1994年被列为吴江市文物控制单位。

【大潭塘西桥】在辛庄镇金荡村西端、元和塘东岸。明万历三十二年（1604）建造，1914年重建。花岗石单跨梁式桥，同时又是一座汇水堵洪石闸。桥孔南北两侧凿有石槽、石槛、孔臼，备以筑坝堵闸。桥梁石两侧镌刻"重建大潭塘西桥"。

【安庆桥】在震泽镇三扇村。始建无考，元至正中、明成化二十一年（1485）、清嘉庆六年（1801）、清道光二十三年（1843）和1914年多次重建。三跨梁式桥，桥梁石侧面镌刻"安庆桥""民国叁年（1914）""许应年助洋叁拾伍元"。桥柱镌刻："驾不成梁，一溪流水；当车安步，四运通衢。""东出长漾，四方平安；西接大港，南北吉庆。"

【泰章桥】在桃源镇天荒池。始建无考，1915年重建，三跨梁式桥。桥柱镌刻桥联："扶杖寻春，遥临严墓；挂帆觅胜，近指刘墩。""胜地龙蟠，水分上下；连城虹起，泽遍东西。"

【镇泽桥】在横泾街道上林村上泽东北村。南北走向，跨沙泾港。明代始建，1916年重建。单孔拱形桥，花岗石、青石混构，桥面为青石。桥额镌刻桥名，拱券内重建桥记碑记载："余上泽之东北村有镇泽桥，为明季村人周姓所建，年久坍圮。乃氏二女，长德贤，次惠贤，去冬在越溪北惨遭淹殁。故特发愿独力重建。非敢为二女徼冥福，亦聊以便人行耳。民国五年（1916）仲秋，金门徐氏子鸿勋、鸿儒、鸿基重建。"

【旺港桥】在震泽镇八都双板村旺港头。始建无考，桥梁石两侧镌刻"民国六年（1917），旺港桥里人募建"。花岗石三跨梁式桥，南侧桥柱镌刻："旧事重提，人迹模糊红板旧；前溪如画，波光掩映碧阴浓。"北侧桥柱镌刻：

吴有成桥

"水陆交通，从此旅行称便利；乡邻守望，而今唤渡免斯须。" 1994 年被列为吴江市文物控制单位。

【太平桥】 在平望镇梅堰平安村。始建无考，1917 年重建，花岗石单孔拱形桥。明柱镌刻楹联："明月清风环落照，太平安乐两芬芳。""凿开云路通三峡，不放春光下五湖。"

【吴有成桥】 俗称吴凑桥，在七都镇吴越村。始建无考，1917 年重建，花岗石单孔拱形桥。明柱镌刻："雁齿排连，湖山并寿；虹腰横亘，江浙分支。""远映洞庭春色，亘为震泽云屏。"

【种德桥】 在松陵镇横扇社区叶家港村。始建无考，1918 年重建。花岗石三跨梁式桥，中孔通船，两次孔泄水。明柱镌刻："东盈西重，地踏两圩成坦道；南辕北辙，桥通一水便行踪。""浪息具区千尺水，工成民国七年春。"

【永昌桥】 在七都镇吴越村。始建无考，1918 年重建。花岗石三跨梁式桥，主跨桥梁石两侧镌刻桥名，桥柱南侧桥联为："行便七都，咸歌永乐；流通九曲，共庆昌平。"北侧桥联为："浪静无声，虹腰入画；河清可俟，雁齿重新。"

【青龙桥】在桃源镇宅里桥村。南北走向，跨北阳河。为江浙两省界桥，桥西为湖州市三长乡。花岗石三跨梁式桥，有部分武康石、青石构件。始建无考，桥上有"民国柒年（1918）""青龙桥""相月重建"等题刻。南侧桥联为："青比蓝深山势秀，龙从鱼化水流芳。"北侧桥联为："杖指青垂湖地远，舟行龙护震堤长。"1994年被列为吴江市文物控制单位。

【大柏桥】在震泽镇八都花木桥村。南北走向，跨太龙浜。花岗石三跨梁式桥，始建无考，桥梁石两侧镌刻"大柏桥""民国八年（1919），里人重建"等题刻。中孔西侧桥柱镌刻："水涸遍成梁，急待鸠工占利泽；天寒伤病涉，荷锄带月便归来。"东侧桥柱镌刻："水映一泓，叠石成桥多利赖；波平两岸，安排雁齿乐群黎。"2014年被列为苏州市控制保护建筑。

【大庆桥】一称溪桥，在平望镇溪港村，跨韭溪。明永乐十七年（1419）建造，1920年重建，花岗石单孔拱形桥。桥拱两侧明柱镌刻："水通笠泽波光远，地接枫江秀气多。"桥柱上还有"绅商各界捐助重建""庚申年嘉平月穀旦"等题刻，庚申年即1920年。1994年被列为吴江市文物控制单位。

【问津桥】在桃源镇雄壮村。1920年建造，三跨梁式桥。桥柱镌刻："问讯近渔家，欲访桃源扶杖过；津梁邻古寺，闲来竹里听钟声。""鸟戌南来，曲水遥通严子墓；紫云东望，佳城近接谢公墩。"

【正阳桥】又名青龙桥、东大桥，在甪直古镇区最东端。南北走向，跨东市河，桥南堍为昆山市南港镇。明成化年间始建，明清时和1922年重建。花岗石单孔拱形桥。明柱镌刻桥联，东侧为："双萱旧迹更新象，甫里金波绕玉梁。"西侧为："西迎淞水源流远，东接昆冈钟毓繁。"桥上还有"民国十一年（1922）七月募捐重修，经募严德铸，会计邹启元，督修周耀奎"等题刻。

【青云桥】一称南新桥，在盛泽镇圣塘村。始建无考，1922年重建，花岗石三跨梁式桥。桥柱镌刻桥联："虹影卧鸥波，北带麻溪，南襟绣水；鳞滕环雁户，春风击壤，夜月鸣机。""万家丰乐，利济群谋，重续断虹几练石；两岸沟通，凌虚安步，欣逢司马再题辞。"

【凤仙桥】在桃源镇铜罗西亭村。始建无考，1923年重建。花岗石五跨梁式桥，中孔桥面望柱上刻有一对石狮。两桥堍各建歇山顶凉亭，凤仙桥桥身和凉亭亭柱都镌刻对联。桥柱镌刻："凤沼垂虹，南连越水；仙源涌日，北

彩云桥年款题刻

接吴江。""□稳登云，每多凤侣；势怀傍渎，自有仙俦。"两副桥联都嵌着桥名。南堍留仙亭亭柱镌刻："化日光天，稍安无躁；栉风沐雨，且住为佳。"北堍栖凤亭亭柱镌刻："坐而言矣，起而行矣；老者安之，少者怀之。""画桥引新风，小座来散仙。"1985年桥被撞坍，两亭仍在。

【**福事桥**】在桃源镇青云村。南北走向，跨沈庄漾向东泄洪河道。始建无考，1924年重建。五孔梁式石桥，桥面中间为武康石，余为花岗石。全桥四组排柱，排柱中间为花岗石，两侧为武康石。桥额镌刻"甲子""里人重修"。2008年被列为吴江市文物保护单位。

【**花木桥**】俗称南花木桥，在震泽镇八都花木村，东西走向。始建无考，1924年重建。花岗石三跨梁式桥，构件中有少量青石。桥梁石两侧镌刻桥名，北侧桥柱镌刻："北望洞庭，湖山隐约；南通笠泽，溪水萦洄。"南侧镌刻："新圯以成，可免跋涉；丕基永奠，咸得利济。"桥西堍有一尊七宝如来石幢。1994年花木桥被列为吴江市文物保护控制单位。

【**引静桥**】在网师园彩霞池东南水湾。桥面为独块花岗石，呈拱形。长2.4米，宽0.7米，桥顶有圆形牡丹浮雕。为苏州最小石拱桥，俗称"三步桥"。

【**彩云桥**】在京杭大运河与胥江交汇处。东西走向，跨越运河。始建无考，明清重修，1925年重建。1982年被列为苏州市文物保护单位。1992年拓宽大运河时，彩云桥就近移建，两头加梁式引桥，东单跨，西两跨，接驿亭。花岗石三孔拱形桥，南侧桥额阳刻桥名，伊立勋书。明柱桥联亦为伊立勋书，南侧为隶刻："彩色焕虹腰，水曲堤平资利济；云容排雁齿，流长源远阜民生。"北侧为篆刻："彩鹢漾中游，双楫回环通范墓；云虹连曲岸，一帆平浪涉胥江。"

【**南青龙桥**】在平望镇小圩村。始建无考，1926年重建。花岗石单跨梁式桥，明柱镌刻桥联："仗我佛慈悲，渡登彼岸；看神龙蜕化，利涉大川。""上利行人，下通舟楫；南邻分水，北接平波。"

【大善塘桥】在七都镇吴越村。1926年建造，花岗石三跨梁式桥。明柱镌刻："全仗大慈悲，快观临河利涉；一般善男女，争看题柱往来。"

【万善桥】在松陵镇横扇前塘村；桥在观音庙前，又称观音桥。1928年建造。单孔拱形桥，青石与花岗石混构。明柱镌刻桥联，东面为："波心静浸一轮月，舰首直冲万丈虹。"西面为："江接吴淞，潆洄一曲；地连苏浙，津逮万家。"2012年被列为苏州市文物保护单位。

【喜雨桥】在七都镇东庙桥村，位于公路南侧。始建无考，1928年重建。花岗石三跨梁式桥，主跨桥梁石侧面镌刻桥名，桥墩两侧有"民国戊辰年（1928）建""刘世宣题"等题刻。明柱镌刻桥联："水接半路塘，虹腰彩焕；地连中得圩，鹊噪喜来。""南漾北湖，通行舟楫；东吴西越，利涉往来。"

【北花木桥】在震泽镇八都姚家里。始建无考，中孔桥面两侧镌刻"北花木桥，民国十七年（1928），里人重建"。花岗石三跨梁式桥，东西走向。桥柱镌刻桥联，南联为："旧日板桥红，树石应纪戊辰岁；垂虹烟水碧，中天直射斗牛光。"北联为："千顷波涛，北去好追宗悫志；万家灯火，南来合汇顾塘流。"1994年被列为吴江市文物控制单位。

【泰安桥】俗称长坂桥，在松陵镇长安村。始建无考，1928年重建，花岗石五跨梁式桥。桥柱镌刻桥联："城郭通津，为太湖水擘流分道；闾阎好义，如德阳君舍钱助工""代代尺桩，安□□□；东船西舫，定风□□。"

【桃花桥】在桃源镇前窑村桃花桥自然村。前窑村地处江苏省最南端，与浙江省乌镇接壤。桥南北走向，跨桃花桥港。始建无考，1929年重建为三跨梁式桥。金刚墙用部分青石，桥体其他部分为花岗石。西侧桥柱镌刻："地接湖滨游笠泽，境疑世外隐桃源。"东侧桥柱镌刻："流水多情，遣谁题柱；落花无语，有客问津。"2014年被列为苏州市控制保护建筑。

【万寿桥】在临湖镇浦庄。始建无考，明嘉靖四十三年（1564）、1929年两次重建。单孔拱形桥，桥体由青石、花岗石混构，拱券内有10块捐银题刻，两方龙门石镌刻年款。明柱阳刻桥联，东侧为："湖通笠泽波涛险，地接张庄穄秚香。"西侧为："帆影近衔韩漾月，黛痕遥数莫厘云。"

【虹桥】在松陵镇盛家库。1930年建造，花岗石三跨梁式桥。排柱侧面

北花木桥联

镌刻桥联："春日几家还放鸭，秋风何处不思莼。"

【大通塘桥】在桃源镇前窑村。南北走向，跨桃花港口。始建无考，桥上有"大通塘桥，民国拾玖年（1930）仲秋之吉"等题刻。花岗石五跨梁式桥，桥心石和多根排柱为武康石。桥柱镌刻桥联："九派长流归一水，千年野渡汇双溪。"2008年被列为第三次全国文物普查点。

【云龙桥】在桃源镇铜罗仙南村石桥头自然村。始建无考，桥上有"重建云龙桥""癸酉春日，里人公建"等题刻，民国癸酉即1933年。花岗石三跨梁式桥。东侧桥联为："清风明月垂张钓，红树青山泛范舟。"西侧桥联为："存吴王河山古迹，肇总理政策鸿基。"2014年被列为苏州市控制保护建筑。

【双龙桥】又称西桥，在盛泽镇南麻龙北村龙泉嘴街西端。清代始建，1933年重建，三跨梁式桥。主跨桥梁石两侧刻有桥名，副跨两侧刻有桥联："势若垂虹，练横蠡泽；光同浩月，珠涌龙泉。""道出頔塘无病涉，源由澜水有归津。"

【乌鹊桥】在平桥直街南。北接五卅路，南连乌鹊桥弄。南北走向，跨古城第三横河。白居易"乌鹊桥红带夕阳"诗句写的就是此桥。1987年拓宽上部并改建为水泥平桥，下半部仍为花岗石拱形桥。武康石明柱上保留两副桥联："利涉同资，会看千秋援渚北；嘉名永锡，每逢七夕意淮南。""雁齿重新，两岸弦歌铿茂苑；虹腰依旧，一湾烟月溯葑溪。"

【张公桥】在七都镇庙港合群村张家港。始建无考，1934年重建，单孔拱形桥。桥柱镌刻："一溪烟水环虹影，两岸人家尽钓徒。""赤脚张三，威名震湖上；劫富济贫，恩泽布四方。""南来北往，舟楫通三州；安居乐业，百姓颂千秋。"

【伯塽桥】1934年王伯塽捐资建造，桥以人名。在太仓市城厢镇西郊，桥身由上海桥梁营造厂承制。三孔钢筋混凝土梁式桥，东西走向，跨吴塘河。桥面中央建有八角攒尖顶桥亭，亭北壁立纪念碑，碑文记述伯塽桥修造经过，朱文熊撰文，吴敬恒篆额，谭泽闿书丹。四个桥亭柱上均刻有浮雕和楹联，北联为："舆梁幸获观成，为诵析薪惭负荷；泉壤差堪告慰，勉将鞭石费经营。"南联为："为邦人履跂所经，重见跨虹规故迹；完世父济涉之愿，倘来题柱诵清芬。"

【永宁桥】又名新桥。在松陵镇南厍村南厍港西侧。始建无考，1934年重建。花岗石单孔拱形桥，桥东西两侧明柱镌刻桥联："地位中央严锁钥，波光上下架虹霓。""近通笠泽滃元气，遥接吴山毓秀灵。"

【万安桥】在相城区渭塘镇凤凰泾村北雪泾，跨北雪泾河。明洪武二年（1369）建木桥，后多次修建。1936年改建为花岗石二跨梁式桥，主桥洞两侧有"放生官河""禁止捕捉"等题刻，主跨桥梁石侧面镌刻"重建万安桥"，望柱镌刻"胡门姜氏敬助""民国二十五年（1936）四月"。明柱镌刻桥联，东侧明柱为："万里前程资便利，安康大道乐升平。"篆书。西侧明柱为："万人喜得交通□，安土长敦再选□。"隶书。2009年被列为苏州市文物保护单位。

【利济桥】在七都镇庙港联强村。始建无考，1940年重建，花岗石单跨梁式桥。桥柱镌刻桥联："白苹浦畔沿村路，绿树阴中卧石梁。""湖山灵秀钟千古，道路迂回架两堤。"

【玉虹桥】又名鸭蛋桥，在金庭镇堂里村北侧。东西走向，跨西山岛太湖出口处湾口。始建于清代，桥首两侧有"玉虹桥""民国卅二年（1943）四月重建"等题刻。单孔拱形桥，青石桥额、桥联，花岗石拱券和踏步。明柱镌刻："求天多生好人，愿人常行好事。"2008年，在第三次全国文物普查中被列为不可移动文物。

【宝德桥】在盛泽镇南麻社区龙北村。始建无考，1943年重建。花岗石

伯埪桥碑

马路桥桥名及年款题刻

单跨梁式桥，桥柱镌刻桥联："穆水长流，道通南北；龙泉匹练，地接东西。""北达麻源欣利涉，四通笠泽庆安行。"

【千佛里桥】在桃源镇铜罗富乡村。南北走向，跨永宁塘河。始建无考，1947年重建，20世纪50年代凿去原桥铭，改刻"胜利桥"三字。三跨梁式桥，两侧桥基为青石与花岗石混构，部分排柱与龙头石为武康石。东侧存上联："岸馀新月垂千古"，西侧存下联："大东祇芦溪去脉长。"2019年被列为苏州市控制保护建筑。

【龙塘桥】在虎丘区通安镇航船浜村，旁有龙塘桥闸。桥东西走向，三跨梁式桥，构件以花岗石为主，有部分武康石构件。桥南镌刻桥联："春涨龙潭流古寺，桥环绿野镇通津。"桥北镌刻："风回水面千层浪，月映波心一粒明。"

【通渭桥】在禾家桥南。东西走向，跨虎啸塘。花岗石单跨梁式桥，桥梁石侧面镌刻"通渭桥"，桥北侧镌刻桥联："凡物利时行自利，此心平处路皆平。"南侧镌刻："旅喜船新山踊跃，舟歌汜湜水潆洄。"

【潄东桥】在横泾街道新齐村潄庄东头。南北走向，跨潄庄港。花岗石单孔拱形桥，明柱镌刻桥联："西望洞庭通震泽，东连墓郡镇莲溪。""表道途恒施利泽，渡舟楫水作通津。"

【马路桥】在千灯镇庄巷村。东西走向，跨陆虞浦。花岗石单孔拱形桥，桥额镌刻"马路桥"三字。桥拱两侧镌刻桥联："浦号陆潨通济渡，桥名马路达亨衢。""西贯吴淞通薛淀，东迎石溪揖秦峰。"

十二 牌坊

牌坊为门洞式纪念性建筑物，是封建社会为表彰功勋、科第、德政以及忠孝节义等所立的建筑物，也有一些宫观寺庙以牌坊作为山门。苏州现存牌坊不多，规模最大的是清建天寿圣恩寺石坊，为五间六柱坊，坊额、坊联完整，坊上雕刻云龙、狮子滚绣球等图案。文庙棂星门六柱三门四壁冲天坊，柱间有两道额枋，雕刻飞龙、翔凤、仙鹤、牡丹等图案。至德坊、申祠忠良石牌楼、吴分楚胜坊、万寿宫坊、高义园坊、乐善好施坊、西园戒幢律寺坊、沧浪胜迹坊等均为三间四柱坊，仲雍墓和言子墓各有三座建于清代的三间四柱石坊，其余牌坊大多数是单间双柱坊。

【至德坊】在阊门内下塘街泰伯庙前。五代吴越立，南宋绍定二年（1229）重立于至德桥南，清光绪二年（1876）再立于至德桥北。三间四柱冲天式石坊，花岗石材质，柱端雕刻卷云纹。横额镌刻"至德坊"三字，江苏巡抚吴元炳书。

【棂星门石柱】在黎里镇大陵桥北堍。原为全真道院棂星门牌坊，现道观无存，保留两根棂星门青石柱。高3.7米，柱断面0.44米见方。东侧石柱内侧镌刻"癸酉至顺闰三月吉日""干缘蒋达胜、工匠韩文显立"等。癸酉至顺为元元统元年（1333）。2014年被列为苏州市控制保护建筑。

【棂星门】南宋《平江图》上，棂星门作为第一道门楼立于大成门之前。文庙现棂星门是明成化十年（1474）遗构，1980年从文庙故址南端（新市路口）移建。用原构件在戟门内重建，为六柱三门四壁石坊，青石质地，通阔25.5米。冲天柱云冠雕饰盘龙，下立抱鼓石夹杆。中柱高8米，边柱高6.86米。柱间有额枋两道，雕行龙、翔凤、仙鹤，并装饰有日月牌板和云板。四砖壁以九方青石板贴面，中央雕牡丹或葵花图案，四角装饰卷草如意纹，上覆瓦脊，下承石须弥座。

【大学士坊】在吴县直街南端，明嘉靖年间立。上为楠木结构，下为花岗石柱。上枋饰鲤鱼跳龙门浮雕，额题"大学士"三字，下枋书"为太子太保武英殿大学士严讷立"，现存东侧两柱。

【申祠忠良木石坊】系申时行祠堂木石坊。原在马医科申时行家祠前。1956年被列为江苏省文物保护单位。1979年9月，牌楼、仪门移至报恩寺塔前。牌楼为石柱木构架，三间四柱五楼坊，中柱高8米，通高11米。歇山顶，网状"如意斗拱"繁复密集，24根斜撑的蒲包式榫使顶楼更加稳固，额枋等处浮雕鸟兽花卉。牌楼正面镌刻"忠良柱石"四字，背面为"独秉纯忠"，左题"调护先朝，功存国本"，右题"忠事皇祖，深心调济"，署："天启四年（1624）八月，恭奉圣旨。崇祯四年（1631）八月恭立。"左署："崇祯二年（1629）八月"。移建后，南面匾额"忠良柱石"换成"知恩报恩"，北面匾额"独秉纯忠"换成"北塔胜迹"。

【吴分楚胜坊】在虎丘后山中和桥前（小武当）。明代所立。三间四柱三楼冲天式石坊，青石砌筑，局部用花岗石维修置换。坊柱雕云纹和龙纹，石梁雕刻双狮滚绣球，额枋处篆刻"吴分楚胜"四字。北面上额雕刻飞鹤奔鹿，下枋雕刻狮子滚绣球等图案。南面上枋雕刻菱形绳纹，下额雕刻鱼跃龙门等图案。

【义风千古坊】 在山塘街五人墓前。明末为纪念苏州抗暴斗争中死难的颜佩韦、杨念如、周文元、沈扬、马杰五义士而立。双柱出头石坊，青石坊柱，花岗石柱头。坊高3.5米，间宽1.5米。"义风千古"四字为杨廷枢书，横枋上原题刻系毁后由近人补书。

【天寿圣恩寺石坊】 在玄墓山南麓。清顺治五年（1648）建造，为圣恩寺山门石坊。五间六柱坊，青石、花岗石混构。坊上部有"圣恩禅寺"额，两边装饰成壶门状。旁刻对联："天寿无疆，万里山河宏寿域；圣恩普及，众生古今沐恩光。"还雕刻云龙、狮子滚绣球等图案。正面上枋浮雕莲花宝瓶，上、下两枋左右雕有神童、仙鹤、孔雀，中雕狮子滚绣球和双龙戏珠。右边镌刻楹联："禅净双修如虎添翼生极乐，时外教行本是一家归寂光。"横额"真空妙有"。左边楹联："点星之火可以燎原续慧命，不磨古刹常转法轮度群迷。"横额"三谛皆空"。背面上枋雕刻双龙戏珠，中枋镌刻"阿弥陀佛"四字，下枋雕刻锭升等富有褒义之物。

【宗门砥柱坊】 为剖石壁禅师墓坊。在圣恩寺寺院大殿西边华严坛上方、剖石壁禅师灵塔前。清康熙十一年（1672）立，两面浮雕龙、狮、鹤、莲。上、下坊部雕有云龙、狮子滚绣球等饰物。墓坊正面镌刻"宗门砥柱"，背面篆刻"善师子吼"，年款："康熙壬子七月吉日建立"，落款"王时敏敬题"，康熙壬子即康熙十一年。

【万寿宫坊】 在民治路万寿宫。清康熙五十六年（1717）江苏巡抚吴存礼创建，同治九年（1870）江苏巡抚丁日昌重建。1951年，苏州市政府整修万寿宫时移建一座三间四柱三楼结构白石柱绿琉璃瓦牌坊于宫前。

【朱张氏节孝坊】 在盘门新桥巷6号。清雍正四年（1726）为苏州府学生员朱钟之妻张氏所立。花岗石单间双柱三楼坊。高5米，间宽2.61米。上枋雕仙鹤流云，下枋雕双狮滚绣球，字已风化，尚可辨认。

【王氏节孝坊】 在盛泽镇东港西岸街21号。清雍正十年（1732）为汤元泰妻王氏所立。单间双柱坊，两侧雕有人物等图案。

【凌氏节孝坊】 在黎里镇金家坝梅石村。单间双柱坊，高5.1米，间宽2.54米。坊南临河，其他三方向紧邻房屋。清乾隆《吴江县志》记载："凌

宗门砥柱坊（局部）

氏，廿八都梅士灿妻。年十九，夫亡，守节四十一年。雍正十二年题旌。"20世纪60年代"文化大革命"中遭破坏。2014年被列为苏州市控制保护建筑。

【唐孝子坊】在山塘街696号，虎丘中心小学大门西侧。清乾隆二年（1737）为旌表孝子唐肇虞而立。花岗石单间双柱坊，残高5米间宽3.20米。定盘枋以下柱枋完整，浮雕双狮、双龙。

【陶高氏节孝坊】在胡厢使巷27号门前，众安桥北。清乾隆二年（1737）为陶士龙妻高氏立。单间双柱三楼石坊，高6米间宽2.36米。枋雕卷云、百结、如意、莲花等。上浮雕双龙、双凤，横额镌刻"节孝坊"，竖额镌刻"圣旨"二字。

【柱国神道坊】在天平山高义园东。清乾隆七年（1742）范仲淹二十世孙安瑶增建。花岗石云头冲天式牌坊，原为三间四柱坊，现存二柱，柱侧砌八字墙。牌坊正额镌刻"范氏迁吴始祖唐朝柱国丽水府君神道"，牌坊背额镌刻"吴中发祥"四字。

【陈氏节孝坊】在黎里镇莘塔社区枫里桥村北役圩港北。清乾隆十年

（1745）立，花岗石单间双柱三楼式牌坊。高4米多，间宽2.65米，主楼牌匾上镌刻"节孝"二字。上额枋和大额枋有卷云浅浮雕。大额枋下，中牌匾镌刻官府署名款识。小额枋上左右对称的祥云中雕刻两条蟠龙，中间为莲花图案。下长匾镌刻"□□故民郭培妻陈氏之门闾"，首二字"□□"似为"旌表"。下额枋中间是双狮滚绣球，两边是衔珠雕。牌坊两石柱南面镌刻坊联："贞节共松筠永茂，皇恩同日月长悬。"1994年，陈氏节孝坊被列为吴江市文物控制单位。

【心迹双清坊】在黎里镇东何家浜东侧，清乾隆十年（1745）为府学生员汝殿邦妻朱氏所立，知县邹玉章请题旌。单间双柱坊，高4米，间宽3.6米，坊柱上文字漫漶。中间三根横梁，最上层横梁雕有纹饰，中间横梁朝南一面雕刻二龙戏珠。第三条横梁朝南一面雕刻双狮滚绣球，两边各雕一个含珠的龙头。朝北面横梁雕刻缠绕的枝叶和花草，第三横梁镌刻一个"孝"字篆体。

【怀清履洁坊】在黎里镇北厍东浜村。清乾隆十一年（1746）为生员沈大焕妻吴氏所立，乾隆五十五年（1790）春月修。单间双柱坊，高7.32米，间宽2.26米。牌额镌刻"怀清履洁"四字，额下文字漫漶。2014年被列为苏州市控制保护建筑。

【陶氏节孝坊】在黎里镇芦墟孙家湾村。单间双柱三楼坊，高4.5米，间宽2.8米，两侧边楼各向外挑出0.5米。坊额上浮雕云龙戏珠、双狮滚绣球。上枋匾镌刻"节孝"二字，下枋匾镌刻"旌表故民陆君仪妻陶氏之坊"。中间镌刻"两江、江苏省、苏州府、吴江县"各级官府和官员所署名字中，仅能辨识"吴江县知县丁元正"等字。1994年，吴江市文管会认定此坊建于清乾隆十二年（1747）冬。2014年被列为苏州市控制保护建筑。

【高义园坊】在天平山南。清乾隆十六年（1751）范仲淹沈阳支世孙弘宾、宜宗等捐建。青石三间四柱云冠冲天式牌坊，南北两面题刻相同，柱脚以抱鼓石夹持。明间坊额镌刻乾隆御书"高义园"三字，两侧次间镌刻："乾隆十六年辛未三月十八日恩赐"。

【陶张氏贞孝坊】在山塘街698号，唐孝子坊西侧。清乾隆十七年（1752）为旌表陶松龄聘室张氏贞孝而立。有牌坊、祠门和享堂。单间双柱坊，横枋雕刻鸣凤朝阳、双龙戏珠和狮子滚绣球图案。坊柱镌刻："馨香垂奕祀，绰禊表坚贞。"坊后有陶贞孝祠。

【高山仰止坊】 在虞山清权祠旁。清乾隆三十八年（1773）昭文知县赵颐建冯班墓坊，同治年间邵震亨重立。单间双柱冲天坊，柱头及上枋雕云鹤，中刻"高山仰止"和"钝吟先生墓门，前昭邑令赵公颐立，时乾隆癸巳。越光绪丁丑（1877）圮于风，名迹所留，爰为重建。旧题勿替用谂方来云尔。邑后学胡兰枝、邵博亨敬题。"坊联为："不忘奕世师门，仰承祖志；幸得此邦学道，肃拜先型。"

【方申氏贞节坊】 在仓街东面小柳枝巷，坐北朝南面河。清乾隆四十一年（1776）为方普之妻申氏所立。单间双柱三楼坊，高5.5米，间宽1.71米。坊联为："高堂侍疾身俱瘁，闺阁完贞血欲枯。"下枋浮雕双龙、双凤，中刻"贞节坊"三字。

【查氏节孝坊】 在常熟市大义蜂蚁村北庄桥。清乾隆五十二年（1787）立。单间双柱冲天式牌坊，高3.7米，宽3.9米。坊额用髹漆木版，正中书"皇清旌表已故儒童范显模妻查氏节孝之坊"，左右两侧镌刻建坊人题名。

【贡氏节孝坊】 在虞山镇甸桥村川洞头2号旁。清乾隆五十九年（1794）建，镌刻"儒士张洪陈妻贡氏节孝之坊"等字，并雕刻二龙戏珠、双狮滚绣球等图案。

【徐黄氏节孝坊】 在松陵镇徐河湾。清乾隆年间建。单间双柱坊，正反两面均有圣旨牌。中枋雕刻双龙戏珠，下枋雕刻双狮舞绣球，中间镌刻"敕建旌表徐德明妻黄氏之坊"等字。正面左右立柱带枫拱，阳刻对联："冰霜志洁芬青史，星月光寒耀紫纶。"砷石尚存。

【胡氏节孝坊】 原在山塘街斟酌桥西侧俞节孝祠前，祠毁后移至山塘街707号前河畔。清嘉庆三年（1808）为旌表清俞赐麟妻胡氏而立。花岗石单间双柱坊，存一楼。坊柱镌刻："纶绰九重，名高松柏；楷模百世，节励冰霜。"

【石公山节孝坊】 在金庭镇石公山一线天前、移影桥旁。清道光二年（1822）为蔡应标妻沈氏所立。坊柱镌刻："寸心金石摩霄泽，千秋□□□□□。"

【吕袁氏节孝坊】 在山塘街540号原吕大绵妻袁氏节孝祠旧址。清嘉庆年间袁姓妇女嫁吕大绵家，8年后丧夫，守节37年，抚养儿子成人。清道光七

查氏节孝坊（局部）

年（1827），其孙为她建节孝祠于山塘街桐桥东，立牌坊于祠前。石韫玉撰《新建吕氏节孝祠记》，立碑于祠。间宽2.45米，除顶楼外，残高4.54米。定盘枋以下完整，雕刻龙、狮等。柱上题刻被墙遮挡。

【商帮坊】在阊门外南濠街万人码头南岸。清光绪十年（1884）安徽怀宁县和桐城县商人合建码头时所立。花岗石单间双柱坊。坊额题刻"安徽怀桐船帮码头，光绪甲申年恭建。"光绪甲申即光绪十年。

【乐善好施坊】在甪直镇南市下塘。清光绪二十六年（1900），在殷家祠堂前立牌坊。1999年，牌坊移至中美桥北堍。2015年，又移至江南文化园。花岗石三间四柱坊，中间两柱高约7米，两根边柱高约6米。牌坊总宽约15米，正中一间宽5米多，两边间宽均为4米多。正面中间坊额镌刻"乐善好施"四字，下方题刻"诰封奉直大夫光禄寺署正加二级殷世良坊"，中间镌刻："溯往嗣遗风，百代馨香绵俎豆；教希文良法，九天雨露沛丝纶。"左间坊额镌刻："元和县学训导秦炳门移，元和县知县阳肇先详，苏州府知府李铭皖详，江苏布政使司恩锡详，江苏督办部院彭久徐核，江苏巡抚部院张树春核，两江总督部堂何璟核，疏题，礼部大堂议奏。"右间坊额镌刻："同治十

西园戒幢律寺坊

二年（1873）九月十五日旌表，光绪二十六年月日建。"横梁雕刻双龙戏珠，四柱上端均镂雕浮云立鹤。

【**西园戒幢律寺坊**】在西园寺大门。三间四柱坊，上部为木坊，清光绪年间建造。中门横额是宣统元年（1909）盛宣怀题写的"敕赐西园戒幢律寺"，中门石柱镌刻坊联，上联："佛日增辉，重开阊阖。"下联为："宗风振律，大启丛林。"

【**顾马氏节孝坊**】在阳澄湖镇杜佃村8号西侧。单间双柱坊，镌刻"旌表顾垔祖妻马氏节孝之门新阳县知县"等字，雕有祥云仙鹤和双龙戏珠图案。

【**钱应禧妻沈氏节孝坊**】在平江路混堂巷口。单间双柱坊，镌刻"旌表故民钱应禧妻沈氏贞孝之门"。

【**唐氏节孝坊**】在平望镇北部。中枋雕有双龙戏珠，龙身隐于浪中。下枋雕刻双狮舞绣球，花枋双钩镌刻"旌表大□□□□□□继室唐氏坊"等字。

【**新桥巷节孝坊**】在新桥巷32号。单间双柱坊，上枋雕刻双龙戏珠，下坊雕刻双狮滚绣球。

【郁氏节孝坊】 在盛泽镇盛虹村豆腐港。单间双柱坊，额枋上雕有双龙戏珠图案。

【俞陆氏节孝坊】 在周庄镇蚬江街23号。雕刻双龙戏珠图案。坊柱镌刻："食蓼茹荼，历冰霜常如一日；贞松义柏，沾雨露自可千秋。"

【黄孝子节妇坊】 在望星桥北堍祠堂门前。清乾隆年间为黄农暨妻金氏而立。花岗石单间两柱三楼坊，间宽2.5米，残高4米。定盘枋以下柱枋完整，一楼浮雕双龙、双凤。坊柱镌刻："孝全赤子性，节并太姑贞。"

【陈张氏节孝坊】 在山塘街707号井泉弄南端西口。为旌表清赠奉直大夫陈松妻张氏而立。花岗石单间双柱，间宽3.1米，残高5.5米。定盘枋以下柱枋完整，顶部残存坐斗、字碑、额枋等。牌坊在居民住宅，顶部露出屋面。

【槐树巷牌坊】 在十梓街槐树巷。槐树巷北接民治路，正对万寿宫。南宋初期，此巷当时为杨园正门通道（今万寿宫址是杨沂中被追封为和王的府第杨园），南面巷口立有和令坊。该坊似为清代节孝坊或贞节坊移建，正背两面额书"槐树巷"三字，三块横枋均有浮雕。

【沧浪胜迹坊】 建于清末。原立于三元坊靠近护龙街（今人民路）东巷口，为三间四柱坊。民国初期倒塌于路旁。1986年移至人民路东侧沧浪亭街口。

【新桥巷节孝坊】 在新桥巷28号浙绍会馆门前。清代石坊，花岗石单间两柱三楼石坊，残高4.5米，间宽2.35米。定盘枋以下柱枋尚完整，枋上下雕刻二龙抢珠和双狮戏球。20世纪90年代，牌坊被居民移建至大门口作石库门。

【萧烈妇节坊】 在山塘街704号井泉弄南端东口，陶张氏贞孝坊西侧。花岗石单间双柱坊。残高4米，间宽2.55米。定盘枋以下柱枋完整。上、下横枋分别雕有双龙戏珠和狮子滚绣球图案。坊柱上镌刻坊联："三吴共仰冰霜操，千载常瞻绰褉荣。"

【渡僧桥清代牌坊】 在渡僧桥下塘29-1号南侧河埠旁。花岗石单间双柱冲天坊，高4.65米，宽0.39米，坊柱镌刻："宏一方之利济，念万姓以长宁。"上枋雕刻双龙戏珠，下枋雕刻狮子滚绣球。

【颜孔氏节孝坊】 在阊门内天库前临街隔墙内。牌坊砌在隔墙内百余年，

沧浪胜迹坊

2003年房主安装空调开洞时发现。花岗石牌坊，高宽均约2米。上枋刻着龙纹，下枋雕刻狮子滚绣球图案。中间横枋镌刻"旌表处士颜学洙妻孔氏节孝之门"，右侧石柱镌刻"不愧守贞圣教"，左侧镌刻"无惭约礼家风"。

【赛儿巷节孝坊】在吴趋坊赛儿巷8号。立于清代，单间双柱三楼坊。砌在居民厨房墙内，部分构件露出屋顶。

【宗仁主义坊】在山塘街787号鲍传德庄祠前、山塘河边。单间双柱石坊，两侧坊柱镌刻："鹿车世泽钟人杰，虎阜清芬挹地灵。"上款为"民国七年（1918）十二月榖旦"，下款为"邑人张一麐书"。坊额刻"宗仁主义"四字。上款："大总统题给"；下款："中华民国八年（1919）三月"。坊中部镌刻："宗汉家世皖歙，迁居吴下六代，于是顷在虎丘之侧草创庄祠，置田瞻族。仰荷国务总理兼内务总长钱公能训呈奉大总统特给'宗仁主义'四字坊额，永垂不朽，谨志原起，勒示后人。中华民国八年四月十五日鲍宗汉记。"

【管氏节孝坊】在洪元弄11-12号内。相传是1927年黎元洪为其母管夫

颜孔氏节孝坊

宗仁主义坊

人所建。现存牌坊长条石柱，字迹漫漶。

【百岁坊】在胥门内大街东北，现存两根石柱。

【仲雍墓石坊】沿途有三座建于清代的三间四柱出头石坊，参见《仲雍墓》。

【言子墓石坊】沿途有三座清代三间四柱石坊，参见《言子墓》。

【五人墓石坊】明代所建二柱冲天式石坊，参见《五人墓》。

【瞿式耜墓石坊】清建石坊，参见《瞿式耜墓》。

【范隋墓石坊】清代花岗石单间双柱云头冲天式牌坊，参见《范隋墓》。

【冯班墓石坊】清建花岗石单间冲天式石坊，参见《冯班墓》。

【王铁墓石坊】立有两座石坊，参见《王铁墓》。

十三 塔幢

苏州最著名的地标建筑是虎丘塔。苏州历代多塔，宋《平江图碑》绘有19塔。塔类型也较多，本书记载的主要是带有石刻的墓塔（塔林）和经幢。苏州旧时有「七塔八幢」之说，这里与塔相提并论的幢，指经幢。经幢与塔都属佛教建筑，塔主要为供奉舍利而建，幢是镌刻经文（主要刻《佛顶尊胜陀罗尼经》）及佛像的八角形石柱，一般由基座、幢身、幢顶三部分组成。幢是唐初产生并兴起的石构建筑，通常单独立于佛寺山门外，也有立于交通要道等处所。苏州历史上经幢较多，但保存至今者寥寥，唐宋经幢唯存常熟兴福寺尊胜陀罗尼经幢和角直保圣寺尊胜陀罗尼经幢等屈指可数的几处。白公堤石幢又称方碑，实际为碑。正面镌刻《重修白公堤记》，左侧面雕刻五百罗汉线描像，右侧面雕刻寒山拾得像，为苏州市文物保护单位。宝带桥青石双塔系南宋绍定五年（1232）重建宝带桥时所立，雕有佛龛与佛像，和宝带桥一起成为全国重点文物保护单位。元代万佛石塔属仿印度窣堵波式单层方塔，下部青石须弥座中间嵌砌《重修万佛宝塔记碑》，武康石须弥座上浮雕10800尊小佛像。万佛石塔为全国重点文物保护单位。翠岩寺禅师塔林中央为广慧德禅师塔，其两侧分立两墓塔，塔上镌刻「临济正宗三十六世中兴戒幢第一代广慧德禅师塔」和如来坐像等。

【兴福寺尊胜陀罗尼经幢】 原有两座，左右相对立在常熟兴福寺山门前。唐大中八年（854）八月立，左幢为陆扆书，右幢为全真书。石幢青石质，高4.06米，底座和幢身呈八角形，由盖、柱、座三部分构成，共九层。底层雕覆莲，二层雕四狮，三层雕莲花，四层雕如意、云龙，五层雕云龙，六层素面，七层幢身八面镌刻《陀罗尼经》，八层雕云龙，九层为顶盖。左幢建于唐大中年间，宋建炎年间重修。左幢下截末镌刻："上座僧巨舟、寺主僧越常、都维那僧元鉴，平原陆扆书，琅玡王崃镌，大匠东吴陆最。大中八年八月二十二日树。"右幢下截镌刻："僧智峰、僧灵灿、僧德源""上座僧法仪寺主僧怀、京兆全真书，大匠东吴陆永"等。20世纪60年代中左幢遭毁，右幢遭部分破坏。1974年，择左幢残存部分与右幢合成一幢。现置山门外。

【保圣寺尊胜陀罗尼经幢】 在甪直镇保圣寺。原有唐、宋经幢各一座。宋经幢保存在保圣寺古物馆内。唐经幢全称尊胜陀罗尼经咒石幢，青石质，通高5.15米。系唐幢宋础，在古物馆庭院西侧。唐经幢由崔溪正书并撰赞，镌刻："唐大中甲戌岁秋幽日，宣祐五年重立。"唐大中甲戌即大中八年（854），宋皇祐五年即1053年。经幢下为基石，其上为束腰式须弥座，刻莲瓣级，束腰八面，镌壸门，壸门内端坐着佛像。经幢分七层：底基是云水纹的覆盆形石础。其余各层石柱上面都有盘盖，盘盖大于经柱。一层青龙图案，盘盖是覆莲型花纹。二层四大金刚，盘盖是仰莲型花纹。三层陀罗尼经咒石刻，盘盖是八角形石盖，每个角都刻有兽头护卫。四层如意云图案，盘盖是仰莲型花纹。五层莲花宝座上端坐着佛像，盘盖是屋顶型石盖。六层菩萨像和仙鹤图案，盘盖是华盖型石盖。七层金刚力士，顶盖是飞天形象。顶端是蟠桃型，上面刻有曼陀罗花图案，以飞天、云头绞圆盖结顶。幢身镌刻《尊胜陀罗尼经》。

【梅李尊胜陀罗尼经幢】 唐乾符五年（878）立。高2米多，直径0.33米，八角形柱状，上覆亭状顶盖。八面镌刻《陀罗尼经》全文，经文末尾镌刻"许亮、李昭、代赞舍钱数"，后列"院主持僧敬能，岁值岁行球"。原置常熟市梅李镇北街胭脂墩准提庵内，清咸丰庚申（1860）殿毁后移至北街雷尊殿，后又移置梅李小学。1958年，交常熟市文管会保存。

【宝带桥青石双塔】 在京杭运河宝带桥。一塔在宝带桥北端，另一塔在宝带桥第27孔与28孔间桥墩水盘石上，为水中石塔。两塔都由整块青石雕成，高3米，分塔座、塔身和塔刹三部分。两塔形制相同，均为方形八面五级石雕塔。塔座高出地面0.88米，长宽均为1.2米，呈正方形。一层上部为重檐雕刻，2至5层为单檐。每层腰檐、斗拱和戗角，雕刻都很逼真。塔座上雕饰海浪云龙纹，1至5层面雕有佛龛和佛像，形象古拙。刹高约0.4米，四面出檐、平座、斗拱依稀可见，造型粗犷。两塔系南宋绍定五年（1232）重建宝带桥时所立，与宝带桥一起成为全国重点文物保护单位。

【万佛石塔】原名禅师塔。始建于宋绍兴年间，元大德十年（1306）高僧昕日重建。在虎丘区镇湖街道西京村，濒临太湖。1978年整修，1996年全面维修。万佛石塔属仿印度窣堵波式单层方塔，由台基、塔身、塔刹三部分组成，青石材质，通高11.4米。长方形台基高2米多，塔身在台基北部。正方形塔身高4.3米，下边长3.3米，上边长2.8米，作覆斗状。塔内部有高4.1米的下大上小圆筒形塔室，下部青石须弥座中间嵌砌《重修万佛宝塔记碑》，左旁有"吴门石匠吴德谦昆仲造"题刻。上枭部位雕饰惹草如意头花纹。须弥座正中束腰处镌刻"澄觉精舍记"等字，右侧镌刻"院道者志园同共斡缘"。1.7米的须弥座上环筑十层武康石，石上浮雕小佛像。小佛像高4.5厘米，宽3.5厘米。平均每排180尊小佛像，共60排，计10800尊，故名"万佛宝塔"。正对塔门有一尊高0.3米、宽0.2米的释迦牟尼佛像，以示万佛端坐恭听佛祖讲经说法。塔身上承叠涩出檐，塔檐下刻有"古塔重新""阿弥陀佛"等横额。火焰状尖拱塔门高2.1米，两侧刻有"造塔功德普愿众生，发菩提心同成佛道"门对。塔刹自下而上由青石束腰、须弥座、莲座、四方佛、宝盖、覆莲、宝瓶、相轮、钵状覆莲等组成。塔刹是一个石雕葫芦状花瓶，宝珠结顶，下设覆莲、相轮和四角起翘的佛龛。佛龛四周的壸门各镌刻一尊坐佛，安放在由八层宽窄不等的石块所组成的刹台上。1957年列为江苏省文物保护单位，2013年被列为全国重点文物保护单位。

【金刚般若波罗蜜经幢】在虎丘白莲池东，幢身方柱形，高0.9米、宽0.7米。上覆四角攒尖顶，下承四方须弥座，通高约3米。明万历二十年（1592）织造太监孙隆跋，住持净杼、通密赞缘，章藻书并刻。

【翠岩寺禅师塔林】在天池山华山翠岩寺塔院。中央为广慧德禅师塔，塔高3.3米，单层四方形，青石质。塔基平台边长1.9米，上面为须弥座、塔身、塔檐和塔刹。须弥座高1.1米，上枋边长1.02米，塔身边长0.6米，正

276 苏州石刻　　　　　　　　　　　　　　　　万佛石塔内部

面镌刻"临济正宗三十六世中兴戒幢第一代广慧德禅师塔"。

【隆安缘禅师塔和印真铭禅师塔】分立华山翠岩寺塔林广慧塔左右前侧，两塔规格相同。花岗石材质，高 2.75 米，单层六边形，须弥座高 0.75 米，上枋边长 0.39 米，上下枭混部位均饰仰伏莲花。塔身高 0.7 米，正面中央分别镌刻"临济正宗三十七世中兴戒幢第二代隆安缘禅师塔"和"临济正宗三十八世戒幢常上第三代印真铭禅师塔"。

【翠岩寺中孚翔公普同塔】华山翠岩寺北侧山坡有一塔，花岗石材质，四方形，残高 2.02 米，塔身高 0.86 米。自下而上由莲花基座、底柱、莲花盘盖、上柱、莲花柱盖和柱顶六段组成。底柱镌刻几何图案，正面镌刻："本山和尚中孚翔公普同塔""万历廿六年四月"，万历廿六年即 1598 年。背面和左、右面各镌刻如来坐像。

【白公堤石幢】白公堤为唐白居易任苏州刺史时所筑，故名。白公堤即今山塘街。石幢在山塘街五人墓旁，作方柱体，故一称方碑。石幢由基座、幢身、幢顶三部分组成。石幢通高 3.16 米，宽 0.99 米。幢身正面镌刻明万历三十九年（1611）十二月《重修白公堤记》。记述万历三十八年（1610）至三十九年重修白公堤经过，王穉登撰文，文从简书丹。背面上部雕刻木铃和尚所画线描大势至菩萨像，下部镌刻木铃长跋八行和捐助修堤功德人申时行、张凤翼、文震孟、冯时可、刘弘道等千余人姓名。左侧面为五百罗汉线描像，并镌刻"弟子周廷策拜写，木铃衲子勒石"。右侧面镌刻薛明益所画寒山拾得像，上方有陈元素和薛明益所书寒山子诗。幢顶中心立雕刻弥勒佛坐像，四边浮雕四尊坐姿佛像。基座雕饰须弥山和卷云纹。范允临、王穉登各写一篇《重修白公堤记》，分别勒石立于青山、绿水两桥之间，前者为碑，后者为幢。民国时期石幢下落不明，1981 年文物普查中在甘露律院遗址被发现，1982 年被列为苏州市文物保护单位。1983 年，迁至五人墓园，并建歇山顶方亭加以保护。

【东山金塔】在东山镇碧螺村金塔河畔。建于清顺治十六年（1659），青石材质，截面六角形，高约 7 米，分三层，每层之间有亭状盘盖。1966 年被东山中学学生毁坏。2006 年 12 月，从金塔河中打捞到三段塔身和一个盘盖。后将中层段、上层段叠在一起，底层段和盘盖叠在一起，二者并列竖立金塔河头。每段塔身六面均有镌刻，或佛像，或佛名，或文字。底层正面镌刻佛

东山如来经幢

龛、佛像及双龙，左起第二、三面镌刻《重修古金塔记》碑文，落款："陆燕喆撰，金时衡书，清顺治十六年闰三月。"第四、五、六面镌刻捐赠者姓名。中层正面镌刻佛龛、佛像及双龙，其余五面左起镌刻"西方广目天王""古金塔""北方多闻天王""东方持国天王""南方增长天王"。顶层正面镌刻佛龛和佛像，其余五面左起镌刻"南无弥陀佛""南无成就佛""南无毗卢佛""南无宝生佛""南无阿閦佛"。

【十方比丘尼及优婆夷普同塔】在玉峰山亭林公园内。青石质，高约3米，六角形柱状。自下而上由基座、底柱、盘盖、中柱、盘盖、上柱、亭式柱盖和双莲花柱顶八段组成。六角中柱六面镌刻浮雕图案，六角上柱正面镌刻"十方比邱尼及优婆夷普同塔"，左侧面镌刻"乾隆戊申住持沙门伟明立", 乾隆戊申即乾隆五十三年（1788）。

【云中塔】在天平山白云亭下。清乾隆年间范仲淹后裔范瑶建造。青石质，高5.3米，呈石柱状。自下而上由六角基座、八角柱、六角盘盖、八角柱、六角盘盖和香炉状塔顶六段组成。八角柱上镌刻"加句灵验佛顶尊胜陀罗尼咒"。塔下石壁镌刻"云中塔"三字。

【东山如来经幢】在东山镇陆巷行政村嵩下村水潭边。青石质，高1.5米，八面棱形柱状，葫芦柱顶。上端镌刻壸门佛龛，内镌佛像，下端镌刻"南无离怖畏如来嚣""南无阿弥陀如来嚣""待看""南无多宝如来嚣""南无宝胜如来嚣""南无甘露王如来嚣""南无广博身如来嚣""南无妙色身如来嚣"。侧面镌刻"嘉庆丁丑仲秋立"，嘉庆丁丑即嘉庆二十二年（1817）。

【德松塔幢】在小新桥巷耦园南侧围墙外，花岗石质，高约1米，六角形柱状。石幢底端埋于路基下。正面镌刻："临济正宗三十九世中兴狮将堂上德松……"背面镌刻"道光二年十二月嗣法门人……"其他四面分别镌刻"南无阿弥陀如来""南无世间广大威德自在光明如来""南无离怖畏如来""南无多宝如来""南无宝胜如来""南无妙色身如来""南无广博身如来"，道光二年即1822年。

【东山七宝如来佛柱】在东山镇杨湾村张巷港驳岸边。青石质，高1.5米，莲花柱顶，七面棱形柱状。上端镌刻佛像，下端分别镌刻"南无多宝如来嚣""南无宝胜如来嚣""南无妙色身如来嚣""南无广博身如来嚣""南无离怖畏如来嚣""南无甘露王如来嚣""南尤阿弥陀如来嚣"。

【薛家湾经幢】在八字桥薛家湾河边，花岗石质，高1米多，七面棱形柱状，莲花柱顶。七面镌刻"南无离怖畏如来""南无阿弥陀如来""南无多宝如来""南无宝胜如

薛家湾经幢

来""南无甘露王如来""南无广博身如来""南无妙色身如来"。

【光福唐经幢底座】 在光福镇光福寺山门前。东西两侧原有唐经幢,分别立于唐宣宗大中五年(851)五月和六年(852)十二月。青石质,经幢截面八角形,高一米余,底座浮雕莲花瓣,顶端佛龛八面刻有八尊如来佛浮雕像。中间镌刻《尊胜陀罗尼咒经》。20世纪60年代唐经幢散落居民家,90年代回归寺庙。现剩底座。

【渡村七宝如来经幢】 在临湖镇渡村,雕刻七宝如来文。

【旺倪桥七宝如来经幢】 在常熟辛庄镇旺倪桥村,雕刻七宝如来文。

【八都花木桥石幢】 桥西堍有一尊七宝石幢。参见《花木桥》。

十四 石亭

苏州古亭按功能分，有路亭、桥亭、井亭、碑亭、墓亭等，更多的是园林建筑中的小亭。苏州最有名的石亭，当数沧浪亭。亭为清康熙年间重建，道光时由梁章钜修复。亭中石刻，一般是亭额上的亭名、亭柱上的楹联和亭中碑石。并集欧阳修、苏舜钦诗句为联，俞樾手书后刻于亭柱。大运河西岸的十里亭，亭内有明代申时行所撰《浒墅关修堤记碑》，十里亭作为「京杭大运河」苏州段重要附属文物保护单位保护范围。横塘驿站为江苏省文物保护单位。东山明代阴亭平面呈六角形，每面均通体雕刻，浮雕祥云仙鹤图、荷花鲤鱼图、双狮图、凤穿牡丹图、荷鹭图、龙凤呈祥图和一对麒麟，攒尖顶上雕刻佛龛、佛像。狮子林文天祥碑亭镶嵌元代旧碑，碑上镌刻文天祥手书《梅花诗》。虞山雅集亭亭壁正中刻有沈周绘《虞山雅集亭图碑》，状元石韫玉书亭名并撰文记述建亭始末。虎丘二仙亭亭枋有双龙戏珠浮雕，浮雕上方镌刻亭名，斗拱四周雕刻鹤鹿，亭柱镌刻两副亭联。玉峰山林迹亭亭柱镌刻林则徐所书对联及题款，为昆山市文物保护单位。较著名的石亭还有虎丘真娘墓亭、昭明太子读书台亭、言子故里亭、天平山御碑亭和西山樟坞里方亭等。

【沧浪亭】在园林北部假山上。北宋时，苏舜钦购园建亭。清康熙三十四年（1695），宋荦于山顶重建沧浪亭。道光七年（1827），梁章钜修复沧浪亭，并集欧阳修《沧浪亭》和苏舜钦《过苏州》两诗中句子得一联："清风明月本无价，近水远山皆有情。"后由俞樾手书该联，刻于亭北石柱上。

【雅集亭】在虞山石梅小学后山麓。明弘治十七年（1504）建造。石亭三间，歇山顶式。正德初年，县令计宗道与沈周、杨循吉等16人在亭内觞咏唱和。计宗道撰记，沈周绘《虞山雅集亭图》，并刻石嵌砌于亭壁正中。清乾隆五十五年（1790），石韫玉书"雅集亭"三字，隶书，并撰文记述建亭始末。

【阴亭】在东山镇轩辕宫。为仿木结构青石亭。亭高3.58米，直径2.5米，平面呈六角形。六角形每面均以和合式长窗封闭，通体雕刻。按顺时针方向，阴亭第一面上夹樘板阴刻"叶时敬妻周氏之墓"八个楷体大字；垫拱板上浮雕祥云仙鹤图，隔心板上浮雕荷花鲤鱼图，裙板上浮雕双狮图。第二块板面裙板右半部浮雕凤穿牡丹图，左半部浮雕荷鹭图。第三块板面裙板上，浮雕龙凤呈祥图。第四块板面裙板浮雕一对麒麟。攒尖顶上雕出佛龛、佛像。阴亭中空为穴，原置周氏尸骨，制成于明正德年间。1971年出土于东山镇陆巷村沙岭。

【五峰山石亭】在木渎镇五峰山九曲岭古道半山处。南向单间二檩半亭，花岗石构筑，独石作四坡顶，边枋直接搭于石壁。石壁有"阿弥陀佛"石刻，东向二亭柱分别镌刻"大明万历丙辰年马宗重修""大明万历丙辰……"明万历丙辰即万历四十四年（1616）。

【真娘墓亭】在虎丘上山路北端东侧石基上。清乾隆十年（1745）陈鑛重修真娘墓时建亭，东石壁墙上嵌砌二碑，都刻有"古真娘墓"四字。大碑高2.1米，宽0.6米，"古真娘墓"四字为陈鑛所书；小者为旧碑，落款为"康熙甲戌浴佛日新安心斋居士张潮山来氏重立"。康熙甲戌即1694年。石亭内柱镌刻："半丘残日孤云，寒食相思陌上路；西山横黛瞰碧，青门频返月忠魂。"外柱镌刻："香草美人邻，百代艳名齐小小；茅亭花影宿，一家青眼问憨憨。"

【王石谷亭】原在常熟城区北门大街王石谷（王翚）祠内。亭内正壁所嵌有《石谷先生骑牛还山图碑》，系王石谷在清康熙三十二年（1693）辞官归乡时宫廷画家禹之鼎绘赠。后由王石谷裔孙摹刻于石，置王石谷祠内。1973 年，图刻随亭迁至虞山公园西部山坡。

【怡泉亭】清康熙四十三年（1704）建造，花岗石构筑，单檐歇山式。西部石梁浮雕锭胜、花草等纹饰。亭内有一井，亭额镌刻"怡泉亭"三字。亭子东部第二块盖顶石板上镌刻"康熙肆拾叁年"。1986 年被列为吴县文物保护单位。原在木渎镇殷家弄北首，2002 年迁至山塘街香水溪北岸。

【文天祥碑亭】在狮子林南部，为半亭。碑亭倚墙一侧上方有横

阴亭

匾，上书"正气凛然"四字，行楷。匾额下方镶嵌元代旧碑，碑上镌刻文天祥草书《梅花诗》："静虚群动息，身雅一心清。春色凭谁记，梅花插座瓶。"

【甘露亭】在东山镇廿四湾到陆巷山道边。四柱三开间，亭内壁嵌砌《重修甘露亭》碑，落款"清雍正十一年（1733）三月吉旦"。中间两石柱镌刻："康熙丁丑（1697）仲夏立，劝囗里人囗建"。1933 年重修。

【昭明太子读书台亭】在虞山东南石梅街。读书台上筑有单间石亭，顶为卷棚式。亭正中墙壁嵌砌"读书台"石刻，系清乾隆八年（1743）苏州知府

昭明太子萧统像碑（局部）

觉罗雅尔哈善所书。右侧嵌砌石刻，其上部镌刻昭明太子萧统像，下部为跋文，为明嘉靖十五年（1536）邓袚撰文并书。左侧镌刻陈寰篆额、陈察撰并书《重建昭明读书台记》。亭中置一张从书院弄"虞麓园"旧址移入的大石台，石台正面横端刻《虞麓园记》，为清道光时倪良燿所书。

【通福茶亭】在虎丘区镇湖街道。茶亭面阔三间，8根花岗石柱承托木质亭顶，顶为内四界歇山造。亭柱镌刻："乾隆甲戌腊月""咸德堂张建造""西乡古渡""通福茶亭"。乾隆甲戌，即清乾隆十九年（1754）；"茶"通"茶"，茶亭即为茶亭。亭内有乾隆五十三年（1788）桃月布告碑、光绪十年（1884）布告碑、1916年助银及禁上屋采白果碑。

【言子故里亭】在常熟市莫城镇元和塘东岸距城区5千米处，故又称十里亭。清乾隆三十八年（1773）常熟知县刘沅建造。花岗石构筑，单檐歇山式。亭柱镌刻刘沅题联："邑里崇名迹，东南钟大贤。"亭为常熟市文物保护单位。1994年迁至城区人民桥、元和桥之间沿河绿化区。

【十里亭】在虎丘区枫桥镇三元村，地处京杭大运河西岸，坐西面东，南为射渎口。始建于明代，清乾隆五十一年（1786）重建。花岗石构筑，单檐歇山式。亭内《浒墅关修堤记碑》置于赑屃上，明申时行撰文，杨成书，韩世能篆额。1992年拓浚运河时，亭西移十多米。2006年，十里亭作为"京杭大运河"苏州段重要附属文物点被纳入全国重点文物保护单位保护范围。

【二仙亭】在虎丘中心景区，南临千人石。始建于宋代，重建于清嘉庆年间。花岗岩构筑，亭枋有双龙戏珠浮雕，浮雕上方镌刻"二仙亭"三字，斗拱四周雕刻鹤鹿。北面亭柱内侧镌刻："梦中说梦原非梦，元里求元便是元。"南面亭柱外侧镌刻："昔日岳阳曾显迹，今朝虎阜再留踪。"

【直塘井亭】在沙溪镇直塘社区。攒尖四角亭，葫芦顶。花岗石四柱抹角，里侧石柱镌刻亭联："汲泉聊止渴，坐石可忘疲。"外侧柱上镌刻："南无阿弥陀佛。"亭内有六角形井栏水井，井栏上"直家桥井""大清"等字已模糊。据道光《直塘里志》记载，道光十年（1830）所修的广福庵门首有井亭，可能就是此亭。

【林迹亭】在玉峰山山腰。清道光十四年（1834）两江总督陶澍建亭，取名"粤如旷如之亭"。江苏巡抚林则徐手书亭联："有情碧嶂团栾绕（范成大《次韵平江韩子师侍郎》诗句），得意孤亭缥渺间（陆游《巴东令解白云亭》诗句）"。上款"道光甲午（1834）夏日，偶过昆山，来登此亭，因集石湖、放翁诗语题之。"下款"三山林则徐"，盖印两方。清咸丰元年（1851），吴再锡重建为歇山式四角方亭。四柱改为花岗石柱，北侧亭柱上镌刻林则徐所书对联"高山景仰怀霓节，杰构岩峣控鹿城。"南面亭柱篆刻落款："咸丰元年岁次辛亥四月，邑人吴再锡题。"并更名林迹亭。1984年修建。1991年被列为昆山市文物保护单位。

【乙未亭】石亭为半亭，背靠风火墙，歇山式。为开浚至和塘（娄江）所立碑亭。宋至和二年（1055），昆山主簿邱与权开浚至和塘并勒石纪事建亭。清道光十五年（1835）重建，亭内立道光《重建至和塘乙未亭记》碑，陈銮撰文，杨承湛书，毛上珍刻。原在工业园区唯亭镇上塘街东大桥（霖雨桥）北堍，1984年移建至镇东娄江北岸原唯亭居委会后园。现为苏州市文物保护单位。

【横塘驿亭】横塘驿即姑苏驿，在横塘街道。驿亭临河而筑，三面环水，以长堤与彩云桥相连。六架梁，卷棚歇山式瓦顶。南面石柱镌刻："客到烹茶，旅舍权当东道；灯悬待月，邮亭远映胥江。"上联边款："同治十三年六月"。同治十三年即1874年。现存遗迹是原水陆驿站大门。横塘驿亭为江南运河沿线仅存的一处古邮驿站邮亭遗迹，横塘驿站为江苏省文物保护单位。

【泉水亭】在太仓市新毛。清建单檐歇山顶式方亭，顶脊由整块花岗石雕成。石梁南向，阳刻"泉水亭"三字，东西亭柱均阳刻"南无阿弥陀佛"，北梁内侧有"香生七口"四字。亭内一井，花岗石井圈。

【大有亭】在盛泽镇郊目连桥堍。亭子石梁镌刻"大有亭"三字。花岗石亭柱刻有三副对联："夏遮烈日冬遮雪，远便行人近便农。""行程远大姑

大有亭联

停足，世路崎岖且息肩。""植杖而耘，炎日当空堪小憩；荷锄以待，寸阴宜惜莫长谈。"东北向亭柱镌刻："民国十五年（1926）夏五月，目连桥重建工竣，复集款筑亭，计银三百圆有奇。里人陈言志。"

【野鹤亭】一称仙鹤亭，在玉峰山东部擘云峰南、石门之上。1935年建亭。亭柱镌刻王一方题写的清毕沅诗句："山有神仙骨，林多草木香。"

【可中亭】在虎丘剑池东石径向北转弯处。始建无考，1935年重建。亭为六角攒尖式，顶尖饰成葫芦状。花岗石圆柱和栏杆，亭柱镌刻楹联："顽石听经，禅心默契；名山埋剑，胜迹长留。"后两柱落款："民国乙亥九月，吴铭常撰并书。""甲子大暑，徐穆如篆，年八十一。"民国乙亥，即1935年。

【落红亭】在灵岩山印光塔院西下。清初弘储所建，乾隆十五年（1750）曾更名迎晖亭。1937年重建。亭柱镌刻吴济时所书楹联："观大海者难为水，悟自心时不见山。"

【御碑亭】又名御书亭，在天平山白云古刹西南古枫林中，重檐小八角攒尖顶。亭中御碑，连额、座高逾3米，碑身正、背和两侧各镌清高宗弘历游天平诗一首。

【继庐亭】在灵岩山登山入口处，亭址为原灵岩山寺头山门。高僧印光法师别号继庐行者，亭以人名。1943年建造，山门式屋宇。亭柱镌刻彭飞健所书亭联："平地上灵岩，过此关头自有天梯登绝顶；劳尘修净土，认清蹉路岂无宝筏渡迷津。"两侧镌刻叶恭绰撰联："大路一条，到此齐心向上；好山四面，归来另眼相看。"明旸法师题额"继庐亭"。

【三里亭】古称于止亭，在虎丘区浒墅关镇京杭大运河西岸兴贤桥南1.5千米处。清乾隆年间建造，同治六年（1867）重建。1986年被列为苏州市文物保护单位。1987年运河拓宽时，亭西迁50米。单檐歇山式，方形柱础，花岗石材质。面东亭檐下阳刻"三里亭"额。1997年因烧废料导致花岗石柱脆裂而圮倾倒塌，翌年重建。亭联阴刻为："树爱棠甘人思召伯，桥垂柳荫名继苏公。"

【樟坞里方亭】在金庭镇石公村樟坞里小亭坞山坡上。清建花岗石单檐歇山式，四坡小瓦屋面，四角飞翘。面阔5.55米，进深6米。青石台基，四角设方形角柱。前左右石柱镌刻："善积于身，教子着义方之训；祥开厥后，传家裕堂构之遗。"隶书。亭西南5米处有青石龟趺一座，亭前60米处有月池，方亭应为墓前建筑。2009年被列为苏州市文物保护单位。

【言子墓墓道石亭】沿途有三座清代石亭，其中两座御碑亭，参见《言子墓》。

【沈周墓墓道石亭】沈周墓东南侧有民国所建碑亭，参见《沈周墓》。

【栖凤留仙亭】凤仙桥有民国所建两座凉亭，参见《凤仙桥》。

言子墓石亭

参考书目

《中国古代石刻概论》,赵超著,文物出版社,1997 年

《中国的石刻与石窟》,徐自强、吴梦麟著,商务印书馆,1996 年

《苏州市志》,苏州市地方志编纂委员会编,江苏人民出版社,1995 年

《吴县志》,吴县地方志编纂委员会编,上海古籍出版社,1994 年

《常熟市志》,常熟地方志编纂委员会编,上海人民出版社,1990 年

《寰宇访碑录》,孙星衍、邢澍著,商务印书馆,1937 年

《苏州文化遗产丛书(文物卷)》,汤钰林主编,文汇出版社,2010 年

《苏州园林风景绿化志丛书》,苏州市园林和绿化管理局编,文汇出版社,2012 年

《江苏省明清以来碑刻资料选集》,江苏省博物馆编,生活·读书·新知三联书店,1959 年

《明清苏州工商业碑刻集》,苏州历史博物馆等合编,江苏人民出版社,1981 年

《明清以来苏州社会史碑刻集》,王国平、唐力行主编,苏州大学出版社,1998 年

《苏州博物馆藏历代碑志》,苏州博物馆编著,文物出版社,2012 年

《儒学碑刻》,陆雪梅主编,古吴轩出版社,2012 年

《工商经济碑刻》,陆雪梅主编,古吴轩出版社,2012 年

《农业经济碑刻》,陆雪梅主编,古吴轩出版社,2012 年

《太仓历代碑刻》,太仓博物馆编,文物出版社,2016 年

《张家港碑刻选集》,张家港市委宣传部等合编,内部出版

《昆山碑刻辑存》,姚伟宏主编,上海书店出版社,2014 年

《常熟碑刻集》,常熟市碑刻博物馆编,上海辞书出版社,2007 年

《常熟儒学碑刻集》,陈颖主编,苏州大学出版社,2017 年

《苏州词典》,江洪等主编,苏州大学出版社,1999 年

《常熟国家历史文化名城词典》,戈炳根主编,上海辞书出版社,2003 年

《苏州碑刻》，张晓旭著，苏州大学出版社，2000 年

《苏州小王山摩崖石刻》，苏州吴中旅游发展有限公司编，古吴轩出版社，2016 年

《苏州寒山摩崖石刻》，苏州市虎丘区政协编，古吴轩出版社，2014 年

《虎丘摩崖石刻》，薛梁编，古吴轩出版社，2016 年

《常熟摩崖石刻》，张军、陈颖编著，苏州大学出版社，2017 年

《苏州老桥志》，苏州市地方志办公室编，广陵书社，2013 年

《常熟古桥》，陈颖、张军编著，苏州大学出版社，2015 年

《吴江古桥》，吴国良编著，古吴轩出版社，2002 年

《苏州老井》，金士英著，古吴轩出版社，2014 年

《岁月记忆·名城瑰宝：苏州市第三次全国文物普查新发现选编》，苏州市文物局编，文物出版社，2012 年

《苏州文博·碑刻研究成果特辑》，苏州碑刻博物馆编，1996 年第 2 期

附：《寰宇访碑录》记载的苏州石刻

清代孙星衍、邢澍《寰宇访碑录》中记载的今苏州（含吴、长洲、元和、常熟、昭文、昆山、吴江、镇洋诸县）石刻（不含砖瓦刻）摘录如下。

西魏

法显造玉石象记，正书。大统十七年（551），江苏吴县囗氏。

唐

汝南公主墓志铭，虞世南撰，行书，贞观十年（636）十一月重刻本。江苏常熟。

内侍高福墓志，孙翌撰，正书。开元十二年（724）正月，毕秋帆制军得于咸宁，携归灵岩山馆。江苏吴县。

美原县尉张昕墓志铭，正书。开元二十四年（736）十月，毕秋帆制军得于陕西长安，携归灵岩山馆。江苏吴县。

内常侍孙思廉墓志申屠构撰，韩献之行书。天宝十三载（754）六月，碑在陕西长安湮于灞水，毕秋帆尚书访得，携归灵岩山馆。江苏吴县。

折冲都尉张希古墓志铭，田颖，行书。天宝十五载（756）四月，毕秋帆制军得于陕西长安，携归灵岩山馆。江苏吴县。

"生公讲台"四字，篆书，无年月。江苏吴县。

洞庭包山尊胜陀罗尼经幢，正书，无年月，座上有宋开禧乙丑（1205）闰中秋续刻衔名。江苏吴县。

洞庭包山尊胜陀罗尼咒幢，僧契元，正书。会昌二年（842）九月。江苏吴县。

洞庭包山尊胜陀罗尼经幢，正书，无年月。与前幢东西相对，疑同时所建。江苏吴县。

洞庭包山尊胜陀罗尼经幢，正书，无年月。座上有明僧呆庵道人法住续刻偈语，称此二幢亦会昌中刻，故附此。江苏吴县。

光福寺经幢，正书。大中五年（851）五月。江苏吴县。

光福寺经幢，正书。大中六年（852）十二月，与大中五年五月经幢东西相对。江苏吴县。

甪直镇保圣寺尊胜陀罗尼真言，崔涣，正书。大中八年（854）秋，宋皇祐五年（1053）重立。江苏元和。

尊胜陀罗尼经，正书。乾符五年（878）七月。江苏昭文。

王夫人墓志，正书，无年月。仅存一片出于虎丘山中，为袁春浦鉴购得。江苏吴县。

兴福寺尊胜陀罗尼经幢，陆展，行书，无年月。后有女弟子徐十四娘等名及树幢僧智峰等名。江苏常熟。

兴福寺尊胜陀罗尼经幢，金贞，正书，无年月。江苏常熟。

龙兴寺尊胜陀罗尼经幢，正书，无年月。止存下截，末有"龙兴寺佛殿前树立"等语。江苏长洲。

后周

虎丘山陀罗尼经幢，正书。显德五年（958）。江苏吴县。

北宋

金山庵尊胜陀罗尼咒，正书。至道三年（997）五月。江苏吴县。

荐岩寺陀罗尼经幢，正书。咸平五年（1002）九月。末有昆山县慧聚寺僧及施财姓名衔。江苏昆山。

洞庭山灵佑观中书门下牒徐则，行书。天禧五年（1021）十月。江苏吴县。

洞庭山灵佑观建观年月记行书。天禧五年（1021）十二月。江苏吴县。

虎丘山张希贤等题名，行书。天圣元年（1023）二月。江苏吴县。

虎丘山王渎等题名，正书。天圣元年（1023）九月。江苏吴县。

虎丘山王质等题名，正书。天圣七年（1029）九月。江苏吴县。

虎丘山朱巽等题名，行书。天圣八年（1030）八月。江苏吴县。

西竺寺桥柱题字，正书。宝元元年（1038），俗名马禅寺桥。江苏吴县。

范氏义庄伯夷颂，范仲淹，正书。皇祐三年（1051）十一月，后有文彦博、富弼、苏舜钦、晏殊、杜衍诗及贾昌朝诸人题跋，元大德庚子（1300）刻。江苏吴县。

道服赞，范仲淹撰，正书，无年月。江苏吴县。

乘鱼桥记，释达本述，正书。至和元年（1054）八月。江苏吴县。

重建醋坊桥记，道士方希辨题，正书。治平二年（1065）八月。江苏吴县。

虎丘山观世音普门品经，曾公亮等，正书，无年月，皆熙宁间人。江苏吴县。

关帝庙真身瑞像历年记，正书。元丰四年（1081）五月。江苏吴县。

洞庭包山丙洞许辅等题名，正书。元祐元年（1086）七月。江苏吴县。

光福寺铜观音像记，黄公頔撰，正书。元祐二年（1087）三月。江苏吴县。

烟江叠嶂图诗，苏轼，行书。元祐四年（1089）。江苏常熟。

至德庙桥题字，正书。元祐九年（1094）八月。江苏吴县。

虎丘山"试剑石"三字，吕升卿，正书。绍圣二年（1095）。江苏吴县。

虎丘山黄安仁等题名，正书。绍圣四年（1097）三月。江苏吴县。

虎丘山孙实等题名，正书。元符三年（1100）四月。江苏吴县。

虎丘山观音殿大悲菩萨赞，僧子英撰，蔡林行书。崇宁二年（1103）十月，宣和壬寅（1122）季冬上石。江苏吴县。

虎丘山冯镇等题名，正书。政和二年（1112）五月。江苏吴县。

御制八行八刑条，陈光庭，行书。政和三年（1113）七月。江苏昆山。

虎丘山孙端等题名，正书。政和四年（1114）四月。江苏吴县。

虎丘山观音殿"释迦文佛"四大字，僧子英正书。政和四年（1114）十二月。江苏吴县。

虎丘山观音殿"阿弥陀佛"四大字，僧子英正书。政和五年（1115）正月。江苏吴县。

范文正公义庄规矩，范正图，正书。政和七年（1117）正月。元至元甲午（1294）裔孙邦瑞、士贵重刻。江苏吴县。

灵岩山寺王景仁等题名，正书。宣和四年（1122）九月。江苏吴县。

虎丘山胡少汲等题名，正书。宣和六年（1124）三月。江苏吴县。

崇真宫徽宗付刘既济手诏，御笔行书，无年月。绍兴甲戌（1154）重刻。江苏吴县。

崇真宫徽宗付项举之宸翰，御笔行书，无年月。绍兴甲戌（1154）重刻，即前碑之阴。江苏吴县。

范氏义庄"范家园"三大字，郡守李大异，正书，无年月。江苏吴县。

南宋

洞庭山无碍居士《道隐园记》，李弥大撰，正书。绍兴二年（1132）十一月。江苏吴县。

洞庭包山显庆寺记，王铚撰，正书。绍兴二年（1132）。明嘉靖中重刻。江苏吴县。

平江府学田记，孙卫撰，正书。绍兴四年（1134）四月。江苏吴县。

虎丘山石珵等题名，篆书。绍兴八年（1138）三月。江苏吴县。

虎丘山晁似道等题名，正书。绍兴九年（1139）四月。江苏吴县。

虎丘山郑共父等题名，八分书。绍兴十年（1140）九月。江苏吴县。

吴郡重修大成殿记，郑仲熊撰，米友仁行书。绍兴十一年（1141）四月。江苏吴县。

平江府修学记，郑亿年撰，时衍之正书。绍兴十五年（1145）十二月。江苏吴县。

珠明寺须菩提像，王瀚作。绍兴十八年（1148）。江苏吴县。

珠明寺天台五百尊者像，即碑之阴。瞿镜涛云："吴中旧事所载，碑两面像皆淳熙中和尚摹刻。今碑阴旁镌晋永和年号，皆妄人所凿也。"江苏吴县。

义庄范文正公像赞，阎灏撰，宋之才正书。绍兴二十年（1150）五月。下有曾孙直方跋，元好问记，至正己丑（1349）立石。江苏吴县。

重建至德庙记，曾幾撰，正书。乾道元年（1165）九月。江苏吴县。

昆山县校官碑，范成像撰，黄万顷八分书。乾道二年（1166）正月。江苏昆山。

校官碑阴，袁□撰并行书。江苏昆山。

光福寺军府帖，正书。乾道三年（1167）九月。江苏吴县。

陈文惠公书"府学"二大字，八分书。淳熙三年（1176）十二月。后有吉中孚跋。江苏吴县。

元妙观三清殿石柱天尊号，正书。淳熙三年（1176）。江苏吴县。

洞庭包山旸谷洞范至先等题名，正书。淳熙五年（1178）十月。江苏吴县。

三高祠记，范成大撰，正书。淳熙六年（1179）八月。江苏吴江。

五龙堂灵济庙尚书省牒，行书。淳熙十年（1183）九月。江苏吴县。

安民桥题字，正书。淳熙十三年（1186）七月。江苏吴县。

宝林寺柱础题记，正书。淳熙十五年（1188）二月。江苏吴县。

"石湖"二大字，孝宗赐范成大正书，年月缺。江苏吴县。

平江府学御书阁记，洪迈撰并正书，无年月。当在淳熙十六年（1189）。江苏吴县。

双塔寺寿宁万岁禅院记，僧妙思撰，八分书。绍熙元年（1190）二月。江苏吴县。

敕龙济庙五龙神告祠，行书。绍熙四年（1193）五月。江苏吴县。

洞庭包山旸谷洞赵彦权题名，八分书。绍熙五年（1194）五月。江苏吴县。

洞庭包山丙洞杨坦然题名，正书。绍熙五年（1194）。江苏吴县。

大成坊义井题记，正书。绍熙□年五月。江苏吴县。

洞庭包山旸谷洞赵希实题名，正书。庆元元年（1195）十二月。江苏吴县。

吴学粮田籍记，正书。庆元二年（1196）正月。江苏吴县。

府学"竹鹤"二大字，苏唐卿篆书。庆元二年（1196）四月。江苏吴县。

卢坦传，张安国，正书。庆元二年（1196）。即前碑之阴。江苏吴县。

元妙观蓑衣何真人事实，胡衮传，正书。庆元三年（1197）五月。上有孝宗御书"通神庵"三大字。江苏吴县。

范氏复义宅记，楼钥撰并正书。庆元三年（1197）七月。江苏吴县。

顾家桥记，正书。庆元三年（1197）十一月。江苏吴县。

丹阳公祠堂记，朱熹撰，正书。庆元五年（1199）六月。江苏常熟。

吴学义廪规约，黄由、叶适题，正书。庆元□年正月。江苏吴县。

范氏义庄题名，孙应时序，正书。庆元六年（1200）闰二月。瞿镜涛云："题名起庆元二年（1196），迄开庆元年（1259），分为四列。六年以后，盖后人续入也。"江苏吴县。

重修长洲县主簿厅记，黄士特撰，孙应时正书。庆元六年（1200）三月。江苏长洲。

泮环巷义井题记，正书。嘉泰元年（1201）正月。江苏吴县。

慧日禅院公据，正书。嘉泰元年（1201）六月。江苏常熟。

光福寺上方教院檀越舍田衔名，彭泽赞，陈蕴跋，正书。嘉泰元年（1201）十一月。江苏吴县。

重修阊桥题字，正书。开禧元年（1205）三月。江苏吴县。

吴学粮田续记，正书。开禧元年（1205）四月。江苏吴县。

吴学续置田记一，正书。开禧二年（1206）三月。江苏吴县。

吴学续置田记二，正书。开禧二年（1206）五月。江苏吴县。

胡六八将仕开井题名，正书。开禧二年（1206）八月。井在郭家巷，孙秀才衡家。江苏吴县。

大成坊重整义井题记，正书。嘉定元年（1208）六月。即前绍兴井栏之又一面也。江苏吴县。

清真观建昊天阁记，陈振撰，郑准正书。嘉定八年（1215）九月。江苏昆山。

苏州学记，朱文长撰，卢祖皋正书。嘉定八年（1215）十月。即郑亿年修学记之阴。江苏吴县。

元妙观三清殿上梁文，龚颐正撰，并正书。嘉定十一年（1218）三月。后有章劼跋。江苏吴县。

马鞍山麓重制义井题记，正书。嘉定十二年（1219）正月。江苏昆山。

平江府学添助学田诗，谢甫撰，并正书。嘉定十三年（1220）十二月。下刻嘉定十一年军府牒各一道。江苏吴县。

重新南新桥题记，正书。嘉定十四年（1221）十一月。俗名曹胡徐桥。江苏吴县。

藩署街南莲花巷义井题记，正书。嘉定十四年（1221）四月。江苏吴县。

重建胭脂桥题字，正书。嘉定十五年（1222）二月。江苏吴县。

重建建庆桥题字，正书。嘉定十五年（1222）八月。江苏吴县。

寒山法螺寺宋故通判赵崇隽圹志，弟崇修撰并正书。嘉定十七年（1224）三月。江苏吴县。

西米巷义井题记，正书。嘉定十七年（1224）十二月。江苏吴县。

双塔寺提举常平司公据，正书。宝庆元年（1225）六月。即绍熙寿宁万岁禅院记之阴。江苏吴县。

元妙观太上混元皇帝像，吴道子画，唐元宗御赞，集颜真卿正书。宝庆元年（1225）十二月。江苏吴县。

元妙观重修天庆观记，高之问撰，王松正书。宝庆二年（1226）二月。江苏吴县。

府学安养院记，陈耆卿撰，正书。宝庆二年（1226）八月。在绍熙唱酬诗碑阴。江苏吴县。

县学唐卜将军庙记，正书。绍定元年（1228）正月。江苏昆山。

给复学田公牒，正书。绍定元年（1228）五月。江苏吴县。

给复学田公牒，正书。绍定元年（1228）九月。江苏吴县。

吴学复田记，陈耆卿撰，石李隆正书。绍定二年（1229）八月。江苏吴县。

瑞光寺梅影庵记，范元衡撰，赵林正书。绍定二年（1229）十二月。江苏吴县。

马鞍山下颖川怡山造井题字，正书。绍定二年（1229）十二月。江苏昆山。

虎丘山蔡熙国题名，正书。绍定三年（1230）七月。江苏吴县。

给复学田省札，正书。绍定三年（1230）十月。有汪泰亨跋。江苏吴县。

天赐庄前义井题字，正书。绍定三年（1230）十二月。江苏吴县。

广化寺桥题记，正书。绍定四年（1231）三月。江苏吴县。

双塔寺提举秘丞郎中词翰，行书。绍定五年（1232）十二月。后有普华跋。江苏吴县。

郡侯邹公置学田诗，郑准撰，赵琳正书。绍定六年（1233）八月。下刻学田亩数。江苏昆山。

增置常熟县学新田记，孙沂撰，章巽亨正书。绍定六年（1233）。上刻军府使帖。江苏常熟。

元妙观尚书省札并部符使帖，行书。端平元年（1234）六月。江苏吴县。

常熟县重建学宫记，魏了翁撰，袁简正书。端平三年（1236）十月。江苏常熟。

学田籍碑，正书。嘉熙元年（1237）八月。江苏常熟。

常熟县经略记，杜范撰，正书。嘉熙二年（1238）八月。江苏常熟。

郡守赵与筹等祭慈湖杨先生祠记，正书。嘉熙四年（1240）四月。江苏吴县。

府学司马文正公书"思无邪公生明"六大字，八分书。淳祐元年（1241）正月。江苏吴县。

府学疏广戒子弟语，张安国，正书。淳祐元年（1241）四月。即竹字碑阴。江苏吴县。

府学绍兴手诏陈襄熙宁经筵荐士章藁，正书。淳祐元年（1241）七月，下有陈□跋。江苏吴县。

吴县学记，施清臣撰，郑起潜正书。淳祐三年（1243）四月。江苏吴县。

虎丘山潘牥等题名，正书。淳祐三年（1243）八月。江苏吴县。

牛首山满庭芳词，如愚居士撰并正书。淳祐四年（1244）十月。江苏吴县。

府学韩文公符读书城南诗，朱协极八分书，共四石。淳祐四年（1244）。江苏吴县。

府学朱文公敬斋铭，朱协极八分书。即前碑之阴。江苏吴县。

后 记

十多年前参与二轮修志，积累了一些摩崖石刻、碑刻和古桥题刻等资料，觉得这些石刻是融于苏州青山绿水环境中动人的人文景观，是苏州人可引为自豪的文化珍宝。编写《苏州山水志》《苏州山水补记》时，很想在相关山丘记述中涉及摩崖石刻和碑刻。因顾虑自己金石、书法等方面积累不够，无奈放弃，但对石刻仍是魂牵梦绕。在阅读了《中国古代石刻概论》《寰宇访碑录》等书后，又产生了汇编苏州石刻的新设想。在市志办陈兴南、徐刚毅、陈其弟等领导、专家鼓励下，在同事、朋友们的支持帮助下，鼓起信心着手这件牵挂了多年的工作。多方收集参考书，辗转图书馆、方志馆摘抄资料，去博物馆、园林、寺庙、学校、古宅及山间、河桥、小巷等处寻访石刻，虚心向专家学者们请教。在寻访中和石刻成为熟悉的朋友，在资料积累中增强了信心，在阅读中扩展了眼界，遂下决心编写好苏州石刻。

成书过程中，陈其弟建议扬长避短，集中篇幅写石刻，不写碑文选录和石刻人物，撰稿过程从而顺畅很多。特别感恩张士东老师在元旦为本书题写了书名，徐刚毅和潘佳为本书撰写了序言，陈其弟、陈萍、谢珂珂审阅了全部书稿，姚勤德、姚晨辰、傅强、丁瑾、毛光宇、朱巍、吴旭江、范炜、程钢、徐秋明、范志芳、陆正芳、顾晓红、李櫹璐、卢韫、沈亮、姜丽、曹丽琴、顾秋根、钟连元、曹健、侯爱敏、李克偕、徐正英、邹永明、浦孝东、沈丽萍、谢勤国、郑凤鸣、陈逸云、嵇瑾、吴瑛、范毓清、翁丽春、龚美芳、周齐等人为本书提供了宝贵资料，朱剑刚编绘了地图，倪浩文拍摄了照片。对领导、专家、朋友们的热情帮助，对所用参考书的编写者们，对出版社的编辑们，谨在此一并表示衷心感谢。

本书涉及范围较广，时间跨度较长，石刻种类较多，资料来源复杂，所记内容庞杂，难度确实很大。而笔者收集资料不够广、调查考证不够严谨、甄别能力不够强，书中尚存差错、疏漏和不妥处，恳请专家、读者们批评指正。

编者

2021 年 6 月